그대 안의 수미산도 다 놓아 버리게

그대 안의 수미산도 다 놓아 버리게

초판 찍음 2005년 12월 1일
초판 펴냄 2005년 12월 5일

지은이 제 운
펴낸이 노정자
펴낸곳 고요아침
출판등록 2002년 8월 1일 제1-3094호
주   소 120-814, 서울시 서대문구 북가좌동 328-2 동화빌라 102호
대표전화 302-3194~5
팩   스 302-3198
e-mail goyoachim@hanmail.net

ISBN 89-91535-55-0 (03220)

* 책값은 뒤표지에 있습니다.
* 잘못된 책은 교환해 드립니다.

그대 안의 수미산도 다 놓아 버리게

제운 지음

| 머리글 |

　사람이 가장 행복한 순간을 떠올리라고 한다면 어떤 순간일까? 아마 모든 사람들의 대답이 다 다를 것이다. 각자가 생각하고 있는 행복의 척도가 다르기 때문이다.
　그렇지만 내 경우의 행복한 순간을 말하라면, 생각이 텅 비어 있는 무아의 상태에서 봄날의 따스한 햇볕을 쬐며 시야에 들어오는 푸릇한 촉 잎이 '기특하다', '살아 있구나' 하는 생각을 일으키는 때라고 말하고 싶다.
　글을 쓴다는 것, 어떻게 생각하면 고독한 싸움인지도 모른다. 그렇지만 공문(空門)에 들어와서 수양한 지 그 얼마였던가? 그간은 나 자신을 위해 세월을 보냈다면, 이제는 남을 위해 후학을 위해 그 무엇을 줘야 하지 않을까 하는 마음으로 이 글을 쓰게 되었다. 언제나 마음 한 구석에 빚쟁이처럼 떠나지 않던 것을 이제 조금이나마 갚게 되어 기쁘지 않을 수 없다.
　이 글은 학문적인 접근에 앞서 내가 경험하고 이해하는 불교의 교의(教義)를 누구나 쉽게 이해할 수 있도록 많은 시간을 투자했다. 부족한 면도 없지 않으리라 여기면서도 그간의 내 수행력과 신념, 믿음이라는 초점을 살리려고 애를 썼다.
　그러나 불법은 그리 간단하지가 않다. 우리의 인생사가 그렇듯 때로는 졸졸 흐르는 시냇물이 폭우를 만나면 거센 물결을 이루는

것처럼 알고 깨닫게 되면 그대로의 참모습이다. 그런데 우리는 미혹의 굴레를 벗지 못하고 살아가기에 그것을 보면서도 보지 못하고 안다는 것이 그릇 알게 되는 것이다.

 그러므로 불교는 쉽다고 해도 틀린 말이고 어렵다고 해도 맞지 않는다. 다만 어떤 관점으로 대하고 받아들이고 할 것이냐 이것이 문제인 것이다.

 다만 필자는 이 글을 쓰면서 한 편의 에세이를 대하듯 편한 감성으로 접근해 이 글을 읽을 수 있도록 노력했다는 사실을 분명히 밝히고 싶다.

 한 마디로 '쉬운 불교'를 생각하는 마음으로 이해하기 쉽게 썼지만, 이 글이 읽는 이에게 쉽게 읽혀질지 어렵게 다가설지는 독자 여러분의 몫인 것이다.

 이 글을 대하는 사람들이 불자이든 비불자이든 개의치 않는다. 다만 이 글로써 불교를 이해하는 좋은 나루지기가 되었으면 하는 바람이다. 아울러 육화대중(六和大衆)의 한뢰(寒雷)의 질정(叱正)이 있기를 바라마지 않는다.

일산에서 제운 씀

불타에 대하여__12

열반__20

깨달음에 대하여__24

세 가지 진리__30

대승 불교의 이해__35

제1부 진리의 향기

공에 대하여__41

화두와 공안__45

믿음에 대하여__50

심경의 이해__53

자비란 무엇인가__75

천수주의 위력__78

화두 참구__83

기도의 참뜻__88

절에서 절하는 의미__91

천도재의 이해__96

실천바라밀__104

불교는 인간학이다__114

기도와 참회__120

변화에 순응하자__128

이성과 감성__133

제2부 사유와 실천의 향기

오늘의 현실을 생각하며…__136

안다는 것에 대하여__139

선은 일상에 있다__143

나를 죽여야 내가 산다__147

지금의 우리는…__151

절이 존재하는 이유__156

원력을 세워라__160

어떻게 닦고 구할 것인가__164

개혁과 변화__168

삼독에서 벗어나라__173

지혜를 얻는 자 행복이 보인다__180

인연이란__183

정성은 감응한다__186

마음 비웠다는 말__189

행복에 대하여__193

제3부 인생의 향기

안수정등__197

미와 추__202

사람이 아름다운 것은…__207

공덕을 쌓자__211

선과 악__215

평상심이 도다__220

인과는 있다__224

미신이란__228

기의 이해__232

남과 여__236

달마 대사_242

태고 스님_249

현랑 선사와 영가 대사_262

부설 거사_270

신찬 선사_275

제4부 선가의 향기

동산 양개 화상과 어머니_279

홍인과 혜능 이야기_286

야부 송_293

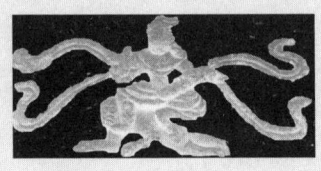

이것이 있으므로 저것이 있고,
저것이 있으므로 이것이 있다.
이것이 일어나므로 저것이 일어나고,
이것이 변하므로 저것이 변한다.

제1부

진리의 향기

불타에 대하여

출가 이전의 인도 배경

불교의 창시자이신 석가모니(Sākamuni, 釋迦牟尼) 부처님께서 태어난 시기는 바라문(婆羅門, brāhmana 司祭者) 시대라 할 수 있다. 이 시대는 바라문을 포함한 사성제도(四姓制度), 즉 왕족(ksatriya)·서민(vaisya)·노예(sudra)로 구분된 사회다.

이 시대의 최고 권력자는 바라문이었다. 바라문이 머리에 속한다면 왕족은 몸통에 해당되고, 몸통 아래에서 무릎까지가 서민, 무릎 밑에서부터 발바닥까지가 천민(노예)이다. 또는 왕족을 머리에 비유하고, 바라문을 그 위로 비유되는 경우도 있다.

바라문은 바라문 교도라고도 불리는데, 그들이 주제가 되는 것은 일종의 사색(思索)적인 것이다. 태초에 유일한 '有'가 있어 그러한 것이 사대(四大, 地·水·火·風)의 요소를 발성하기도 하며, 그로 인한 명아(命我, jiva-atman)의 상태로 들어 명색(名色, nama-rupa)이 되어 하나의 일체를 형성하게 되었다는 정의를 가지고, 우파니샤드(Upanisad, 奧義書) 철학이 말하는 인간의 자아(atman)와 범(梵, Brahman)은 본질적으로 동일하게 보는 것이다.

이것이 범아일여(梵我一如)다. 그 수행 방법은 고요히 선정(禪定)에 들어 명상을 하는 것으로, 생사의 윤회로부터 벗어난 영원한 안락을 얻을 수 있다는 관념을 가지게 된다.

이 때가 석존이 태어나기 직전(BC 800~600)이다. 이러한 시기에 새로운 사상을 가진 수행자 사문(沙門, samana)이 등장하게 된다.

이들은 이곳저곳 다니면서 가르침을 펴기도 하고 때론 숲 속에 들어 수행하기도 한다. 그들의 생활은 설법을 해 주고 그 대가로 음식물을 제공받는다. 이들을 유행자(遊行者), 고행자(苦行者), 걸식자(乞食者) 등으로 불리지만 그들의 지도자는 사문으로 존칭된다. 그들은 공동체(僧伽, Samgha)를 가지고 각자가 맡은 바에 따라 지도자의 위치를 가지게 된다.

출가

당시 사회상으로 보면 원주민인 문다(Munda) 인 드라비다(Dravida) 인을 포함한 침입 민족인 아리야(Arya) 인과 그 계통 및 원주민과 혼혈 종족 등 다양한 인종의 다양한 문화가 뒤섞인 사회 구조였다.

또한 열대에 가까운 이 지역은 일 년의 반은 남서풍이 대륙을 향해 불어오고, 반은 북동 계절풍이 바다로 부는 몬순 기후이다. 이러한 변화에 따라서 3~5월까지는 무더운 여름이고, 6~8월은 장마철이라 늘 비가 오는가 하면, 10~2월까지는 건조한 겨울로 나누어진다.

이처럼 풍토적 환경이 일정한 기간은 몸의 움직임을 자제하면서 명상을 하게 했고, 일정한 시간은 학업을 하거나 또는 집을 떠나 유행하는 그러한 사회 환경이 만들어지게 되었다고 봐야 한다.

이럴 때 싯다르타(Siddhartha) 태자는 출가(出家)를 하게 되는데 어찌 보면 한 나라의 태자로서 왕의 자리를 물려받아 국가를 통치해야 할 사람이 출가를 결심하고, 그것도 부왕 숫도다나(Suddhodana, 淨飯)의 허락도 받지 않고 수하 몸종 한 사람만을 데리고 화려한 궁을 떠나 고행의 숲으로 들어간 것이다.

사람들이 놀라고 의아하게 생각한 것은 당연했다. 거기다가 사랑하는 아내 야소다라와 아들 라훌라까지 다 버리고 떠난 것이다.

그가 만약 부왕의 허락을 받아 떠나려고 했다면 부왕은 절대로 허락하지 않았을 것이다. 이미 어린 태자의 앞날을 예견한 아쉬타 선인으로부터 장차 태자의 앞날에 대해 불안한 마음으로 지켜보던 차였기 때문이다.

아쉬타 선인은 당시 마갈타국(摩竭陀, Magadha, 마가다)에서 가장 뛰어난 예언자라 할 수 있는데, 그로부터 듣기를 태자는 장차 전륜성왕(轉輪聖王)이 되거나 그렇지 않다면 출가를 해서 정각(正覺)을 이루어 부처가 될 것이라는 말을 들어 왔었다.

여기서 주목할 것은 태자는 어려서부터 남다르게 성장을 했다는 사실이다.

어느 날 성 밖으로 산책을 나갔던 싯다르타는 성문 밖 동쪽에서 백발이 성성하고 허리가 굽은 애처롭기 그지없는 노인의 모습을 보고, '인간이란 누구나 늙는다'는 사실을 실감할 수 있었다.

그리고 남문 밖에선 고통에 신음하는 병자를 보고 '병에 시달리는 인생의 괴로움'을 절실히 알았으며, 서문 쪽에서는 장사 지내러 가는 상여 행렬을 보고 '세상에 태어난 자는 누구나 반드시 죽는다'라는 사실을 느꼈을 것이다.

그래서 그의 마음은 몹시 언짢고 괴로웠는데, 북쪽 성문 밖에서 한 사람의 출가 수행자를 만나게 되었다. 그는 그 수행자로부터 세상의 온갖 속박에서 벗어난 해탈을 얻을 수 있다는 말을 듣게 되면서 희망을 갖게 되었다.

그러던 어느 날 또 산책을 하다가 농부가 밭을 갈고 있는 광경을 보았고, 밭고랑 사이에 꿈틀대는 벌레를 새들이 와서 쪼아 먹는 것을 보게 된다. 그는 이 광경을 보고 큰 의문과 상심에 젖어든다. 왜 서로를 죽이고 먹고 해야 하는가에 대해 어린 소년답지 않은 생각을 하게 되는 것이다.

그러한 모든 것들이 출가하지 않으면 안 되는 계기가 되어 출가를 했다. 그는 한 나라의 통치자가 되는 것도 버렸고, 사랑하는 아들(라훌라)과 귀여운 부인(야소다라) 마저도 버렸다. 그런 그가 단순한 개인의 도피나 안락을 위해 출가를 한 것이 아니라는 것은 그의 전기를 통해서 얼마든지 알 수 있다.

고행

그것은 그가 출가를 했을 때 곧바로 좋은 옷 다 버리고 긴 머리는 스스로 단발을 했으며, 몇 톨의 식량 등으로 생명만 유지한 채 끝없는 고행(苦行)의 세계로 든 것이다. 그리하여 그는 '카필라'국의 왕자 싯다르타는 종성이 고타마(Gotama)이므로 고타마 싯다르타라고 불리게 되었다.

고타마가 처음 만난 수행자는 엄청난 고행을 통해 깨달음을 얻었다는 '바가바(Bhagaba)' 선인이라는 고행주의자였다. 육체적인 고행을 통해 순수해지고 고상해진다고 믿는 수행자였다.

어느 날 고타마는 바가바 선인에게 "왜 이렇게 힘든 고행을 하느냐, 무엇을 얻을 수 있느냐?" 하고 물었다.

그러자 수행자가 대답하기를, "고행을 견뎌 내는 것이 위대한 것이며, 고행을 통해 죽어서 영혼이 하늘나라에 태어나기 위함이다"라고 했다. 이 말을 듣고 고타마는 실망감을 가지게 되었다.

그는 스스로 생각하기를, '하늘나라에 태어나기 위해서 온갖 고행을 하다가 죽어야만 하며, 또한 하늘나라에서도 수명이 다하면 결국 죽을 것이 아닌가?'라는 생각을 했다.

그래서 고타마는 또다른 수행자를 찾아 나선다. 하지만 마음에 와 닿는 수행자를 만나지 못한다.

그러던 어느 날 명망이 높은 수행자(哲人) 두 사람을 만나게 된다. 한 사람은 알라라 칼라마(Alara kalama)이며, 또 한 수행자는 웃다카 라마풋타(Uddaka Ramaputta)였다. 이들은 선정(禪定)에 의한 수행주의자였다.

이들의 선정에 의한 수행법은 정신을 하나로 통일해 고요한 경지에 이르면 해탈을 할 수 있다는 것이다. 고타마는 이들로부터 일정의 수행을 사사(師事)받게 된다.

그러나 그들이 말하는 최고의 경지에 이른다는 수행주의가 결국 죽음에 이르지 않고는 얻을 수 없다는 생각을 하게 된다. 그래서 그 수행마저 버리고 이제부터는 스스로의 힘으로 '자신이 찾는 진정한 깨달음을 구하리라'는 다짐을 한다.

수행이란 결코 쉬운 것도 아니고, 쉽게 목적이 도달되는 것도 아니다. 다만 고타마는 반드시 고행의 결과가 있으리라는 확신을 갖고 고행하던 중 니련선하(尼連禪河, Neranjara) 근처 고행림

(苦行林, 우루벨라의 숲)에서 머물면서 정진을 하게 된다.

이곳에서의 고타마 정진은 생천(生天)을 위한 수행이 아닌 정신의 해방을 위한 수행이었다. 그러나 수행자는 좋은 음식을 먹어서도 아니 되며, 몸을 씻어도 아니 된다. 그러기에 그의 고행은 생과 사의 갈림길에서 맴돌아야 하는 무척이나 위험할 짓인지도 모른다.

이럴 때쯤 다섯 사람의 수행자가 찾아왔다(그들이 훗날 다섯 비구(比丘)로서 부처님의 최초 법문을 듣는 다섯 비구다). 그들도 고타마와 함께 수행을 하게 되었는데, 그들도 마찬가지로 고행은 살육(殺戮)을 하는 힘든 고행의 나날이 아닐 수 없었다.

그러던 어느 날 고타마는 생각을 달리하게 되었다.

'육체적 고통만을 주는 이 고행이 과연 열반(Nirvana)을 얻을 수 있을까?'하는 의문을 가지게 된다. 그 의문이 육체를 학대하는 고행만을 가지고는 큰 깨달음을 얻을 수 없다는 판단 아래 네란자라 강가에 뛰어든다.

그리고 몸을 씻고 나와 서는데, 그 때 저 먼발치에서 한 소녀 난다발라(Nandabala)가 그 광경을 지켜보다 우유죽을 가지고 와서 고타마에게 바쳤고, 고타마는 그것을 거절하지 않고 받아먹게 되었다.

그 때 다섯 비구 수행자들이 고타마의 그런 광경을 보고는 고타마는 타락했다. 우리는 더는 타락한 수행자와 함께 있을 수 없다는 생각을 하고는 곧 바로 떠나게 되었다.

그러나 고타마는 그간의 수행처럼 몸을 학대하는 극심한 고행으로는 정신의 해방을 얻을 수 없다고 생각했다. 따라서 수행주의다 고행주의다 하는 모든 것들이 마음으로부터 떠나게 된다.

그리고는 가야산(正覺山) 언덕의 나무 아래 자리를 만들고 "진리를 깨닫기 전에는 이 자리에서 움직이지 않겠다. 이 결심이 내 마지막 결심이 될 것이다"하고 마음먹고 수행에 들어갔다.

고타마는 잠시도 방일하지 않고 죽기로 결심하고 수행한 결과 선정(禪定)에 들었다.

성도(成道)

어느 날 고타마는 늘 그랬듯이 보리수 아래에서 선정에 들곤했다. 그런데 이른 새벽 찬란히 빛나는 별 하나를 보게 되면서 크게 깨닫게 된다.

이것이 바로 경지에 이르렀다는 '확철대오(確徹大悟)'이자, 죽으면 육체의 제약에서도 벗어나 완전한 열반에 이른다는 '무여열반(無餘涅槃)'이요, 가장 완벽한 깨달음인 '무상정등각(無上正等覺)'이다. 6년 동안의 긴 수행을 통해 힘든 고행의 늪을 빠져나온 것이다.

그 때 그는 너무도 법열(法悅, ecstasy)에 벅차서 잠시 머뭇거리게 된다. (장차 나의 깨달음처럼 어떻게 많은 중생을 깨닫게 할 수 있을까? 또한 무슨 진리를 먼저 설해야 하나 하는 등의 다시 고뇌하게 되었다—『율장대품』)

그가 깨달았다는 것은 무를 유로 깨달은 것도 아니고, 유를 부정하는 무라고 깨달은 것도 아니다. 그의 깨달음은 자연의 순환법칙 즉 연기(緣起, pratitya-samutpada)인 것이다.

모든 존재하는 것은 생멸변화하며 고정 불변하는 것은 무엇하나도 없다는 것이다.

"이것이 있으므로 저것이 있고, 저것이 있으므로 이것이 있다.

이것이 일어나므로 저것이 일어나고, 이것이 변하므로 저것이 변한다(此有故彼有 彼有故此故 此起故彼起 此滅故彼滅)." —『雜阿含 권15』

그는 법열에 자리를 박차고 일어났다. 어디로 가야 하나 잠시 생각하다 바라나시(Bārānasi)의 녹야원(鹿野苑)을 향해 발걸음을 옮기기 시작했다.

한편 니련선하 강가 숲에서 함께 수행할 때 고타마는 타락했다며 떠났던 다섯 비구가 그곳 녹야원에서 머물며 수행을 하고 있었다. 그런데 저 멀리 한 수행자의 모습이 그들 가까이 오고 있지 않는가.

그들은 그가 수행자로서의 금기를 어겨 타락했다고 여기는 고타마였다. 처음엔 모두가 그를 외면하기로 마음을 먹었다. 그러자 점점 가까이 다가온 고타마의 모습에 이상함을 느끼게 된다. 그들이 전에 보아 왔던 고타마의 모습이 아니라는 것을 알게 된다. 그러므로 외면하기로 작정하였던 그들이었지만 바로 앞에 이르자 일어나 그를 맞이하게 된다.

그 때 부처님은 최초로 녹야원이라는 곳에서 아야교진여(阿若憍陳如, Ajñāta-kauṇḍinya) 등의 다섯 비구에게 가르침을 펴니, 그것이 유명한 초전법륜(初轉法輪)이다.

이 때 부처님께서는 출가 수행자는 욕락(欲樂)과 고행(苦行)이라는 두 극단에 빠지면 안 된다. 중도(中道)를 취해야 함을 가르친다.

이렇게 해서 불교라는 한 종교가 탄생하게 된 것이다.

열반

열반(涅槃, nirvana)은 부처님의 마지막 장면을 연상할 수 있다. 어찌 생각해 보면 수행 궁극의 종착지가 열반이 아닌가 생각할 수도 있다.

수행자의 궁극이 무엇이겠는가? 그것은 깨달은 것이고, 그로 인한 죽음도 깨달음의 연장선에서 볼 수 있다. 그러나 그것은 부처님의 마지막 임종에서 볼 수 있었던 모습의 연장선일 뿐이고, 그 본 모습은 다르다.

열반은 불꽃이 정지된 상태다. 즉 다 연소되어 더 타려고 해도 탈 것이 없는 그 상태가 바로 열반이다. 그것을 다른 표현으로는 멸(滅), 적멸(寂滅), 멸도(滅度) 등으로 표현한다. 다만 열반도 구분이 된다는 것이다.

하나는 유여(有餘)열반이요 하나는 무여(無餘)열반이다. 유여가 남음이 있어 아직은 신체를 비롯한 흔적이 있는 것이라면, 무여열반은 생사의 괴로움뿐만 아니라 신체적인 그 어떤 형태까지도 남음이 없음을 뜻한다.

그렇다면 이것으로써 열반을 다 이해하고 받아들이기에는 좀 문제가 있다. 열반은 최고의 깨달음이라는 의미도 되겠지만, 연소(燃消)라는 말이 무엇을 의미하는가?

그것은 우리 번뇌의 불꽃이 꺼졌다는 것이다. 인간은 태어나면서 사물을 인지하게 되고 좋고 싫음을 감지하게 된다. 그것으로 인하여 취하고자(탐)하는 생각이 일어나고, 이 취하고자 하는 생각이 점차 확대되면서 탐·진·치(貪瞋痴) 삼독(三毒)심을 내게 된다.

우리가 몸이 있고 생각이 있다는 것은 살아 있다는 것이요, 살아 있다는 것은 번뇌의 불꽃이 타오르고 있다는 것이다. 그러나 이 번뇌의 불꽃이 살아 있는 한, 아니 생명이 존재하는 한 열반과는 멀리 떨어져 있을 것이란 생각을 할 수 있다.

그런데 이것은 열반의 참뜻이라고 보기는 어렵다. 부처님은 살아생전에 이미 열반을 얻은 것이다.

참으로 제행은 무상하여
생멸(生滅)을 본질로 하는 것이다
생한 것은 또 멸하나니
그것을 쉼이야말로 안락이구나.
　　　　　　　　　―『대열반경』

마음이 평온해진 수행자는
이제는 들 휴식도 나올 휴식도 없다
욕망이 없는 이는 적정에 이르러

이제는 깨달음조차 멸했다.
흔들림 없는 마음을 가지고
고통에 빠지는 일 없이
마치 불이 꺼진 것 같은
마음의 해탈을 이루었다.

—『유행경』

늙고 병들고 죽음을 염리(厭離)하고 욕심을 버려 번뇌를 일으키지 않고 마음을 잘 조복하면 반열반(般涅槃)을 얻었다고 한다.

—『잡아함경』

부처님께서 열반을 앞두고 고향이자 고국으로 발걸음을 옮기고 있었다. 그 때 부처님을 가까이 모시는 아란존자가 있었다.

부처님께서는 고향땅으로 가면서 색신(色身)이 급히 쇠진해 몸을 감지하면서 제자 아란에게 "아란아 쉬었다 가자"라는 말씀을 하시게 된다.

그리고는 사라쌍수(沙羅雙樹)에 이르러 다시 쉬게 되는데, 이 때 부처님께서는 시자 아란에게 "내가 열반에 들 것이다. 그렇게 준비를 하라"고 부탁하신다. 그리고 오른쪽 옆구리를 땅에 붙이시고 조용히 열반에 드는데 아란존자가 흐느끼기 시작한다.

"부처님은 죽지 않는다고 하셨는데 어찌 죽음을 보이십니까. 장차 누구를 의지하고 수행을 해야 합니까?"

이렇게 흐느낄 때 부처님께서는 다음과 같이 말씀하신다.

"계를 스승으로 삼으라. 스스로에 귀의하라. 법에 귀의하라(自

燈明 法燈明)."

이 말씀을 남기시고 조용히 열반에 드셨다.

그런데 부처님의 열반 소식을 늦게 알게 된 수제자 가섭을 비롯하여 많은 제자가 모여서 오열하니, 관 속에서 두 발이 나오게 되었다. 이것이 유명한 삼처전심(三處傳心)의 하나인 곽시쌍부(郭示雙扶)인 것이다.

다시 말해 "세상의 모든 존재하는 것은 때가 되면 죽거나 부서지거나 티끌이 되어 없어지는 것이다. 그러나 나는 색신의 무상한 변천을 보인 것이지 결코 죽는 것이 아니다"라는 것을 말하고 있는 것이다.

인간의 삶도 무상하기에 일정한 시간만 유지할 뿐 영원성은 없다. 누구나 '태어나면 죽게 되고 만나면 헤어지는 것(生者必滅 會者定離)이다.' 이것이 인생의 법칙이자 자연 순환의 법칙이다.

증자(曾子)도 "새가 죽을 때가 되면 그 소리가 구슬프고, 사람이 임종에 다다르면 진실하다"라고 했다.

열반은 결코 죽음을 의미하는 것이 아니라 살아서 온갖 치솟는 탐·진·치의 번뇌를 쉬게 된다면 그대로가 열반이 아니겠는가?

깨달음에 대하여

깨달음이란

　사람들이 흔히 깨달았다는 말을 자주 쓴다. 어떠한 사물을 대하며 그 사물이나 경계에 푹 빠졌다 일어났을 때 또는 진작 알지 못하여 고민하던 중에 누군가로부터 알게 되었을 때 모두들 '깨달았다' 또는 '깨닫게 되었다'는 말을 자주 쓴다.
　그러나 불가에서의 깨달음은 그렇게 쉽게 쓰지 않는다. 왜냐하면 깨달음은 그야말로 깊은 자기 수행에서만이 가능하기에 함부로 쓸 수 없고 써서도 안 되는 것이다. 혹 깨달았다고 해도 그 깨달음은 검증받아야 한다.
　깨달음에서는 '해오(解悟)'와 '증오(證悟)'가 있다. 해오가 알음알이를 푸는 정도라면, 증오는 그대로 증득해 얻은 결과라 할 수 있다.
　물론 불가에서도 쉽게 쓰는 것 같아 보일 때도 있다. 가령 "깨닫는 것이 세수하다 코를 만지는 것보다 쉽다"라고 말하기도 하면, "누구나 다 깨달았다"라는 식으로 말하기도 한다.

하지만 그것은 인간의 원초적 깨달음의 가능성(一切衆生 實有佛性)을 말하는 것이지 진정 자기가 알았다는 차원의 깨달음을 말하진 않는다. 그것은 깨치지 못하고 깨쳤다고 말을 한다면 그것이 큰 죄가 된다고 여기기 때문이다.

그러므로 처음 깨달은 것을 '초견성(初見性)'이라 말하는데, 초견성이란 처음 자기의 성품을 보았다는 말로, 스님들의 세계에서는 견성을 했나 못 했나 하는 말로 사용된다.

우리 나라 불교는 견성 제일주의라 해도 과언은 아니다. 수행의 궁극이 확철대오(確徹大悟)에 있지만, 확철대오란 확연히 크게 사무친 깨달음으로 곧 부처를 의미한다고 말할 수 있다. 하지만 부처 이전에 스스로의 성품을 보는 것으로서 궁극을 삼는다고 할 수 있다.

오늘날 한국의 수많은 참선 남자가 있지만 견성했다고 내세우는 스님은 극히 제한적이다.

그것은 먼저 깨친(見性) 선지식(善知識)의 검증을 받아 인가가 있었는지 알 수 없다. 그만큼 견성하기가 쉽지 않다는 말이다. 그러하기에 한국 불교는 견성을 제일로 여기는 것이다. 아무리 뛰어난 불교학자라도 견성하지 못하면 선지식이니 고승이니 하는 용어를 붙이지 않을 정도다.

물론 시대의 변천이 불가의 정신 환경에 변화를 주는 것도 사실이다. 하지만 산이 예나 지금이나 변했다고 할 수 없듯 정신의 영역은 크게 변한 것이 없다.

앞서 언급했듯이 아무리 오랫동안 수행했다 할지라도 깨치지 못하면 헛 산 것이 되고, 그 반대로 10세 소년이라 할지라도 깨우

월정사 9층석탑 앞 기도상

치면 그는 선지식이요 여불(如佛) 대접을 받는다.

그 예로 큰 사찰 통도사에 전강(田岡, 1898~1975)이라는 고승이 조실(祖室) 스님 소리를 들었던 것이다. 그 때 스님의 나이가 33세가 되던 해이다.

30대 초반이라면 활달히 수행하는 청년기였지만 그는 선승으로 이름을 떨쳤으며, 당시 통도사 주지와 선교에 능한 경봉 스님의 공부를 점검한다는 것은 깨달음을 제일로 여기는(釋氏之門以悟爲則) 불가가 아니고서야 감히 상상할 수 없기에 한국 불교는 선종이며 견성제일주의라 하지 않을 수 없다.

깨달음의 궁극은 무엇인가

그렇다면 깨달음을 얻게 되면 어찌할 것인가? 오직 참선에만 전념해 깨달음을 얻게 되면 모든 것이 완전한가? 부처가 그랬듯이 깨달으면 곧 부처라 할 수 있는가? 등 깨달음 이후의 문제를 생각하지 않을 수 없다.

그런데 깨달음이 '정신의 영역이라 완전하다고 말할 수 있다'면, 부처도 깨달았지만 과거로부터 내려온 수업(受業)은 어찌할 수가 없다. 바로 정업불멸(定業不滅)이라는 것이다. 그렇기에 부처도 깨달았지만 색신(色身)의 괴로움을 우리들에게 보여 주었고, 색신이 있는 한 색신의 지배를 받아야 하고, 그런 까닭에 병들고 늙고 죽음을 말한다.

그는 경에 "사바세계는 불붙는 집과 같다(猶如火宅)"라고 말씀하시고, "일체가 다 고다(一切皆苦)"라고 외치기도 하였다. 그렇지만 깨닫게 되면 '나란 무엇인가' 하는 의문이 풀릴 것이고, 과거로부터 내려오는 12연기(불교의 가장 기초적인 교의로서 『아함

경전』에 설해진 것. 12라 함은 無明, 行, 識, 名色, 六處, 觸, 受, 愛, 取, 有, 生, 老死)의 고리를 끊을 수 있다. 그리고 생과 사를 조절할 수 있으며, 궁극에는 나지도 죽지도 않는 불생불멸(不生不滅)을 얻은 것이다.

흔히들 불가에서는 깨치기만 하면 책도 읽지 않고 아는 바도 없는 사람이 어찌 진리를 설명할 수 있겠느냐 의심하게 된다. 이에 대해 수행하는 사람들은 산꼭대기를 비유한다. 즉 산에 오르지 못한 사람은 산을 이해하지 못하지만, 산을 다 오른 사람은 산 아래를 다 볼 수 있다는 식으로 설득한다.

그러므로 깨치지 않은 사람은 깨침에 대해 무어라 말할 수 없으며 말을 했어도 옳지 않다는 것이다. 다만 우스운 말로 아는 놈은 알 것이다.

깨달음을 어떻게 얻을 수 있나

고승들이 말씀하기를 깨닫는 것은 어렵지 않다고 말한다. 어떤 이는 창 밖에 낙엽이 떨어지는 것을 보고 깨달음을 얻고, 어떤 이는 대밭을 지나다 바람에 댓잎이 부딪히는 소리를 듣고 깨달았으며, 또는 경을 보다 크게 깨달음을 얻기도 했다고 말한다. 이는 깨달음을 얻는 것이 쉽다는 말일 것이다.

그러나 과연 깨닫는 것이 쉬운 것일까? 그것은 오랫동안 수행을 해 오는 연장에서 가능하다고 보아야 한다. 물론 불가에서 '돈오(頓悟) 점수(漸修)'에 대한 논쟁이 있다. 돈오란 쉽게 말하자면 '단번에 깨쳐 궁극에 이름'을 말하는 것이고, 점수는 '점차적으로 깨쳐나간다'는 뜻이다.

돈오의 깨달음을 보인 대표적인 스님이 육조(六祖) 혜능(慧能,

638~713)이다. 중국 당나라 때 스님으로, 시장에서 땔나무를 팔아 늙은 어머니를 봉양하던 중 시장에서 금강경 읽는 소리를 듣고 물어 찾아간 곳이 오조(五祖) 홍인(弘忍) 스님이 계신 곳이다.

혜능 스님이 이 곳에서 방아를 찧던 어느 날 홍인 스님이 다가와 주장자로 야반삼경(夜半三更)에 오라는 부름을 받고 갔다.

이 때 홍인 스님께서 『금강경』을 읽어 주었는데 "머문 바 없이 그 마음을 내라(應無所住而生其心)"라는 대목에 이르러 크게 깨달았던 것이다.

참선이 깨침의 지름길이라고 하지만 이와 같은 경우가 종종 있다. 고려 말엽 유명한 보조 국사(普照國師) 지눌(知訥, 1158~1210)께서도 『화엄경』을 보다 크게 깨쳤다 한다.

또한 돈오와 점수도 논쟁이 끊이질 않는다. 우리 나라에서는 간화선(看話禪, 화두를 들고 수행함)을 위주로 하며 돈오를 주장하는 경우가 많다.

세 가지 진리(三法印)

제행무상(諸行無常)

　세상이 아주 빠르게 변해 가고 있다. 하루의 변함이 예전의 수년 쯤 되는 것 같다. 자고 나면 보이지 않던 길이 생기고 높이 치솟은 건물이 눈에 들어온다.

　또한 툭하면 단군 이래 최대 걸작이니 최대 국가 공사니 하는 말을 한다. 무엇이 최대이며 무엇이 단군 이래 최대 걸작인지는 몰라도 물질 팽창이 지속되는 한 이런 용어는 끊이지 않는다.

　인간에게 물질이 풍요하고 과학이 일상사가 되어 버린 오늘날 사회가 과연 행복한 것인가? 만약 이런 조건이 행복하다고 한다면 거리에 나와 외쳐 대는 아우성은 또 무엇인가?

　선문염송에 "사람이 평화로우면 말이 없고, 물이 평탄하면 흐르지 않는다(人平不語 水平不流)"라고 하였다. 진정 배가 부르면 찾아오는 것은 졸음뿐이요, 굶주린 자는 껄떡인다.

　그렇다면 무엇이 배가 부른 것이고 무엇이 배고픈 것인가? 세상은 빵만 가지고 다 되는 것은 아니다. 배고픈 자에게는 빵은 필요하다. 그러나 그 빵은 일시적 수단에 지나지 않는다. 그것이 오늘날 사회 현상이 아닌가 한다.

아무튼 예전에 비하면 물질이 많이 풍요로워진 것은 사실이다. 이렇게 풍요한 물질 속에 무엇이 우리들을 각박하게 하여 서로를 속이거나 서로를 죽이고, 내 것 네 것 할 것 없이 파괴하고 불 지르고, 그것도 모자라 여러 사람과 함께 죽자 살자 하는 것인가?

부처님께서는 "모든 것이 덧없다 하셨다." 즉 영원하지 못하다 하신 것이다. 만약 우리에게 영원이라는 단어를 묶어 둘 수 있다면 그것은 진리요 행복일 것이다.

그렇지만 존재하는 모든 양상은 오래 머물 수 없고 오래 지탱할 수 없다. 우리가 만들 땐 아름답다고 외치던 것이 어느 날인가에는 한낱 쓰레기가 되어 거추장스럽게 여기는 것이 얼마든지 있다. 이것은 물질을 두고 말하는 것이 아니라 바로 나 자신의 변함과 내 누이 내 형제의 모습을 보면 알 수 있는 것이다.

이것이 풍요가 되었든 빈곤이 되었든 과학이 되었든 간에 그 무엇이든 한번 이루어진 것, 눈에 보이는 모든 양상은 변하고 변해서 부스러기가 되고 쓰레기가 되고 한 줌의 흙으로 돌아간다. 그런데 그 흙마저 쓸리고 흩어져 실체라 할 것이 없는데, 우리는 무엇이 무엇을 그토록 집착하고 괴로워하는 것인가?

제법무아(諸法無我)

존재하는 것만 부정하는 것이 아니라 그 존재의 실체까지도 부처님은 부정하셨다.

무엇이 있어 '이것'이다 하겠는가. 우리들이 말하는 자아(自我,

atman)든 영혼(靈魂, jiva)이든 간에 이러한 것들은 하나의 용어에 지나지 않는다.

그 예로 개 한 마리가 짖는데 한국 사람이 듣고 표현하는 것이 다르고, 미국 사람이 듣고 표현하는 것이 각기 다르다. 이것을 바로 '진리'라고 말할 수 없다. 그 무엇을 그 환경과 그 시간에 적절히 맞춘 것에 불과한 것이다.

중국 사람이 사람 '人' 자를 쓰는 것이나, 미국 사람이 'man' 또는 'human' 하는 것이나, 인도 사람이 'manus'라 하는 것은 모두 공통이다. 하나의 사람을 지칭하고 또한 생각한다는 정도의 의미를 부여한 것에 불과하다.

만약 과학에서 말하는 입자(粒子), 즉 미립자(微粒子)·원자(原子)·분자(分子)를 인정하더라도 그것이 눈으로 보고 판단하기에 과학이라고 할 수 있다. 그런데 과학이라는 것이 눈에 보이는 정도를 판별해서 정의를 내린다면 그것은 과학의 한계일 것이다.

그렇다면 눈에 보이던 보이지 않던 간에 모두를 포괄적으로 에너지(energy)라 한다면, 이것 또한 하나의 추상적 상징에 불과한 것이다.

비록 에너지라 할지라도 그 에너지가 고정되지 않고 시시각각 흩어지고 다시 모여 에너지가 되지만 그 실체가 없다고 보는 것이 부처님께서 말씀하시는 모든 법(法)이다. 다시 말해 '나(我)다' 하는 것이 없다는 것이다.

오늘날 정신과학이 발전해서 사람의 영혼은 하나의 에너지로 보는 경우도 있다. 영혼은 눈에 보이지도 않지만 하나의 빛과 같아서, 그 빛이 하나가 아닌 여러 줄기의 빛이 하나로 모인 '복합 형체다'라고 보는 경우도 있다.

일체개고

그러한 모든 것들은 하나의 유기적(有機的)으로 볼 수 있는데, 이것을 석가는 중생(뭇 생명)이라는 용어로 많이 쓴다.

그럼 중생은 무엇인가? 어렵게 이해할 필요는 없다. 하나의 유기적 모든 존재는 다 중생이다. 다만 움직이지 않는 바위 암석 같은 것을 중생이라 할 수는 없을 것이다. 그렇지만 좀더 현실적으로 말하자면 생명이 있는 모든 것들은 다 중생이다.

이 중생 세계는 하나부터 끝까지 모든 것이 다 고통이다. 그러기에 부처는 열반적정(涅槃寂定, Nirvana)을 강조하신다. 열반적정이야 말로 중생의 궁극점이 될 수 있다.

그러면 이 열반적정을 얻거나 가지면 되지 않느냐 하고 생각할 것이다. 하지만 중생은 태란습화(胎卵濕化)로 나와서 생로병사의 과정을 겪어야 하기에 열반적정을 쉽게 취할 수 없다. 그렇지만 석가는 열반적정을 얻을 수 있다는 가정에서 중생에게 다가왔다.

그렇다면 부처는 왜 일체개고(一切皆苦)니 유여화택(猶如火宅)이니 하면서 중생들에게 외치고 있는가? 중생들은 이 사바세계라는 하나의 허상(虛像, 영원성이 없음)에 집착해서 오욕(五慾)에 빠지고 탐착과 어리석음에 빠져 괴로워하면서도 괴로운 줄도 모르고 사는 것이 안타깝게 여기기 때문이다.

부처님은 사바세계를 '불타는 집'이라 하실 정도로, 사바세계는 고통과 탐착과 어리석음이 가득해서 마치 불이 타는 집처럼 본 것이다.

부처가 사바세계에 와서 본 실상은 인간이 태어나서 죽을 때까지 일생 동안 붙어 따라다니는 온갖 육체적·정신적 괴로움을 통틀어 일컫는 생(生)·로(老)·병(病)·사(死)의 4고(四苦)에 더하여 사랑하는 사람과 헤어지지 않으면 안 되는 괴로움인 애별리고(愛別離苦), 원망하고 미워하는 사람을 만나지 않을 수 없는 괴로움인 원증회고(怨憎會苦), 바라는 것을 얻을 수 없는 괴로움인 구부득고(求不得苦), 그리고 인간이 살고 있다는 그 자체가 괴로움이란 오음성고(五陰盛苦)의 8고(八苦) 등 사바세계는 모든 것이 '고(苦)'다. 모든 것이 괴로움 아닌 것이 없다고 본 것이다.

그가 우리에게 보여 준 것은 열반인데 "너희들도 나와 같이 하면 나와 같이 될 수 있다"는 것을 보이신 것이다.

그러므로 이 세상 모든 것이 이것이다 저것이다 영원이다 할 것이 없다. 그런데 우리들은 사랑을 해도 그것이 영원한 줄 알고, 사람을 만나면 영원히 내 사람인 줄 알고 집착하다 괴로워하고 실망하고 나아가 허무(虛無)하다고 여기게 된다.

쇠를 강하게 만들기 위해서는 물을 이용한다. 그러므로 인생을 강하게 살려면 먼저 부드러움을 취해야 한다. 그리고 나만이 가능하다는 생각을 버려야 한다.

내가 아니라도 세상의 바퀴는 얼마든지 돌고 돈다. 나 만이라는 고집스러운 생각이 오늘날 이 사회에 한 축을 이루는 사람들로 많이 있다. 세상은 내 것 네 것도 아니다. 누구나 세상에 나오면 세상을 잠시 빌릴 뿐이다. 그러니 무엇이 그토록 아깝고 아쉬워하고 죽음을 앞두고도 놓지 못하는가.

이것은 출가자다 아니다 할 것이 없이 누구나 한번 생각하고 한번 마음먹기에 달렸다. 가령 내가 내 땅이라 내 마음대로 내가 잘한다는 생각으로 그 땅을 개발했다 해도 한 번 파괴된 그 땅은 본래의 모습대로 되기 어렵다. 또한 후세인에게 돌아갈 기회를 다 뺏은 것에 지나지 않는다는 것을 알아야 한다.

대승 불교의 이해

대승 불교는 상구보리 하화중생이다

대승(大乘)은 범어로 마하야나(Mahāyāna)로 '큰 수레'라는 뜻으로 이해될 수 있다. 그렇다면 큰 수레는 무엇을 뜻하는 것일까? 많은 사람을 구제하여 태우는 큰 수레라는 뜻이다. 즉 자기만의 구제보다는 모든 중생이 다 함께 불도를 이뤄 성불하자는 자리이타(自利利他)이다.

이것은 소승 불교가 출가자 중심의 깨달은 성인이 되는 것이라면, 대승 불교는 출가자나 재가자가 함께 수행하고 성불한다는 것이다. 다시 말해 소승이 자기 형성에 중점을 둔 데 반해 대승은 대중 구제에 중점을 두는 것이다. 즉 위로는 깨달음을 구하는 상구보리(上求菩提), 아래로는 대중을 교화한다는 하화중생(下化衆生) 출가주의에서 재가주의에 중점을 두는 것이다.

대승이라는 말이 나오게 된 것은 대승경전이 번역되어 나오는 시점이다. 대승경전이 처음 번역될 때가 서력 기원 전후에 이르러 『반야경(般若經)』, 『수능엄경(首楞嚴經)』, 『반주삼매경(般舟三昧經)』 등이 나왔고, 이후 용수(龍樹)나 무착(無着), 세친(世親) 등의 뛰어난 사상가에 의해서 사상적 체계가 확립되어 대승 불교의 새로운 전기를 세웠다고 할 수 있다. 그러나 대승 불교가 석가의 초기 가르침을 벗어나지 않는다고 봐야 한다.

그것은 부처님께서 설하신 경전『화엄경』을 비롯하여 '공(空)' 사상을 강조하는 『반야경(般若經)』, 능가산에서 대혜 보살을 상대로 설하신 『능가경(楞伽經)』 등을 대승경전이라 보고, 부처님의 초기 경전으로 인간의 도리 덕목에 대한 모범적인 답안을 제시하는 『아함경(阿含經)』 등을 소승경전이라 정의한다.

하지만 이미 석가가 세상에 나와 깨달음을 얻어 근원적 인도 사회의 카스트 제도인 사성제(四姓制) 등을 폐하고자 한 것이 일승(一乘)이다.

이 일승은 '가르침이 하나'라는 의미이다. 다시 말해 대승은 보살의 가르침이며 누구라도 보살이 될 수 있다는 말이다. 따라서 신분의 격차가 없다는 것으로 누구든 출가 이전의 모든 직위나 신분적인 것은 출가하면 다 같은 하나가 된다는 것으로서 이미 대승은 시작된 것이며 실행이 된 것이다.

대승의 특질을 들 수 있다면 보살이다. 이 보살은 보리살타(菩提薩陀, Bodhisattva)의 준말로서 '깨달은 사람'을 말한다. 초기나 후기 할 것 없이 불경에 자주 등장한다.

부처님께서는 보살이라는 한 대상을 끌어들여 중생과 아픔을 함께 한다거나 중생이 곧 보살이요 보살이 곧 중생이 되는 화엄의 사상이 바로 대승인 것이다. 이것이 훗날 대승 운동의 시발점이 되는 것이다.

소승(小乘)은 범어로 히나야나(Hinayāna)나 하는데 '작은 수레'란 뜻을 가지고 있다. 그러나 '희나'에는 '버려진, 열등한' 등의 의미가 있는 것으로 보아 소승을 비하하는 듯한 인상을 감출 수는 없다. 다만 "소승이다, 대승이다"라는 말이 사용되기 시작한 시기는 불멸(석가모니 부처의 입멸) 후 400~500년이 지나서『대승경전』이 한역으로 번역되기 시작하면서부터 대승과 소승이란 명칭이 붙게 되었다.

이것은 부처님이 깨달음을 이루시고 49년 동안 각처를 다니시면서 가르침을 전하실 때 불전의 초기 경전(20년)인 아함부(阿含部)·방등부(方等部) 등이 수행자를 중심으로 설하신 법이다.

이는 부처님의 당시 수행관을 잘 이해하는 경전이고, 그 수행을 통해 오직 깨닫는데 치우쳐 있는 것을 한역(漢譯)권에서 불경의 새로운 이해가 받아들인 것이 대승으로, 소승보다 우월하다고 내세우게 되는 것이다.

이것은 중국이라는 거대한 문명국가의 사상과 일치되며, 또한 이미 중화 문화를 학술적인 것과 사상적인 것이 거의 절정에 치달은 시기이기에 인도적(印度的) 사고와 남방 불교(南方佛敎, 버마·스리랑카·태국 등)의 수행관을 중국식으로 이해하고 승화 발전하게 된 것이 대승의 발달사로 볼 수 있다.

그러기에『대승경전』의 결집에 대하여 전설적으로 유전된 설화에 의하면 문수보살, 미륵보살이 아난존자와 함께 철위산(鐵圍山) 속에서 결집했다는 하는 전설은 근거는 없고, 개인적으로 편집되었다는 견해인 '대승경전비불설'(大乘經典非佛說)이 인도에서 제기되었다.

다시 말해 후세 불학자(佛學者)들에 의해『대승경전』이 불설

(佛說)이냐 비불설(非佛說)이냐 하는 이론이 제기된 것으로, 불멸 후 5세기 동안은 유행한 사실이 없다는 이유를 제기한 것이다.

이는 초기 원시경전(原始經典)과는 사뭇 다른 내용의 경전들이 많이 등장하면서 중화 문화의 특징적인 허세가 많이 보이는 것이 원시 불교와는 차이가 있다.

무엇보다도 대승 불교를 받아들이는 나라에서 대승의 우월성을 들어내는 것은 소승 불교가 수행을 해서 깨달음의 궁극을 아라한(阿羅漢, 범어로 arhan)에 둔다는 사실을 강조하고 있다. 소승 불교에서는 수행하는 단계를 '성문4과(聲聞四果)'로 나뉘는데, 그 최고의 경지가 바로 아라한인 것이다.

성문4과의 첫 번째 단계는 '수다원과(須陀洹果)'로 성인의 지위로 들어가는 단계다. 두 번째가 인간과 천상에 한 번씩 왕래하면서 생(生)을 받아야 하는 지위인 '사다함과(斯陀含果)', 사다함과에서 남은 3품 혹(惑)을 끊고 욕계에 다시 나지 않는 지위인 '아나함과(阿那含果)', 그리고 성인의 지위에 오르는 '아라한과(阿羅漢果)' 단계 등이다.

여기서 성문은 '부처의 음성을 듣는 사람'이라는 뜻으로 불제자를 가리킨다. 그러나 부처와 똑같은 깨달음을 얻은 '보살'이라는 신념을 갖지 않았다. 그리고 '과'는 진리를 증거하고 모든 번뇌와 허물을 끊어 버린 청정한 지혜가 생기는 지위를 말한다.

그러므로 소승에서 말하는 보살이란 부처의 전생만을 가리켰으며, 성문을 완성한 자를 '아라한'이라 했다. 즉 '번뇌를 끊는 사람'이라는 뜻으로, 부처는 번뇌를 끊고 나서 일체지(一切智)를 얻었던 사람이다.

대승은 이러한 불타가 되기를 목적으로 하는 불교이며, 아라한은 목적으로 하는 소승보다 훨씬 높은 목적을 가지고 있었다. 그래서 아라한은 부처의 단계가 되지 못한다.

아라한은 남방 불교의 정점이다. 그들은 보살이라는 것도 대승 불교와 달리 받아들인다. 보살은 전생의 부처님으로 한정시켜 보는 것이다. 반면에 대승에서는 누구나 다 보살이 될 수 있고, 누구나 다 부처가 될 수 있다는 것이다. 보살의 출현은 경전을 통해서 가상적인 것이기는 하나 그것을 현실과 접목해서 받아들인다. 이것이 대승적으로 보는 사람이다.

이에 반해서 소승의 남방 불교는 자기들의 수행관이 당시 부처님의 수행과 가장 잘 맞는 수행관으로 여기며, 또한 스스로를 소승이라고 여기지 않는다. 그것은 그들의 교리나 경전뿐만 아니라 계율에서도 마찬가지이다.

그러나 대승 불교는 좀 다르다. 다르다는 것은 신축성이 있다는 것이다. 가령 소승 불교에서는 계율을 어기면 안 되는 것이 대승 불교에서는 대를 위해서는 소가 희생될 수 있다는 것이다. 즉 한 사람의 생명을 살리기 위해서는 하나의 미물은 살생할 수 있다는 의미인 것이다.

이와 같이 대승은 시대 변천과 지역적 환경과도 무관하다고 볼 수 없다. 인도나 남방은 더운 지방이라 살갗을 들어 낸 가사(袈裟), 범어의 'kasaya'로 부정잡색(不正雜色, 괴색으로 아름답지 않은 탁한 색)의 뜻으로, 스님들이 입는 법의(法衣)만을 걸친다. 하지만 북방 불교(중국이나 한국 등)에서는 장삼을 입고 그 위에 가사를 입는다. 그것이 지리적 풍토적 환경이 만들어 낸 것이다.

또한 정신 영역의 하나가 되는 대승 사상도 시간과 환경의 변화에 따라 변해 왔다고 말할 수 있다. 그렇지만 대승의 사상이 부처님의 사상과 동떨어진 것이라고는 볼 수 없다.

부처님께서는 소를 잡는 백정을 제도하기 위하여 백정의 마을에 들어가 그들과 함께 생활을 했다. 그런가 하면 한국의 대표적 보살행을 한 원효(元曉) 스님이 도적 떼를 제도하기 위해 도적 떼와 함께 어울려 지냈다. 그뿐 아니라 그들과 함께 걸인까지 함께 하면서 거리를 걷고 함께 '나무아미타불'을 부르는 것과 다를 것이 없는 것이다. 바로 이것이 대승 불교인 것이다.

공에 대하여

　불교에서는 '공(空)'을 범어로 '수냐(Sunya)'라고 하는데, 그 뜻은 '텅 비었다'라고 해석할 수 있다. 그러나 '보이드(void)'나 '엠프티(empty)'처럼 그냥 빈 것으로 보지는 않는다.
　그렇다고 있다거나 존재하는 의미의 '익스텐스(existence)'적으로 본다고 할 수도 없다. 분명한 것은 공이란 '빈 것도 가득한 것도 아니다'라는 것이다.
　그래서 불교에서는 '공'을 단순한 비어 있는 공이 아닌 존재의 의미를 기능하는 묘유(妙有)를 말한다. 이 묘유는 그냥 무엇이 있다고 보기보다는 무엇을 포함하고 그것을 거두어들이고 또한 창안해 내는 그런 정도의 이해가 맞지 않을까?
　아무튼 공을 이해하기란 쉽지 않다 그러나 분명한 것은 '공은 공이다'라는 것이다. 공은 허무가 아니다. 공을 관찰하는 것은 그대로 진리에 대한 발견이다. 그래서 진공(眞空)은 그대로가 묘유(妙有)라고 해서 일체진공묘유(一切眞空妙有)라는 말을 쓴다. 다시 말해 진정한 공은 묘하게 있는 것이라는 말이다.

산스크리트 『반야심경』 번역본으로 공을 말하면 다음과 같다.

"사리불이여! 이 세상에 있어서 모든 물질적 현상에는 실체가 없는 것이며, 실체가 없기 때문에 바로 물질적 현상이 '있게 되는 것'이다. 실체가 없다고 하더라도 그것은 물질적 현상을 떠나 있지는 않다. 또 물질적 현상은 실체가 없는 것으로부터 떠나서 물질적 현상인 것이 아니다."

그리고 한역본에서의 공은 다음과 같다.

"사리자여! 색(色)이 공(空)과 다르지 않고, 공이 색과 다르지 않으며, 색이 곧 공이요 공이 곧 색이니라."

좀더 공을 이해하기 위해서는 우리가 몸담고 살아가는 이 세계(이를 기세간이라 함), 즉 우주의 생성과 소멸을 나타내는 '성주괴공(成住壞空)'을 이해할 필요가 있다. 성주괴공이란, 이루어진 물질을 일정한 인연에 의하여 머물다 다시 쇠퇴하여 붕괴하는 과정을 거쳐 공으로 돌아간다는 것이다.

그렇다면 이루어진 현상이 공이라 한다면 어그러졌다고 해서 그것이 공이 아니라고 말할 수 있는가. 그것은 어그러져도 그 실체는 없어지는 것이 아니고 존재한다. 또한 존재한다는 것이 영원성이 없다. 그러니 존재할 때의 현상은 색이 될 것이요, 어그러진 이후는 공으로 돌아간다고 말할 수 있다.

따라서 공이 색과 전혀 별개의 것이 될 수 없다. 그렇기 때문에 공은 곧 색이 되고, 색은 공으로 돌아간다. 이것은 공과 색이 반복하면서 공이 되고 색이 되는 것이다.

일본의 저명한 불교학자 이시다 마즈마로(石田瑞麿)의 반야관을 보면, "공 속에는 물질적 현상은 없으며, 감각도 표상(表象)도의지도 마음도 없다. 그러나 물질적 현상을 떠나서 공이 있지 못하며, 감각이나 표상이나 의지나 마음을 떠나서도 공은 있을 수 없다. 공은 그 자체가 물질적 현상인 것이며, 물질적 현상은 그 자체가 공인 것이다."

그렇다면 무엇 때문에 '공이다, 공이 아니다'라고 하면서 공이라는 문제를 들고 나왔느냐 하는데 있다.

부처님께서는 "일체가 다 공이다"라고 말씀을 하셨다. 그것은 모든 존재(諸法)는 그 실체가 없다는 것이다.

그런데 인간들은 그 실체가 없는 유위현상(有爲現象), 즉 인연에 따라 발생하는 모든 현상에 집착하여 마치 그것이 영원성이 있는 것처럼 집착하고 탐닉하여 그것에 매달린다. 그것이 나를 파멸로 이끄는 줄도 모르고 빠져서 고통의 늪을 만들어 가는 것이다.

뿐만 아니라 존재하는 모든 것은 한낱 허깨비와 같아서 '일체 만물은 끊임없이 변화하고, 존재하는 모든 것은 인연에 따라 생긴 것이므로 실체가 없다'는 제행무상(諸行無常)이 곧 공이다.

또한 '나타나서 머물다 변화하고 사라지는 생주이멸(生住異滅), 즉 자신을 포함한 일체의 중생(이를 중생세간이라 함)의 생성 소멸 또는 일체 만유의 온갖 법이 생겨나고 사라져 그 자리에 고정될 수 없음은 물론이고 취하고 싶다고 해서 취할 수도 없거니와 나아가 그것이 싫다고 버리려 해도 버릴 수 없는 것이 공이다.

이것은 마치 계절을 붙잡으려 해도 붙잡을 수 없고, 오는 계절을 막으려 해도 막을 수 없는 것과 같은 것이다. 이것은 싫든 좋든 받아들여야 하고, 그것에 순응하는 것 외에 별도리가 없다.

다만 부처님께서는 중생들의 모습이 마치 눈먼 장님과도 같아서 손으로 더듬으며, 이것이라고 외치는 것과 같이 안쓰럽게 본다는 것이다. 그러므로 세상의 이치(理·事)가 모든 것은 순환하는 것이고, 순환의 정점이 공이라는 것이 있는 것이다. 그런데 이 공 또한 그 실체가 고정불변(固定不變)하는 것이 아니라 이름 하여 '공이다'라고 할 뿐이라는 것이다.

   세상에 존재하는 그 어떤 것도 실체가 없기에 그 무엇 하나 인정할 수 없다. 그러기에 그것을 '무아(無我)'라고도 표현하고 '공(空)이다'라고 표현할 뿐이다.

화두와 공안

　화두(話頭)란 말머리다. 불교 수행자들이 참선(參禪)을 할 때 늘 참구(參究)하는 것이다. 그런데 화두를 참구하기 위해서는 공안(公案)이 있어야 한다.
　공안이란 원래 '관청의 공문서'라는 뜻의 '공부안독(公俯案牘)'의 용어에서 유래된 것으로, 참선 수행에 있어서도 절대적인 규범성과 판단의 준칙이 되는 핵심적인 명제이다. 그런데 관청의 공문서인 만큼 참선 수행에도 엄격한 규범이 따르는 것을 포함한다 하겠다.
　공안을 대개 '1700 공안'이라는 말을 한다. 이는 『전등록(傳燈錄)』에 등장하는 964명의 선사들이 만든 1701개의 선적어구(禪的語句)들을 모아서 공안으로 삼은 것이다.
　그렇다고 선적어구가 모두 공안이 되는 것은 아니다. 그것이 하나의 공안이 되기 위해서는 후세인들의 엄격한 잣대로 이것이 풀어지는 뜻이 아닌 완벽한 하나의 의심체가 되느냐 하는 것이다.

이것이 하나하나 실타래 풀리듯 의심이 해석된다면 공안이 될 수 없다. 그렇다고 일부러 공안을 특별히 누구에 의해서 만들었거나 꼭 이런 것이 공안이다 말할 수는 없다.

이것은 조사(祖師)이든 선사(禪師)이든 그렇지 않든 하나의 계기를 공안으로 삼을 수도 있다.

좋은 예로 공안이 1700이라 해도 그것을 쓰는 공안은 극히 일부이다. 또 기존에 수록된 공안을 떠나 그 때 그 때의 환경에 맞추어 공안으로 삼고 그것을 하나의 화두로 드는 예도 많이 있다. 또 그로 인하여 깨달음을 얻는 경우도 있다.

현재 내려오는 공안 중에서 대표적인 공안이 몇 개 있는데 조주(趙州) 선사의 '무자(無字)'와 '뜰 앞에 잣나무(庭前栢樹子) 화두가 있다. 그리고 남전(南泉) 선사의 "평상심이 도다(平常心是道)", 동산(洞山) 스님의 "삼 서 근(麻三斤)"이 있으며, 운문(雲門) 스님의 "똥 막대기(乾屎厥)" 등이 대표적인 공안이다.

이 공안을 참선하는 수행자가 참구하면 그것은 하나의 화두가 된다. 화두의 시각은 이렇다.

어떤 스님이 조주 선사(趙州禪師)에게 물었다.
"개도 불성(佛性)이 있습니까?"
조주가 "무(無)"라고 대답하자 스님이 또 물었다.
"부처님께서는 일체 중생에게 다 불성이 있다고 했는데 개에게는 어찌 없습니까?"
그러자 조주 선사가 이렇게 대답했다.
"그는 업식성(業識性)이 있기 때문이다."
그런데 어느 날 어떤 한 스님이 또 조주 선사께 물었다.

"개도 불성이 있습니까?"

그러자 선사께서는 이번에 "유(有)"라고 대답했다. 이에 의아한 눈빛으로 스님이 또 물었다.

"불성이 있는데 왜 개가죽을 덮어쓰고 있습니까?"

"그가 잘 알기에 일부러 범하는 까닭이다."

이것이 '개에게는 불성이 없다'는 조주 선사의 구자무불성(狗子無佛性)이다. 개인의 유무를 놓고 따져 묻는 즉 사소한 문제에 사로잡히는 견해를 타파한 공안으로 유명한 말이다.

이런 것들이 후학들에게 큰 의심으로 다가오고, 그 의심을 공부하는데 이용하는 것이다.

어느 날 조주 선사가 스승인 남전 보원(普願) 선사에게 "도란 무엇입니까?" 하고 묻자, 남전이 "평상심이 도다"라고 대답했다. 그러자 조주 선사가 물었다.

"평상심이 도라고 말씀하셨는데 어떻게 하면 그 도를 붙잡을 수 있습니까?"

"붙잡으려고 하는 마음이 있으면 잡을 수 없다."

"손에 넣을 수 없는 것이라면 그것이 도라는 것을 어떻게 압니까?"

"도는 생각으로 아는 것이 아니다. 그렇다고 알지 못하는 것이라 할 수도 없다. 생각으로 아는 것이라면 그것은 망상이 된다. 알지 못하는 것이라면 자각이 없는 것이다. 안다거나 알지 못한다 하는 것의 분별을 없애면 바로 거기서 도가 나타난다. 그것은 마치 맑게 갠 하늘같아서 분별이 끼어들 여지가 전혀 없다."

이 말을 듣고 조주는 그 자리에서 깨달았다고 한다.

또 어떤 스님이 동산(洞山) 스님에게 "부처란 무엇입니까?" 하고 묻자 "삼 서 근이니라"(麻三斤)했다. 이 말은 곧 "마음이 곧 부처"라는 말을 "삼 서 근"이라고 표현한 것이다.

이처럼 화두란 그 자체의 의미는 없다. 앞서도 언급하였듯이 화두는 참선을 잘하기 위한 하나의 말뚝이다. 즉 정신을 한 곳으로 집중하기 위한 수단이요 방편인 것이다.

화두 그 자체는 하나의 선적인 언사일 뿐이지 그것을 떠나서는 아무것도 아닌 것이다. 화두 그 자체가 '도'인 양 생각한다면 그것은 잘못된 판단이다.

왜냐하면 화두를 들고 공부하는 것을 간화선(看話禪)이라 하여 현재 한국 불교에서 많이 지향(志向)할 뿐이지 깨달음은 화두에 있지는 않다.

그러므로 조사 스님들이 하시는 말씀에는 "깨닫는 것, 세수하다 코만지는 것보다 더 쉽다"라고 말씀을 하신다. 다시 말해 깨달음은 어떠한 공식이 없다는 뜻과도 같다.

그 예로 고려 시대 보조(普照) 지눌(知訥) 스님은 『화엄경』을 보다 크게 깨달았으며, 조선 시대 청허(淸虛) 휴정(休靜) 스님은 닭 우는 소리를 듣고 깨달음을 얻었다.

물론 깨달음을 얻기까지는 계속해서 화두가 성성(惺惺)해서 계기가 되니 깨달을 수도 있을 것이다. 그렇지만 만약에 참선만 하거나 화두만 들어서 깨닫는다면 세속에서도 화두만 듣고 있으면 누구나 깨칠 수 있을 것이다.

그렇다면 계율이 뭐가 필요하며 경학(經學)이 왜 필요하겠는가? 지난 불교 역사를 보면, 어떤 화두를 들어서 어느 대목에서 의심이 타파되었다는 것보다는 수행자가 공부를 하면서 자연스럽게 깨달음을 얻을 수 있었고, 그것이 때론 경을 보다가 얻을 수도 있는 것이고, 나뭇잎 떨어지는 소리에 화들짝 놀라듯 깨달을 수 있는 것이다. 이 같이 깨달음은 반드시 무얼 어떻게 하는 용어는 적절하지 않다.

중국에서 선적인 것이 유행하다시피 하였고, 또한 그것이 송나라 때에 이르러 하나의 공안으로 화두로 체계를 잡게 되었다. 그렇지만 그 이전에는 화두나 공안에 대해서도 진지함이 없었다.

그렇지만 부처님이 확철대오(確徹大悟)한 것이나 그의 제자 가섭, 아란 등 수많은 불교의 혜명(慧命)을 이은 선사들이 있지 않는가.

다만 공안이 나오고 화두를 들고 간화선의 선봉에 선 대혜 종고(大慧宗杲, 1089~1163) 스님이 이 세상에 나옴으로 해서 선의 전성기를 맞이한 것은 부인할 수 없는 현실로 받아들여야 할 것이다.

믿음에 대하여

    사람은 반드시 믿음이 있어야 한다. 그것은 만물의 영장이면서도 늘 부족함을 느끼기 때문이다. 부족함을 느낀다는 것은 족함이 무엇인지를 알기 때문이기도 하다.
    그러나 그 족함이 무엇인지를 알지만 족함을 쉽게 찾고 만들 수는 없다. 마음 같아서는 한 번에 다 가지고 다 이루고 다 취하여 늘 만족할 수 있으리라는 생각을 할 수 있다. 그러나 그것은 거의 불가능에 가까운 생각일 뿐이다.
    취하고 얻고 행복하다는 생각을 얻을 수 있는 것은 지상의 과제이자 인류의 영원한 숙제일 수도 있다. 그렇지만 자연의 법칙이자 인간에게 주어진 한계의 측면에서는 너무도 미미할 뿐이다.
    세상에는 돈이 많아 행복한 사람도 있고, 돈이 많아서 불행해지는 사람도 있다. 반대로 돈이 없어서 행복할 수도 있고, 돈이 없어서 불행한 사람도 있다. 즉 행복의 기준은 돈에만 있는 것이 아니라는 말이다.

만약 하늘에서 돈벼락이 떨어진다고 가정해 보자. 그 돈을 주워 행복할 수도 있겠지만, 그 돈 벼락을 머리에 맞아 실신하고 급기야 사망할 수도 있는 것이다.

세상은 음과 양이 있고, 높음이 있으면 낮음이 있다. 산은 오르막길만 있는 것이 아니라 비탈길이나 내리막길이 있으며, 수렁이나 자갈길 등 예측하지 못한 많은 장애물 등이 있다. 모든 현상은 이와 같아서 앞뒷면의 상반됨이 있다.

사람들이 더럽다고 여기는 퇴적물, 즉 분뇨 등이 사람들이 좋아하는 신선한 채소를 만든다는 사실이다. 분명한 것은 우리가 주식으로 삼는 곡식이나 채소를 급한 마음으로 취하고자 한다고 해서 금방 주어지지는 않는다. 일정한 기다림이 필요하다.

이렇게 인간은 다 취할 것 같으나 다 취할 수 없는 것이 현상이고, 그로 인하여 기다림이 필요하다. 또한 그 기다림은 초조한 마음을 가져오게 되는데, 바로 이 때 믿음이라는 것이 그 역할을 하는 것이다.

그렇다. 기다리는 사람에게 무력함을 느끼지 않게 하고 초조한 마음에 평온을 주는 것, 이것이 바로 믿음이 가지는 힘이라고 말할 수 있다. 물론 믿음은 믿는 그 자체가 믿음일 수 있다. 하지만 믿음에도 정(正)이 있고 사(邪)가 있다.

정이란 바른 믿음으로서 남에게도 도움이 되고 나에게도 도움이 되는 믿음이다. 가령 내게 주어진 위치가 믿음을 가지지 못하고 판단이 흐려졌을 경우, 이 때 나로 인하여 여러 사람들이 피해를 볼 수 있다.

그런데 기도를 통해서 올바른 판단을 했을 경우에는 나와 또다른 대상에게 좋은 영향이 미칠 것이다. 그렇지만 내 위치에서 내

개인의 행복과 이로움을 가지고자 정신을 한 곳에 모으는 기도를 했다면, 나에겐 이로움은 될 수 있지만 다른 대상에겐 해를 주는 것이다.

물론 깊은 산 속에서 홀로 사는 사람이라면 기도를 하건 말건 아무런 문제가 되지 않는다. 그러나 사람은 홀로 살 수 없다. 그래서 공동 사회의 일원으로 살아간다. 그러므로 바른 기도를 한다는 것은 바른 믿음을 가지는 것이 된다.

우리는 지난날 역사의 교훈이나 많은 설화를 통해 인간의 탐착하는 모습을 알 수 있듯이, 믿음은 누구나 가질 수 있으면서 또 누구나 실행할 수 있다. 하지만 믿음은 가히 함부로 쓰는 용어가 되어서는 안 될 중요함이 깃들어 있다.

이것은 종교 교역자도 마찬가지다. 믿음을 심어 준다는 가정 아래 잘못된 믿음으로 인도하여 그 자신을 비롯한 대상도 함께 깊은 구렁텅이에 빠지게 되는 일이 이 인류 사회는 얼마든지 있다.

때문에 믿음을 가지려면 바른 믿음을 가져야 한다. 바른 믿음을 가져야 바른 행이 나오고, 바른 행이 나와야 바른 실천과 바른 결과를 얻을 수 있는 것이다.

그러므로 불교를 믿거나 그리스도교를 믿거나 회교를 믿든지 간에 모두 다 검증된 종교라면 특별한 차별이 있거나 다를 것이 없다. 다만 절에 한 번 가고, 교회 한 번 갔다고 해서 믿음이 어떻고 한다면 이것은 사이비적 믿음에 떨어질 가능성이 많다.

심경의 이해

『반야심경(般若心經)』은 부처님께서 직접 설하신 경이 아니라 부처님의 회상에서 관세음보살이 설하신 것으로 이해된다.

『반야심경』은 『대반야경』 600부의 골수를 추려서 만든 것으로서, 대본(大本)과 소본(小本)이 있다. 하지만 서론과 결말의 문구가 들어 있을 정도이지 본문과는 크게 차이가 없다.

『반야심경』을 중국의 학승들이 한역(漢譯)으로 많이 번역을 했다. 그 대표적인 학승으로는 지겸(支謙), 나집(羅什), 실차난타(實叉難咤), 현장(玄奘) 등을 들 수 있다.

이들 학승 중 대표적인 스님이 현장(602~664))이다. 이 스님은 중국 낙주(洛州)에서 태어나 12살에 출가를 해 629년에 구법(求法)을 위해 인도를 방문했다.

이 때 여러 성지를 순방하고 645년에 장안(長安)으로 들어올 때 부처님 사리(舍利)와 불상(佛像)과 대(大)·소승(小乘)의 경율론(經律論) 657부를 가져와 번역에 몰두해 『대반야경』 75부 1335

권과 유식론(唯識論)등을 번역할 정도로 뛰어난 학승이었다. 『대당서역기(大唐西域記)』12권은 당시 문화·풍속 등을 이해하는데 중요한 자료로 평가되고 있을 정도로 아주 뛰어나다.

『반야심경』은 원전인 범본(梵本) 외에도 서장문(誓藏文)이나 몽고문(蒙古文), 만주문(滿洲文) 등이 전해진다. 원문이라 해야 고작 260자이지만, 우리 나라를 비롯해서 중국, 일본 등에서 많이 독송되는 경이다.

다만 경의 이름이 중국에서 한문으로 번역 되는 과정에서 마하(摩訶, mahā)라는 단어가 추가로 붙었다는 것이다. 한역에서는 현장삼장(玄奘三藏) 외에 모두가 '마하'를 붙였는데, 그 이유는 정확히 알 수 없다.

여기서 삼장(三藏)이란 불교 전적(典籍)을 총칭하기도 하며, 부처님의 말씀을 기록한 경(經)을 모은 '경장(經藏)', 부처님이 가르친 윤리·도덕적인 실천 규율을 지켜야 할 계율(戒律)을 모은 율장(律藏), 그리고 경전을 논한 '논장(論藏)'을 삼장이라 한다.

이 중 경장은 『화엄경』, 『반야경』, 『법화경』처럼 '경'자가 붙은 모든 경전이 이에 포함된다고 말할 수 있다.

마하반야바라밀다심경 摩訶般若波羅蜜多心經
크고 넓은 지혜로서 저 피안에 이르는 마음의 경

마하(범어로 mahā)는 '크다, 넓다, 많다'는 등의 뜻을 가지고 있으며, 반야는 프라쥬냐(prajñā)의 음역(音譯)이다. 좀 더 가까이 음에 맞추어 보면 프라쥬냐의 속어(俗語)에 속하는 것으로서 팔리어 빤야(paññā)를 옮긴 것이다.

그렇다면 반야를 지혜라고 바로 옮길 수도 있는데, 반야라고 그냥 옮겨와 쓰는 것은 단순하게 '지혜'라고 하기에는 모자람이 많기 때문이다. 그것은 단순하게 영특한 것을 지혜라는 말로도 쓰고, 또한 일정한 지견(知見)을 가지고 반야를 대신해서 지혜라고 쓰기엔 적합하지 않다는 것이다.

여기서 말하는 반야는 단순한 지혜의 반야가 아니라 생사를 뛰어 넘은 일체의 분별이 끊어져서 아(我)도 남(人)도 없는 즉, 상대적 차별마저 끊어진, 마치 금강석(Gold Diamond)을 내리친 것과 같은 그런 지혜를 말하는 것이다.

그리하여 단순히 지혜라고 한다면 그 지혜라는 말 한 마디에 고착되기 때문에 지혜라고 번역하지 않고 반야라는 말로 남겨 둔 것이다.

'바라밀다(波羅密多)' 또한 같은 말로서 파라미타(Pāramitā)의 음역이다. 이것을 번역하면 도피안(到彼岸)이 된다. 도피안이란 피안에 이른다는 뜻으로, 원어에는 단순하게 이해하기 어려운 복합명사의 뜻이 포함되어 있다. <Pārami>에 <tā>를 붙여서 된 것이다. 파라미는 피안에 가는 뜻으로 해석되고, 타(tā)는 별 뜻이 없는데 앞의 글자 뒤에 붙으면 어떤 작용을 하게 된다.

이러한 복합적인 뜻을 가지고 있는 인도 글의 특성과 불경의 깊은 이해가 중국식의 한자 '到彼岸'이라고 하지 않고 그냥 음역대로 옮긴 것이다.

바라밀을 좀더 이해한다면 우리가 살아가는 세상은 고해(苦海)다. 그렇다면 우리는 이 고해를 무엇으로 건넌다는 것인가? 이는 대승적(大乘的)인 보살의 행으로서 가능하다고 보는 것이다.

이것이 지혜라는 방편을 빌리는 것인데, 이 지혜는 앞서도 언급하였지만 단순한 알음알이의 지혜가 아니라 수행을 해서 미혹

(迷惑)으로부터 완전히 벗어난 보살의 마음과 보살의 안목과 보살의 행으로만 가능하다는 것을 내포하고 있다고 볼 수 있다.

'심경(心經)'의 심자는 원어로 흐르다야(hrdaya, 于栗太)이다. 한역을 하면 심혼(心魂)·심장(心臟)·육단심(肉團心)·견실심(堅實心) 등의 뜻이 되고, 경은 원어로 수트라(Sútra)가 되고, 음사 한역으로는 수다라(須多羅)가 된다. 따라서 경이라 한 것은 의역이다.

관자재보살 행심반야바라밀다시 조견오온개공 도일체고액
觀自在菩薩 行深般若波羅蜜多時 照見五蘊皆空 度一切苦厄
관자재보살이 깊은 반야바라밀다를 행할 때 오온이 다 공함을 비춰 보시고 일체의 고액을 넘는다

관자재보살의 원어는 아바로기데스바라(Avarokidesvara)다. '관세음보살' 또는 '관자재보살'이라 한다.

'관자재'라는 뜻은 중생의 고통 소리를 들어 관(觀)하고, 그 중생들에게 여러 가지 방편으로 낮추어 그들을 고통에서 구제한다는 뜻을 가진 보살이다. 이 말은 우리 주변에서 제일 쉽게 부르는 명호라고 할 수 있다.

『법화경』보문품에도 이런 말이 나온다.

"무진의 보살이 '관세음은 무슨 인연을 가지고 관세음이라 했는가?'라는 물음에, 무량 백차만겁의 중생이 모든 고뇌를 받는데 이 관세음보살을 일심정력으로 부르면 그의 음성을 듣고 모두 해탈을 얻으리라."

이 외에도 관세음보살은 중생을 위하여 때론 32응 화신(化身)으로 몸을 낮추시는가 하면, 고통 받는 중생이 있는 곳이라면 긴

흙탕이든 물이든 어디든지 들어간다(入泥入水). 또한 그것은 중생에게 두려운 마음을 없애 주고, 그들을 구원한다는 뜻으로 시무외대사(施無畏大士)로도 일컬어진다.

그러한 보살이 깊은 반야바라밀을 행할 때, 다시 말해서 깊은 지혜로서 저 언덕에 이르는 길을 갈 때에 다섯 가지 쌓인 뜻인 오온(五蘊)의 색수상행식(色受想行識)을 말한다.

'색'이란 여러 가지 형태로서 드러나 있는 것은 모두가 색이 된다. 하나의 생명체를 예를 든다면 태어나는 과정이 알(卵)로 나오든 태(胎)로 태어나든 습(濕)으로 나든 화(化)로 나오든 이런 유기적(有幾的)인 모든 것들이 다 색이 되는 것이다.

'수상행식'은 감수하고 분별해서 인식하는 작용으로서 늘 생주이멸(生住異滅), 즉 '나고 머물고 변하고 없어지는 것'을 거듭하는 것으로 그 실체가 없다고 보는 것이다.

그러므로 관자재보살은 일체의 걸림이 없이 고액(苦厄)을 건너시게 되는 것이다. 고액은 유정(有情)의 중생에게 항상 따라 다닌다. 그것은 형체가 있기 때문에 그림자가 따르듯 늘 함께 한다.

그래서 부처님께서도 확철대오를 하셨다. 그렇지만 현세의 인과는 피할 수 없다는 것을 『법화경』에서는 보이게 된다.

그런데 여기서 말하는 관자재보살은 있는 것을 없다고 할 수는 없다. 다만 고통도 고통으로 보지 않는다면…… 그것은 마치 어두운 밤에 흰옷을 입은 여인을 보고서 두려움을 느끼게 되는 것은 그 대상이 사람이 아닐 것이란 가정에서 비롯되는 것이지, 그 대상이 여인이라는 것을 분명히 안다면 두려울 것이 없다는 것이다. 이렇게 해서 관자재보살은 고액을 크게 힘들이지 않고 건널 수 있다는 것이다.

사리자 색불이공 공불이색 색즉시공 공즉시색 수상행식 역부여시

舍利子 色不異空 空不異色 色卽是空 空卽是色 受想行識 亦復如是

사리자에 색이 공과 다르지 않고 공이 색과 다르지 않나니 색이 곧 공이요 공이 곧 색이니라 수상행식도 이와 같으니라

'사리자'는 부처님 제자 가운데 지혜가 가장 뛰어난 10대 제자 중의 한 사람이다.

원어로는 'Sahputra'로 '사리'와 '푸뜨라'라는 두 가지 말로 되어 있다. '사리(Sari)'라는 범어와 '자(子)'라는 한역어가 합성되어 옮겨졌다. 『아미타경』을 비롯해 다른 경에서는 불(弗)자로 포기되어 있는데, 그는 마가다(Magadha)국의 왕사성 북쪽 나라(Nara) 촌에서 출생하였다.

처음에는 목건련(目犍連)과 함께 사연(沙然)을 스승으로 모시고 공부했다. 그리고 훗날 불교에 귀의하여 목건련과 함께 부처님의 10대 제자의 한 사람이 되었다. 그는 지혜가 제일이라는 말을 들었으며, 안타까운 것은 그가 부처님보다 먼저 열반했다는 것이다.

'색불이공(色不異空)'의 '색'은 원어로 루파(rūpa)라 하며, 물질적인 현상은 모두가 루파, 즉 색이 된다. 루파는 '모양을 만든다, 형성한다'는 뜻과 함께 '파괴되고 변화'하는 뜻도 포함되어 있다.

'공(空)'은 원어로 순야타(śūnyata)인데, '아무것도 없는 상태'라는 뜻을 가지고 있다.

그런데 색이 공과 다르지 않다고 한 것은 색은 드러나 있을 때에는 하나의 현상으로 빛깔로 다가오지만, 그것은 영원성이 없는

하나의 가성(假成)적인 것으로 보기 때문에 공과 다르지 않다는 것이다.

'공불이색(空不異色)', 그러므로 앞에서 말한 색이 공과 다르지 않다고 했다. 그런데 거꾸로 말해서 공 또한 색과 다르지 않는 것이다. 이 말은 색이 변하고 변천해서 공으로 돌아가니 색이 공과 다르지 않듯이, 공은 그냥 텅 빈 공으로만 보지 않고 색을 만들고 잉태할 수 있는 공으로 보기 때문에 궁극적으로는 공이 색과 다를 것이 없다는 것이다.

색즉시공 공즉시색 色卽是空 空卽是色
색이 곧 공이요 공이 곧 색이니라

앞서 '색과 공이 다르지 않고 공과 색이 다르지 않다'는 불이(不異)를 내세웠다면 지금은 시(是)를 내세운다. 시라는 것은 '이것이다'라는 뜻과 '그렇다' 또는 '옳은 것' 등으로 쓰이는데, 여기서는 앞서의 말을 좀더 강하게 인식시키는 뜻이 된다.

그것은 '이것이다, 저것이다' 한다면 하나의 차별을 이룬다. 그런데 여기서 '이것'을 내세우는 것은 차별이 끊어진 즉 불이(不異)의 진리를 강조한다고 볼 수 있다.

『금강경』의 대의에서 "모든 것은 공하다. 그러면서 포함되어 있다(一切眞空妙有)"라고 하였듯이, 색은 가유(假有)의 형태로서 그것의 본질은 바로 공이 된다는 것이고, 또 거꾸로 '공은 바로 색이다'라고 한다.

그런데 이렇게만 이해를 하고자 한다면 이해하기 어렵다. 가령 거기에 달이 있는데 달을 본질적으로 체(體)로 본다면 달의 모양은 상(相)이다. 그리고 거기서 나오는 빛은 용(用)이 된다.

다시 말해 빛이 없는 달은 달로 볼 수 없고, 달의 형태가 없고서 어찌 달이라 인식할 것이며, 좀더 본질적으로 본다면 달이 가지고 있는 토양적 성분이 없다면 달이라는 존재는 더욱 없을 것이다.

그러므로 여기서는 달의 체를 공으로 볼 수 있고 그 밖에 상과 용은 색이 된다. 이것을 빛이나 모양으로 먼저 인식하느냐, 달의 체로서 먼저 인식하느냐의 차이에 불과하다.

『유마힐』소설경에 보면 "회현 보살이 말하기를, 색과 공은 둘이지만 색이 곧 공이다. 그러나 색이 멸하여 공이 되는 것이 아니라 색의 성품이 곧 공이다. 이러한 도리를 통달한 사람은 불이법문(不異法門)에 들어선 사람이다"라고 말하고 있다.

수상행식 역부여시 受想行識 亦復如是

'수상행식'도 이와 같다는 말로써 앞의 『유마힐』소설경에서도 언급되었지만, 색이란 존재하면서도 변화변천(變化變遷)하는 것이라면 공은 텅 빈 것이다. 하지만 그것을 수용하고 다시 생성하는 역할을 알 수 있다.

공이 근원에 가깝고 색이 현상이라면 수상행식은 그것을 움직이는 작용(作用)의 역할이 된다고 할 수 있다.

'수(受)'는 감수한다는 뜻으로 원어는 베에다나아(vedana)이다. 괴로움과 즐거움을 받아들이는 것을 말한다.

'상(想)'은 원어로 삼쥬나(samjña)라 하는데, 표상(表像) 또는 요해(了解)라고도 한다. 이것은 어떤 사물의 형태 등을 감상(感想)한다.

'행(行)'은 원어로 산스카아라(saṃskāra)라고 하며, 여러 가지의 의미를 내포하고 있다. 어떤 작용이 움직여 간다는 뜻으로서 의지나 의지적 형성하는 힘으로 이해된다.

'식(識)'은 원어로 비쥬냐(vijña)인데, 분별하여 안다는 뜻을 가지고 있으며 함장식(含藏識)이다. 이 말은 '장식을 머금었다'는 뜻으로 '모든 분별하는 마음이 다 모여 있다'라는 뜻이기도 하다.

사리자 시제법공상 불생불멸 불구부정 부증불감
舍利子 是諸法空相 不生不滅 不垢不淨 不增不減
사리자여 이 모든 법의 공과 상은 나지도 없어지지도 더럽지도 깨끗하지도 어하지도 줄어들지도 않느니라

모든 법(法, dharma)이라는 것은 모든 물질(things)을 뜻한다. 그런데 이것을 불자의 가르침으로도 해석된다.

이것을 좀더 넓게 생각하면 일체의 존재, 그 존재로부터 일어나는 행위까지도 다 법에 속한다 할 수 있다. 다시 말하면 우주적으로 존재하는 그 실체가 다 제법이 되는 것이다.

이러한 제법의 현상이 바로 공상(空相)인데, 이 공상을 이해하는 것은 우주에 존재하는 모든 별들의 세계가 제법에 속한다. 그리고 이것을 근원적으로 하나하나 파고들면 공(空)과 상(相)으로 나누어진다.

그런데 이 공과 상이 마치 우주의 떠 있는 별들이 수없는 생성(生成)과 멸(滅)을 반복하지만, 그것이 없어지거나 더하지 않는 자전(自轉)과 공전(公轉)을 거듭하면서 제 위치를 지키는 것처럼 나지도 죽지도 더럽지도 깨끗하지도 더하지도 감하지도 않음을 말하고 있다.

자성(自性)은 그대로 자성인데, 자성이다 아니다 청정하다 그

렇지 않다고 한다면 여기에 분별이 일어나고 차별이 생겨 자성의 본래 의미는 오간데 없고 자성만 남게 되는 것이다.

세상에는 가장 아름다운 것도 없고 가장 깨끗한 것도 없다. 그저 사람들이 아름답다고 하면 아름다운 것이 되는 것이고 깨끗하다고 하면 깨끗한 것이 될 뿐이다.

반면 더러운 것도 마찬가지다. 똥은 더럽다는 관념을 먼저 가지고 대하기 때문에 멀리 있어도 '똥이구나' 하는 생각을 하면 냄새가 나는 것 같고 더럽다는 생각이 먼저 든다. 그러나 밭에 똥을 거름으로 쓰는 농부는 채소를 가꾸고 곡식을 잘 영글게 하는 것으로 생각할 따름이다.

사람도 마찬가지다. 사람은 깨끗할 수도 있고, 더러울 수도 있고, 선할 수도 있고 악할 수도 있다. 여기서 그 무엇이다 정의할 수는 없는 것이다.

시고 공중무색 무수상행식 무안이비설신의 무색성향미촉법 무안계 내지 무의식계

是故 空中無色 無受想行識 無眼耳鼻舌身意 無色聲香味觸法 無眼界 乃至 無意識界

이러한 까닭에 공 가운데는 빛깔도 없고 감수하고 사량하고 움직이고 알음알이를 내는 것도 없으며 눈과 귀와 코와 혀와 몸, 뜻도 없다. 또한 소리 향기 맛 촉각법도 없으며 눈으로 보는 세계도 없고 나아가 의식하는 세계도 없느니라

이렇게 관자재보살은 사리자를 향해 법을 설하고 있다.

"이러한 까닭"이라는 것은 앞서 '공과 색이 다르지 않음을 말하고, 색이 곧 공이며 공이 곧 색이다'라는 것과 공은 딩 비시 않고

그것을 받아들이고 만들어 내는데 이것이 색과는 서로 상반이 되면서도 색과 공이 상반되지 않고 나아가 수상행식의 작용마저도 그 자체로는 '이것이다'라고 내세울 수 없는 것을 말하고 있다.

그러므로 공 가운데는 색이 없다. 수상행식도 없다. 눈과 귀와 코와 혀와 몸과 뜻(眼, 耳, 鼻, 舌, 身, 意)도 없다. 나아가 소리, 향기, 맛, 촉각, 법(色, 聲, 香, 味, 觸, 法)도 없으며, 눈으로 볼 수 있는 모든 세계와 의식에서 무의식까지의 세계를 다 없다고 보는 것이다.

이것은 비유해 보자면 꽃이 피었는데 그 꽃의 형태로만 가지고 이것이다 저것이다 한다면 꽃을 바로 본 것이 될 수 없다. 꽃은 하나의 만들어진 결과요 들어 난 형태일 뿐인데 모습만 가지고 꽃을 다 이해할 수는 없는 것이다.

이것을 관자재보살은 드러나 있는 꽃이 색이라고 보고, 드러나지 않은 꽃의 본질이 공이라고 한다면 꽃과 본질은 서로 다르지 않다고 하다가 다시 좀더 깊이 들어가 꽃의 존재도 부정하고 본질도 부정하게 된다. 나아가 하나의 꽃처럼 형태를 이루어 그 무엇이라 이름을 붙일 수 있는데, 그 다섯 가지가 쌓인 것을 오온(五蘊)이라 한다면 그것이 색성향미촉법(色聲香味觸法)이다.

앞서 그 뿌리가 되는 눈과 귀와 코와 혀와 몸 의식까지도 근원(空)적으로는 부정(無)하였다. 그러니 그 대상인 색성향미촉법도 당연히 없는 것이 된다. 뿌리가 없는데 어찌 그 결과가 있겠느냐 하는 것이다.

다섯 가지가 쌓여 '오온(五蘊)'이 되는 것인데, 이것도 하나의 꽃을 피울 때 물과 열기와 토양, 바람이라는 큰 원소와 또 씨앗이 가지고 있는 하나의 원소가 결합되어 이루어진 것이 꽃이다. 그러나 그것을 거꾸로 하나하나 접어들면 꽃도 그 대상도 아무것도 없다. 나아가 앞서도 말했듯이 공까지 없게 되는 것이다.

공이란 마치 창고와 마찬가지여서 어떤 대상을 받아들이고 보관했을 때 '그 무엇, 무엇 창고다'라는 용어도 붙고 창고로서의 역할도 가능하다.

아무것도 들여놓지 않는 상태는 무엇의 창고도 아무것도 아닌 것이다. 공도 이와 같은 것으로 육근(안이비설신의)으로 한 경계, 육경(색성향미촉법)도 다 함께 사라지는 것이다.

그래서 관자재보살은 눈으로 현란하게 다가오는 모든 공화(空華)에 속지 말고 '의식이다, 의식이 아니다'라는 경계까지 다 뛰어넘으라는 법문을 하게 된다.

　　무무명 역무무명진 내지 무노사 역무노사진 무고집멸도
　　無無明 亦無無明盡 乃至 無老死 亦無老死盡 無苦集滅道
　　무명도 없고 무명 다함도 없어 나아가 늙고 죽음도 없으며 늙고 죽음, 다함도 없으니 고집멸도도 없느니라

'무명(無明)'은 밝지 못한 것 원어로는 '아비디야(Avidya)'라 하며, 인간 존재를 괴롭게 하는 근본적 어리석음을 가리킨다.

앞서 색이다 공이다 하는 것을 부정하였다. 즉 그것은 실체가 없는 것으로, 나아가서는 여섯 가지 근본과 그 경계까지 다 부정으로 본 것이다.

그것은 오온이라는 가실상(假實相)에 불과한 것이니만큼 그것이 얽혀 있으면 안 된다는 것으로서, 이제는 무명은 밝지 못한 것으로 밝지 못하다, 번뇌다, 미정이다.

이렇게 해서 끝나는 것이 아니라 모두 업식(業識)의 윤회(輪廻)

는 이 무명으로부터 시작하는 것이다. 그래서 스님이 되면 제일 먼저 머리를 깎게 되는데, 이것은 무명초(無名草)라 해서 마치 잡초를 자르듯 자르는 것이 삭발(削髮)이 된다.

무명은 이처럼 어두운 것으로서 이 무명을 떨쳐 버리지 않고서는 고해의 바다를 건너지 못하고 윤회의 틀에서 벗어날 수 없다.

그래서 무명은 오온보다도 앞에 있는 것이고, 육근(六根)이 형성되기 전의 인과이다. 따라서 육경(六境. 여섯 가지 경계)보다도 먼저 뛰어넘어야 할 대상이 무명이다.

원시 불교에서는 사람이 형성되어 가고 나아가 늙고 죽음 이런 과정을 거쳐 윤회한다고 했다. 그리고 이 모든 것에는 12인연(因緣)이 있다고 했다. 이 인연의 첫 번째가 바로 무명인 것이다.

12인연이란, 무명에서 비롯되는데 이 무명(無明, Avidyā)은 과거에 무한이 계속되어 오고 있는 미혹(迷惑)의 근본인 무지이다.

행(行, Samskāra)은 과거세의 무명에 의해서 만들어지는 선악의 행업이다.

식(識, Vijñāna)은 과거세의 업에 의해서 받은 현세 수태(受胎)의 일념이다.

명색(名色, nāma-rūpa)은 태중에 있어서의 마음과 몸이다.

육입(六入, Sad-āyatana)은 태내에서 자리 잡아 가는 눈, 귀, 코, 혀, 몸 등의 오근(五根)과 의근(意根)이다.

촉(觸, Sparśa)은 출태에서 잠시 고락을 식별하기까지에는 이르지 않고 물건에 부딪히는 작용만 있다.

수(受, Vedanā)는 고(苦), 낙(樂), 불고불락(不苦不樂)의 좋고 나쁨을 감수하는 감각이다.

애(愛, trsnā)는 고를 피하고 항상 즐거움을 추구하는 근본 욕망이다.

취(取, upādāna)는 자기가 원하는 것에 집착하는 작용이다.

유(有, buava)는 애취에 의해서 가지가지 업을 만들고 미래의 결과를 만드는 작용이다.

생(生, jāti)은 태어나는 것이다.

노사(老死, jarā-marana)는 늙고 죽음이다.

이와 같이 무명에서부터 시작되어 생로병사의 과정을 밟아 가는데, 이것이 윤회하는 것이 된다. 역으로 무명이 없으면 행이 없고, 행이 없으면 식이 없고, 식이 없으면 명색이 없고, 명색이 없으면 육입이 없고, 육입이 없으면 촉이 없고, 촉이 없으면 수가 없고, 수가 없으면 애가 없으며, 애가 없으면 유가 없고, 유가 없으면 생이 없고, 생이 없으면 노사가 없다는 것이다. 나아가 늙고 죽음 다함도 없다는 것이다.

원효(元曉) 스님의 『금강삼매경론(金剛三昧經論)』에 의하면, 경에 말씀하시기를 "선남자여, 만약 '내가 있다'"라고 고집하는 사람이 있다면 12인연을 말하게 하라고 하셨다.

논(論)은 총치(總治)로 십이지(十二支)를 관하는데 둘이 있다.

첫째는 무작연생(無作緣生)을 관하여 작자집(作者執)을 고치는 것이다. 말하자면 이 일이 있으므로 저 일이 있는 것과 같다.

둘째는 무상연생(無常緣生)을 관하여 상주집(常住執)을 고치는 것이다. 말하자면 이 일이 생기므로 저 일이 생기는 것과 같다.

내가 존재해 온 이래로 이 두 가지가 근본인데, 그 근본을 이미 제거한 까닭에 다른 것들은 따라서 없어지게 된다.

경에 말씀하시기를 12인연이란 인과에 따른 것이다. 인과가 일어남은 심행(心行)에서부터 비롯된다. 마음이 이미 없는 것인데 어찌 몸이 있다고 하겠는가? 만약 '내가 있다'고 고집하는 사람에게는 무견(無見)을 없애게 하라.

논(論), 이것은 별치(別治)를 말한다. 별치에는 두 가지가 있다. 첫째는 황치(況治)요, 둘째는 축치(逐治)이다.

황치 가운데 '본래 인과에 따라서'라는 것은, 원인에 따라 과보(果報)가 얻어짐이다. '인과가 일어남이 심행에 따라서'라는 것은, 인과의 일어남이 그 마음을 근본으로 하고 있기 때문이다.

"마음은 오히려 없는데 어찌 몸이 있겠는가?"라고 한 것은 위에 말한 바에 따라 '도리를 관찰하면 마음도 얻을 수 없는데 어떻게 마음이 만들어 낸 색신(色身)이 있을까'라는 뜻이다.

또한 신(身), 심(心)이 이미 없는데 어떻게 내가 있다 할 수 있느냐? 마음이 없는 까닭에 인과가 또한 공하고, 인과가 공한데 어찌 내가 있다 하겠는가? 인과가 공한 까닭에 12지가 공한데 어떻게 작자(作者)와 수자(受者)가 있겠는가?

경에 말씀하시기를 "보살이 12인연을 관함은 허공과 같아서 다함이 없다고 했는데, 지금 이것이 곧 그것과 같다. 이는 황파(況破)다."

축파(逐破)란 무엇인가? '내가 있다고 생각하는 사람에게는 있다는 생각을 없애야 한다'는 것은 황파에 따라 아집을 없애는 것이며, '내가 없다고 생각하는 사람에게는 없다는 생각을 없애게 하라' 한 것은 무아(無我)라고 고집하는 병을 축파함이다.

왜냐하면 먼저 아집을 파하고 외도병(外道病)을 떠나게 했으나 또 무아에 집착하여 이승병(二乘病)에 떨어진 까닭에 이제 무견에 집착함을 축파하는 것이다.

'내가 본래 있지 않은 것인데, 하물며 어떻게 없다고 하겠는가?

그런 까닭에 이 이관(二觀)으로 아집의 경계를 파하는 것이다.'
이렇게 해서 고집멸도(苦集滅道)도 없다고 했다.

그렇다면 고집멸도란 무엇인가? 부처님께서 정각(正覺)을 이루신 후에 제일 먼저 찾은 곳이 녹야원(鹿野園)이다. 이 녹야원에서 다섯 비구(比丘)를 상대로 법을 설하게 되었는데, 그것이 최초법문(初轉法輪)이다. 이 때 사성제, 팔정도(八正道), 12인연(因緣) 등을 설했다.

'사성제(四聖諦, Catvāri-āryastyāni)'란 네 가지 성스러운 진리를 뜻한다.

'고(苦, duṇkha)'는 현실의 괴로움을 나타낸 것이다.

태어나는 것도 괴로움이며 늙는 것도 괴로움이다. 병드는 것도 괴로움이며 죽는 것도 괴로움이다. 원한이 있는 자와 만나지 않으면 안 되는 것도 괴로움이요, 사랑하는 사람과 헤어지지 않으면 안 되는 것도 괴로움이다. 구하나 얻어지지 않음도 괴로운 것이나, 이러한 관계로 번뇌의 수풀 위에서 뿌리박고 있는 이 몸이 존재하는 것도 괴로움이다.

이렇게 괴로울 수밖에 없는 인간 존재의 원인을 밝힌 것이 '집(集, samudaya)'이며, 괴로움의 원인이 바로 집착(執着)이다.

불이 타듯 이글거리는 욕망의 수정은 걷잡을 수 없는 번뇌를 불러일으킨다. 탐(貪)내고 시기(瞋)하고 어리석은(痴) 인간의 번뇌는 이러한 갈애(渴愛)의 속박에서 비롯된 것이다. 따라서 이 고와 집은 덧없이 유전하는 현상 세계의 인과를 설명한 것이다.

이와 같이 고의 원인이 집착에서 비롯되었다고 보기에 그것을 없애고 영원한 안락을 얻기 위해 멸이란 것을 내세운다.

'멸(滅, nirodha)'이란 속박에서 벗어난 이상향인 열반의 세계를 말한다. 이것은 애욕을 비롯한 모든 것의 고집(苦執)에서 벗어난 무구청정(無垢淸淨)한 해탈을 얻음으로써 멸의 세계를 얻을 수 있다.

그런데 그 방법이 바로 도(道, mārga)다. 이 도가 의미하는 것이 팔정도(八正道)로, 이것은 수행자든 재가 신도든 다 함께 행해야 할 덕목이 된다.

바르게 보고(正見), 바르게 생각하고(正思), 바르게 말하고(正語), 바르게 행동하고(正業,) 바른 수단으로 목숨을 유지하고(正命), 바르게 노력하고(正精進), 바르게 외우고(正念), 바르게 마음을 안정시키는(正定) 수행법이다.

앞서 원효 스님의 말씀은 유무(有無)의 집착을 떠나 모든 것이 하나의 연생에 맡기고 유견(有見, 있다고 보는 것)과 무견(無見, 없다는데 집착)을 떠나 차별을 두어서는 안 된다는 것을 강조한 것으로 보아진다.

그러므로 유위(有爲) 무위(無爲)를 다 뛰어 넘으면 적멸(寂滅, Nihrvana)을 얻음을 강조하신다.

무지 역무득 無智 亦無得
지혜도 없으며 또한 얻음도 없다

여기서 '지(智)'는 단순하게 '지'로 보는 것은 한계가 있다. 그러므로 데바(提婆)와 규기(窺基)는 이를 소관(所觀)으로 보고 있다. 그러나 『속장경』(續藏經, 권 40, p332) 혜정(慧淨) 원측(圓測)은 이를 열반으로 보고 있다.

나는 여기서 앞서 관자재보살이 말하는 의도는 '유정(有情)의 세계가 있을 때 윤회가 있는 것인데 유정의 세계를 부정하여 생이다 늙음이다 죽음이다'라고 할 수 있는 그 뿌리가 되는 육근(六根) 육경(六境)까지 부정하여 고집멸도까지 없다고 보기 때문에 여기서 '지'라는 것을 다시 부정하게 된다.

이것을 보는 사람에 따라 소관으로 보거나 하나의 완전한 열반으로 보는 등 여러 각도로 볼 수 있다. 그러나 나는 앞으로 전개되어 나가는 내용 '반야바라밀'을 거의 절대치로 여기는 것을 볼 때 능(能)에 초점을 두고 싶다. 여기서 '능'이란 슬기로움도 포함되고 하나의 작용하는 것으로 어떤 경지에 이르려는 것 정도로 이해하면 어떨까 생각한다.

이무소득고 以無所得故
또한 얻을 것도 없고 얻을 것이 없는 까닭에

앞서 설명했듯이 '지'도 없는데, 또 특별히 더 얻고 말고 할 것이 없다는 것이다. 그러나 지단(智斷)은 '지'를 보리라 보고 '득(得)'을 열반으로 본다.

나는 여기서 '득'을 득으로 이해해야지 지나치게 나아가서 열반으로 보는 것은 옳지 않다고 생각한다. 왜냐하면 앞서 관자재보살이 말씀하는 것은 하나의 공관(空觀)인데, 이 공관으로 보았을 때 무명에서 생로병사 나아가 그것을 해결하는 멸도에 이르기까지도 다 없다. 즉 부정한 것인데 여기에서 왜 열반이 나와야 하는지 모르겠다.

또한 열반이라 함은 불교의 궁극이고 최고의 절대치인데, 아직은 관자재보살의 반야관이 종결되지 않았다는 것이다. 관자재보살이 내세우는 궁극은 '반야바라밀다'인 것이다. 이것을 바로 가르치기 위해 앞의 공이란 개념을 도입했다고 본다.

보리살타 의반야바라밀다고 심무가애 무가애고 무유공포 원리 전도몽상 구경열반

菩提薩埵 依般若波羅密多故 心無罣碍 無罣碍故 無有恐怖 遠離 顚倒夢想 究竟涅槃

보리살타는 반야바라밀다를 의지한 까닭에 마음에 걸림이 없고 걸림이 없는 고로 공포도 없고 전도된 몽상도 멀리 여의어 마침내 열반을 얻느니라

보리살타(bodhisattva)를 줄여서 '보살'이 된다. 보살은 대승 불교의 상징적인 것으로서, 소승(小乘)에서는 아라한(阿羅漢)과를 최상으로 여긴다. 부처님과 미래의 부처인 미륵(彌勒)을 제외하고는 인정하려 들지 않는다. 그러므로 보살이라는 것도 부처님의 과거세 정도로 여긴다. 때문에 보살의 지위가 인정되지 못한다.

하지만 대승 불교에서의 보살이라는 용어는 '깨달은 사람'이라는 뜻을 가지고 있다. 출가자나 재가자 모두가 수행의 선상에서는 보살이라고 칭한다.

그러하기에 일부 스님들이 '보살'이라는 칭호를 재가 여자 신도에게 붙이는 것을 꺼려한다. 하여 보사(保寺, 절을 보호하는 사람)라고 부르게 되면, 그것은 대승을 잘못 이해하고 있는 것이다.

그것에 대한 좋은 예로 비구(比丘, 출가한 성인 남자)가 되려면 먼저 보살계를 받게 한다. 그것은 대승 불교의 특징이며 단순한 상징적인 의미가 있는 것이 아니라 비구 250계의 계율 못지않게 중요하다고 할 수 있다.

보살은 반야바라밀다를 의지해 피안에 이르렀으며, 그로 인하여 마음에 걸림이 없다(心無罣碍)라고 했다. 이것은 사바세계가 고의 세계라면, 이 고의 세계를 넘어서는 길은 오직 반야바라밀

이 최고라는 것을 말한다.

그러기에 저 피안에 이르고 보니 마음에 일체의 걸림이 없고 또 그로 인하여 두려움도 없으며, 잘못된 판단 몽상(夢想)까지도 없다. 나아가 마침내 '열반을 얻는다'라고 말하고 있다.

여기서 몽상을 좀더 살펴보면 '꿈꾸는 생각' 정도로 직역할 수 있다. 꿈이라는 것이 실체가 없듯이 우리가 세상을 좋다고 여기는 모든 것이 무상하기 짝이 없어 허공의 꽃(空華)과도 같다.

따라서 실체도 없고 영원성도 없는 것을 우리는 집착하고 애착을 보이다가 끝내는 괴로워한다. 세상은 영원성이 없다고 볼 때 '내 것, 내 사람, 내 물건'은 아무것도 없다. 그러나 우리는 미혹 때문에 그것이 영원한 줄 알고 그것에 집착한다. 여기서 보리살타는 반야바라밀로 인하여 해탈의 즐거움, 나아가 열반을 얻는다고 말하고 있다. 열반(涅槃)은 원적(圓寂)이라고 말한다.

원적은 덕을 갖추었음을 원이라 하고, 장애가 다 끊어져서 적(寂)이라 한다고 회심(懷深)은 말한다. 또 그것은 일체의 모든 즐거움과 덕상을 갖춘 것으로서 진공묘유(眞空妙有)라고도 하며, 일단은 모든 속박에서 벗어난 자유로움 그것이 열반이 아닐까?

물론 열반은 무여열반(無餘涅槃)과 유여열반(有餘涅槃)을 나누는데, 유여가 아직도 완전한 열반이 아니라면 무여열반은 완전한 열반을 뜻한다 하겠다.

삼세제불 의반야바라밀다고 득아뇩다라삼먁삼보리 고지 반야바라밀다 시대신주 시대명주 시무상주 시무등등주 능제일체고 진실불허 고설 반야바라밀다주 즉설주왈

三世諸佛 依般若波羅蜜多故 得阿耨多羅三藐三菩提 故知 般若

波羅密多 是大神呪 是大明呪 是無常呪 是無等等呪 能除一切苦
眞實不虛 故說 般若波羅密多呪 卽說呪曰

  삼세의 모든 부처님도 반야바라밀다를 의지해 아뇩다라삼먁삼보리를 얻었으니 그런 까닭에 알아둘 것은 반야바라밀다는 크게 신령스러운 주문이며, 크게 밝은 주문이며, 위없는 주문이며, 견줄 수 없는 주문이다 능히 일체의 고를 없애며, 진실도 헛되지 않아서, 그런 까닭에 설하기를 반야바라밀다의 주문이며, 곧 주문을 말한다

  삼세(三世)는 '과거와 현재, 미래'를 뜻한다. 여기서 모든 부처님이란 석가 이전의 과거 7불을 말한다. 이 칠불은 구류손불, 가섭불처럼 앞으로 출현할 무수한 부처님을 총칭한다. 그런 모든 부처님들께서도 모두가 이 반야바라밀다를 의지해서 마침내 아뇩다라삼먁삼보리(阿耨多羅三藐三菩提)를 얻는다고 했다.

  아뇩다라삼먁삼보리는 원어로 anuttarā-samyak-sambodhi이다. 위없는 완전한 깨달음이라 하여 무상정등각(無上正等覺)이라고 의역(意譯)을 한다. 이것은 '위없는 바르고 평등한 정각'이다. 그런 까닭에 이것을 바로 알아야 한다. 그것은 '반야바라밀'은 큰 신주며 큰 명주며 무상주며 무등등주다.

  신(神)이란 한역자가 첨부한 것이고, 부사의(不思議)한 영력(靈力)을 뜻한다. 주(呪)는 만트라(Mantra)라고 하는데 주(呪), 명주(明呪), 진언(眞言)이 다 포함된다.

  이것은 불타 이전부터 내려오는 것으로, 만트라는 바라문 수행 승려들에 의해서 불교 교단에 들어왔다. 그런데 부처님은 처음에 이것을 금했다. 나중에 뱀독을 치료하고 치통을 이겨 내고 하는 민간의 치료적 역할을 위해 불교에서 이를 받아들이게 된 것이다.

이것이 대승 불교의 다라니(dhārani)와 함께 널리 사용하게 된다. 밀교에서는 만트라 다라니를 진리로 보며 그 자체를 그대로 외우게 된다.

'대명주(大明呪)'란 큰 방명으로 중생의 어리석음을 깨뜨리는 주문이란 뜻이다. '무상주(無上呪)'는 위없는 최고의 주문이고, '무등등주(無等等呪)'는 비할 데가 없는 주문이란 뜻이다.

이것은 불타 이전부터 내려와 지금까지 그대로 널리 사용하고 있다. 특히 밀교(密敎)에서는 '불가사의한 힘'으로 여기며, 수행의 방법 중에서도 으뜸으로 꼽는다.

주(呪)에 대해서 원효는 "주란 '빈다'는 뜻이다. 신주는 위력을 가진 것인데 주문을 외우고 신께 빌면 복이 오지 않음이 없고, 화(禍)가 떠나지 않음이 없다"라고 하였다.

이러한 반야바라밀다 구경에는 열반을 얻거나 큰 신주라든지 하면서 수행하는 데는 '반야바라밀다'가 최고임을 강조하신다.

그러므로 해서 능히 일체의 고(苦)도 다 없앤다는 것이다. 고는 앞서 설명을 한 관계로 언급하지 않겠다. 다만 앞서 언급한 이러한 것들을 강조하는 것이 바로 진실불허(眞實不虛)다. 참답고 실다운 것이니 헛됨이 없다는 뜻으로 이해된다. 그러므로 반야바라밀다의 주문을 설한다고 한다.

아제아제 바라아제 바라승아제 모지 사바하
아제아제 바라아제 바라승아제 모지 사바하

여기 '아제아제……'라는 주문은 앞서 '만트라'라는 뜻이며, 원효 스님은 '빈다는 뜻'이라고 설명했다. 그런데 이것을 번역하지 않고 음사(音寫)를 그대로 옮겨와 외우는 것은 주문으로서 그 본질이 흩어지지 않게 함이 아닌가 생각된다.

자비란 무엇인가

　자비(慈悲)라 하면 흔히 자애로움을 연상할 수 있다. 하지만 자비와 자애는 다르다. "자애롭다"라는 말은 도덕적 관점에서 울려 나오는 측은지심과도 같다.
　또한 사랑스러운 보살핌 정도로 이해할 수 있다면, 자비는 대승적 관점에서 접근해야 된다. 여기서 대승적 관점이란 큰 수레에 함께 탄다는 것을 의미한다. 따라서 큰 수레에 함께 탄다는 것은 불가의 보살이 중생과 함께 저 피안의 세계에 이른다는 큰 가치관이 부여된 것이다.
　자비를 어원적으로 보면 "중생의 즐거움을 주는 것을 '자'라 하고, 중생의 고를 없애 주는 것을 '비'라 한다. 반대로 고를 없애 주는 것을 '자'라 하며, 남을 베풀어 주는 것을 '비'라 한다." 그런데 이것을 현실적으로 쉽게 이해하면 사랑과 슬픔이 되는 것이다.
　그럼, 무엇이 사랑이고 슬픔인가? 사랑도 인간의 본능(本能, id)이요, 슬픔도 인간의 본능인 것이다. 사랑에 조건이 없듯 사랑이 인간의 본질적 모럴(morality)에서 나오는 것이라면 슬픔 또한 그런 관점에서 접근하지 않으면 안 되는 것이다.

무엇이 도덕적이고 무엇이 인간의 본능인가? 인간은 생각하는 지(知)를 가진 동물이다. 따라서 이러한 행위를 함에 있어 옳은 것인지 나쁜 것인지 남에게 피해를 주는 것인지 안다.

그러기에 대승적 관점에서의 자비란 중생이 기뻐할 때 함께 기뻐하고, 중생이 슬퍼할 때 함께 슬퍼하는 것이다. 이것이 바로 대승의 '보살(bodhisattva)'의 마음인 것이다.

선가의 자비

불가에서는 일반적 자애로움과는 다르다. 스승이 제자를 대할 때 마냥 자애로움으로 대하지는 않는다. 그것이 도의 분상으로 이해해야 바로 이해할 수 있다.

세속적으로 측은지심이 발동하면 일단은 칭찬하고 보살피고 달래고 한다. 하지만 선가에서는 터럭(一毫) 만큼도 어긋남을 용서하지 않는다.

그것은 때로 몽둥이 삼십 방망이를 후려치기도 하고, 감당할 수 없는 수모를 당하기도 한다. 따라서 세속적 감상으로는 이해가 쉽지 않다. 오직 정신의 영역이자 업계(業界)의 경계인 것이다.

예를 들면, 제자가 사람들의 요청에 의해 법상(法床)에 올라 법문을 하게 되었다는 말을 스승에게 하자, 스승은 그 자리에서 제자를 후려 갈겼다. 그것이 불가의 자비이자 선가의 자비이다.

이 같은 행위는 세속적 도덕이나 측은지심과는 거리가 멀다. 측은지심으로 본다면 제자의 행위가 자랑스러울 수 있을 것이다. 그러나 스승의 엄격한 잣대로 본다면 아무것도 모르는 제자가 사람을 잘못 인도해 자신의 큰 업이 될 것이며, 그 가르침을 받은 사람 또한 길을 잘못 들어 지옥에 떨어짐을 두려워하기 때문이다. 이것이 바로 세속과 불가에서 말하는 자비의 뜻 차이라고 말할 수 있다.

공동체의 자비

그렇다면 사회 속의 자비는 어떻게 실현되는 것인가?

사회는 공동체(community)다. 공동체는 다수가 모여 산다는 것으로 일정한 법의 선이 있어야 하고 그 법은 평등해야 한다. 그 평등한 잣대를 엄격히 묻는 것을 자비로 본다.

만약 법 앞에 평등하지 않다고 가정을 하였을 때 우리 사회는 금방 혼란이 일어날 것이다. 엄격한 잣대는 평등이요 수평적인 것이다. 수평은 보편적인 것이고, 그 보편적인 것은 감성이 아니라 이성인 것이다. 이러한 이성의 기준이 바로 자비인 것이다.

오늘날 우리 사회는 너무도 각박하고 혼란스럽다. 그것은 이성보다는 감성이 앞서기 때문이다. 어떤 한 사람이 권력의 정점에 있다 할지라도 위기에 처하면 그에 대한 동정심이 유발한다.

그런데 그것은 이성이 아닌 감성에 치우친 것이고, 그 감성은 우리 사회에 보편성을 깨뜨린 것으로 그 보편성이 바로 법이다.

불가에서는 "대를 위해 소가 희생되어야 한다"는 말을 자주 듣게 된다. 그런데 '자비문중, 평등운운'에 맞지 않다고 생각할 수도 있다. 그렇지만 이것은 인간의 존엄에 대한 것이다. 즉 한 사람을 살리기 위해 하나의 미물을 희생할 수 있다는 것이다. 이러한 것들이 크게는 다 자비가 아닐까?

천수주의 위력

천수주(千手呪)란 무엇인가?
'천수'란 관세음보살을 뜻한다. 손이 천이라는 뜻으로, 곧 천수천안관세음보살(千手千眼觀世音菩薩)을 말한다. 이것을 줄여서 관세음 또는 관자재(觀自在)라고 하고, 더 줄여서 관음(觀音)이라고 한다. 원어로는 아바로기데스바라(Avalokiteśvara)다.
'주(呪)'란 원어로 만트라(Mantra)라 하는데, 여기에 명주(明呪), 진언(眞言), 다라니(多羅尼) 등이 다 포함되어 있다.
이것은 불교 이전부터 인도의 토착화 된 신앙의 힘으로 내려왔다. 특히 바라문(婆羅門) 수행자들에 의해 많이 사용되었다.
밀교(密敎)에서는 '불가사의한 힘'으로 여기며, 수행 방법 중 으뜸으로 여기고 있다. 기원전 600년에서 1000년, 아니 그 이상일지도 모르는 긴 시간 동안 우리 나라까지 밀밀(密密)이 내려왔다.
원효(元曉) 대사는 주(呪)를 '빈다'는 뜻으로 이해하며, 모든 소망을 이루고 좋지 않은 화(禍)는 없어진다고 풀이한다.

여기서 말하는 '천수주'란 『천수경』을 말한다. 일반적인 『천수경』은 정구업진언부터 나무상주시방불 등을 이해할 수 있다. 따라서 『천수경』은 '신묘장구대다라니'(神妙章句大多羅尼)가 그 핵이며, 이것이 관세음께서 설하신 경이다.

그런데 후세 사람들이 천수경다라니를 앞뒤로 첨부해서 『천수경』이라 부르면서 독송을 많이 하고 있다.

어떤 사람은 천 번을 외웠다 하고, 어떤 사람은 만 번을 외워 소원을 이루었다고 말하며, 또 어떤 사람은 십만 번을 외워 뜻을 이루었다는 등 천수주에 관심이 대단한 것을 느낄 수 있다.

그렇지만 이 모든 것을 떠나서 우리 나라 불교에서 신도에게 가르치는 교과목의 하나로 이해해야 한다. 먼저 불교에 귀의한 신자는 반드시 먼저 『천수경』을 읽고 외우는 것뿐만 아니라 스님들이 하는 불공(佛供)이며, 재(齋)에도 함께 참여하여 독송하는 경이 바로 『천수경』이다.

이제부터 천수주에 대한 주력(呪力)의 위신력(威神力)을 살펴보도록 하자.

밀양에 무봉암(舞鳳庵)이라는 암자가 있는데, 그곳에 한 노스님이 계셨다. 이 분은 기골이 장대하고 매우 활달했다. 내가 이 노스님을 처음 대할 때 일흔 살이 갓 넘은 나이였다.

그 스님이 유난히도 남다르게 느껴지는 것은 천수주력(千手呪力)을 많이 하셨기 때문이다. 특히 백일 동안의 천수주력은 『천수경』의 신비한 위력을 실감하지 않을 수 없었다.

스님께서는 천수주력을 할 때 먼저 좋은 날을 받은 뒤 백일 동안 할 수 있다는 자신감이 서면 철저한 계행을 해야 한다고 했다. 우선 금욕(禁慾)과 금식(禁食, 육식肉食을 피하고 파, 마늘, 달

랭이, 부추 등 다섯 가지)을 먹지 않아야 한다. 그리고 일체의 금란(禁亂), 즉 온갖 생각을 끊는 것으로 오직 일념으로 다라니를 외우게 된다. 이때 소리가 커서도 안 되고 소리가 들리지 않아도 안 된다. 낮은 목소리로 주문을 외우는데 속도는 자연스럽게 빨라진다. 만약 속도가 늦을 경우 망상이 침범하기 때문이다.

그러므로 일념으로 하루 종일 주문을 외우게 된다. 잠자는 순간 외에는 계속 외워야 한다. 이러한 수행을 오래 하다 보면 잠 속에서도 외우게 된다. 이쯤 되면 참선하는 납자(衲子)가 화두(話頭)가 성성(惺惺)한 것과 같은 것이 된다.

하지만 이렇게 해 나가면 되겠지 하는 다짐으로는 어렵다. 모든 공부가 다 그렇겠지만, 이것은 다른 공부와는 다르다. 정신을 비유하자면 더는 세울 수 없는 칼끝처럼 만들어야 한다.

그러니 주력의 힘이 완전히 붙을 정도의 시간이 지나면, 그 힘의 작용에 의해서 마장(魔障)이 나타나게 된다. 이 때 순간 정신을 놓게 되면 그동안 닦아 온 공부가 허사가 되는 것은 말할 것도 없고 자칫 병에 걸려 고통을 받을 수도 있다.

한 예로 부산에서 교편 생활을 하던 분이 평소 주력에 대한 관심이 많아서 시간 나는 대로 공부했다. 그리고 주력을 하겠다는 마음을 먹은 뒤 가족도 멀리한 채 깊은 산 속에 집을 얻어 공부했다. 그리고 100일이 다 되는 어느 날 그의 앞에 아름다운 한 여인이 나타났다. 이 때 주력을 하던 처사는 정신을 가다듬고 여자를 경계했지만 그렇게 하지 못했다. 이것이 바로 마장이다.

우리가 쉽게 생각하면 그 정도쯤이야 생각할 수 있을지는 모른다. 하지만 사람의 그림자조차 보이지 않는 깊은 산골에서 외로이 자기와 싸우며 수행하는 사람이 어느 날 아름다운 여인의 자태를 보게 되면 어떻게 될까? 아마 스스로의 공부를 지키기가 어려울 것이다. 이렇게 해서 그 처사는 중도에 포기해 버린 것이다.

스님 역시 주력을 시작하여 100일이 가까이 다가오자 신묘장구대다라니에 등장하는 수많은 신장(神將)이 꿈속에서 현실처럼 나타나는데, 그것은 역사에서나 알 수 있는 그대로였다. 긴 칼을 차고 혹은 들거나 말을 타고 갑옷을 입은 헤아릴 수 없는 장군들이 나타난다는 것이다.

이것이 어느 날 우연한 꿈이 아니라 100일이라는 긴 시간을 염염(念念)으로 끊이지 않게 하다 보니 특별히 생각이 쉬거나 잠이 들지 않는 것이다. 그저 밖에서나 안에서나 앉으나 누우나 끊임없이 주력을 해 나가다 순간 잠에 빠진다. 이 순간이 잠시나마 정신을 놓은 순간이다.

이 때면 어김없이 칼을 찬 장군들이 나타나서 달려든다는 것이다. 이것을 비몽사몽(非夢似夢)이라 해야 할지, 아니면 꿈이라 해야 할지 정의하기는 어렵다. 그렇지만 분명한 것은 옆방에 자는 사람들이 잠결(무의식)에 몸을 움직이는 행동을 지켜본다면 크게 놀라게 된다는 사실이다. 왜냐하면 손과 발을 움직이는 것이 바로 벽을 차게 되기 때문이다. 만약 이럴 때 자칫하면 정신을 잃거나 그로 인하여 정신병에 걸리는 경우가 있다.

다행히도 노스님은 그 당시 젊고 역발산(力拔山)이라는 소리를 들을 정도로 몸이 건강했고 정신도 투철했다. 때문에 밤에 싸움을 하고 나면 온몸이 땀으로 젖어 있었던 것이다. 그리고 마침내 100일 주력을 회향(回向)하게 되었는데 신기한 일이 생긴 것이다.

스님이 주력을 한 곳과 100여 리나 떨어져 있는 먼 곳에서 사람이 찾아와 사람이 죽어 가니 살려 달라고 부탁했다. 스님 생각에도 자신이 의사가 아닌데 무슨 재주로 사람을 살리겠느냐고 반문했지만, 워낙 간곡한 청이라 외면할 수 없어서 함께 가게 되었다.

스님이 그 집에 도착해 보니 환자는 꽃다운 스물 몇 살 되는 처녀였으며, 부탁한 사람은 처녀의 아버지였다. 처녀가 거처하는 방문을 열자 얼굴은 창백하고 몸은 뼈가 앙상해 차마 눈 뜨고 볼 수 없는 광경이었다.

스님은 곧 「신묘장군대다나리」를 외웠다. 그러자 신기하게도 자리에 누워 있던 처녀가 혼자 힘으로 일어나더니 배가 고프다고 하면서 밥을 달라고 아버지에게 손짓했다. 그 때 스님은 천수주의 위력이 이런 것인가 하는 놀라움을 가지게 되었다고 한다.

나는 그 노스님과 살면서 이 외에도 많은 기적과도 같은 이야기를 들었다. 스님은 그 당시 70이 넘은 분이었지만 법당에서 염불하는 소리가 쩌렁쩌렁 울릴 정도였다.

그 보다도 참 재미있는 것은 가끔 이발이나 목욕을 한 후에 "나 좀 봐라! 나 어떻노?" 하면서 거울 앞에서 얼굴에 난 여드름 같은 것을 손으로 짜기도 한다.

그럴 때면 나는 '저것이 여드름인가? 여드름이라면 70이 넘은 노인에게도 여드름이 날 수 있단 말인가? 아니라면 어찌 얼굴에 난 것이 여드름처럼 보인단 말인가?' 하는 생각을 하면서 혼자 웃기도 하였다.

아무튼 노스님은 좀 안된 말이지만 그 나이에도 색에 대한 관심이 지대하게 많을 정도로 건강했고, 그 뒤에 20년 가까이 지나서 돌아가신 걸로 기억한다.

화두 참구

　화두(話頭)를 참구(參究)하는 것은 각자의 의양이 있을 수 있다. 그렇지만 산에서 물이 내려갈 때는 골이 깊은 곳을 향해 가듯 흘러가는 길이 있고, 바다에는 길이 보이지 않지만 엄연히 배가 가는 항로, 즉 뱃길이 있는 것이다.
　만약 이 항로를 무시하고 물 위라 하여 그냥 간다면 암초에 걸릴 수도 있고, 물이 도는 곳에 들기라도 하면 배가 돌아서 가지 못할 뿐 아니라 배가 물 속으로 빨려들 수도 있다.
　이것은 물 뿐 아니라 허공도 마찬가지다. 허공 역시 금을 그을 수 없기에 길 표시는 없지만 분명한 길이 있다. 이 또한 함부로 가다 보면 상층의 기류에 부딪힐 수도 있고 제트기류에 위험이 초래될 수도 있다.
　이렇듯 공부를 해 가는 데에는 공부의 길이 있고, 화두를 드는 데에도 화두의 길이 있다. 가령 '무'자 화두를 드는 데 본말은 없고 그냥 '무무'한다면 공부의 의심하는 힘이 생기지 않는다.

그것은 화두가 가지는 힘은 대분심(大憤心)이라 할 수 있는데, 어찌 분심의 응어리는 만들지 않고 글자 그 자체에만 매달려 큰 소리 작은 소리로 "무다, 무다"하는 것은 진정 화두를 참구하는 것이 아니다.

원래 '무'자는 어떤 스님이 조주 스님에게 묻기를 "개도 불성이 있습니까?"하니, 조주 스님이 '무'라 한데서 비롯한 것이다. 그런데 '무가 왜 무냐? 어찌하여 무라 하느냐?' 한다면 무가 무엇인지 모르는 사람은 없다.

만약 '무'라고만 하면 된다면 어린아이 물 달라 하듯 '앎은 어떤가? 앎, 앎, 앎이 무엇인가?' 하는 것도 될 것이다. 조주의 무는 그냥 무가 아니다.

서산(西山) 스님의 『수심정로(修心正路)』에 의하면 어떤 사람이 물었다.

"백천 화두에 시심마(是甚麽, '이것이 무엇인가?' 혹은 '이 뭐꼬?')가 아니 들어가면 화두가 되지 않는 줄로 압니다."

"내가 그 말의 의미를 알지 못하겠다."

하고 대답하자 다시 묻기를,

"이것이 무엇인가? 하지 않으면 무엇을 가지고 의심하리오? 가령 무자 화두를 할지라도 무가 무엇인가를 하거나 무가 무슨 도리이든지 해야 화두가 됩니다."

하니 다시 대답하기를,

"누가 화두를 그 모양으로 가르치던가?"

"요사이 선지식으로 유명한 모모가 이렇게 가르칩니다."

그러자 다시 말하기를,

"화두 하는 법도 자세히 모르고 배우는 이들은 거느리고 앉아

제운 作, 선의 화두 '이 뭣꼬'

서 도를 가르치는 것은 대단히 수치스러운 일이다."

그러면서 다음과 같은 예로 설명을 했다.

한 장님이 여러 사람을 이끌고 불덩이를 들어가는 격으로 화두에 '시심마'가 들지 않으면 안 된다고 하니, 그러면 어느 스님이 조주 선사에게 가서 "어떤 것이 조사가 서쪽에서 오신 뜻입니까

(如何是祖師西來意)?"하고 물었다. 조주 선사는 곧 "뜰 앞에 잣나무(庭前栢樹子)"라도 대답했다. 이것이 화두가 되었다.

화두를 하는 사람은 '잣나무가 이 무엇인고?'하며, 중국의 어떤 스님이 동산(洞山) 스님께 찾아가서 "어떤 것이 부처입니까?"하고 묻자, 동산 스님이 "삼이 서 근(麻三斤)이니라" 하였다. 화두 하는 사람은 '삼 서 근이 무엇인고?' 하고, 어떤 스님이 운문(雲門) 스님에게 묻기를 "어떤 것이 부처입니까?" 하니 운문 스님이 말하길 "똥 막대기니라"(乾屎橛) 하였다. 화두 하는 사람은 '마른 똥 막대기가 무엇인고?' 할 것이다. 그래서 '잣나무'와 '삼 서 근'과 '마른 똥 막대기'를 알지 못해서 이것을 알자고 '이 뭐꼬' 하는가? 참으로 알자면 산이나 물이나 들이나 일체 만물을 다 활구(活句)로 알기는 어렵다. 하지만 그렇게 화두를 하는 법은 아니다. 또 네가 '무'자를 알지 못하여 '무엇인고?'하는가? 일체 화두에 시심마를 넣어서 의심, 아니 하여도 화두마다 제 화두에 의심이 있는 것이다.

화두를 어떻게 참구할 것인가

육조(六祖) 혜능(慧能)께서 말씀하시길

"내게 한 물건이 있으니 위로는 하늘을 버티고 아래로는 땅을 괴었으며, 밝기로는 일월 같고 어둡기로는 칠통과 같아서 항상 나의 동정하는 가운데 있으니, 이것이 무슨 물건이가?"

하시며, 또 육조 대사께서 회양 선사를 대하여 물으니

"무슨 물건이 이렇게 왔나?"

하시니, 회양 선사는 이를 알지 못해 8년 동안이나 궁구하다가 크게 깨달았으니 이것이 화두법이다.

시심마 화두

"밝기로는 태양으로 견주어 말할 수도 없고 어둡기로는 칠통보다 더하다. 이 물건은 우리가 옷 입고 밥 먹고 잠자는데 있되, 이름 할 수 없고 얼굴을 그려낼 수도 없다. 이는 곧 마음도 아니요 마음 아님도 아니다. 생각도 아니요 생각 아님도 아니다. 부처도 아니요 부처 아님도 아니다. 귀신도 아니요 귀신 아님도 아니다. 허공도 아니요 허공 아님도 아니다. 그것이 가지가지가 아닌 것 같으나 가지가지를 들어내어 극히 밝으며, 극히 신령하며, 극히 비었으며, 극히 크며, 극히 가늘며, 극히 강하며, 극히 유하다.

이 물건은 명상(名相)이 없으며 명상 아님도 없다. 이 물건은 마음이 있는 것으로도 알 수 없고 마음이 없는 것으로도 알 수 없으며, 말로는 지을 수 없고 고요하여 말없는 것으로도 알 수 없다. '이것이 무슨 물건인가' 의심하고 또 의심하여 어린아이가 어머니를 생각하듯 간절히 하며, 닭이 알을 품고 앉아 그 따뜻함이 끊이지 않게 하는 것과 같이 하며, 참 나의 본래면목(本來面目)을 깨친다. 수도인들은 또다시 나의 말을 들어라. 우리가 공부하며 닦는 것은 삼장십이부경전(三藏十二部 經典, '經律論'을 합친 경전)에 상관없고, 오직 부처님께서 다자탑(多子塔) 앞에서 자리의 반을 나누시고 영산회상(靈山會上)에서 꽃을 들어 보이시고, 사라쌍수(沙羅雙樹)에서 관으로부터 두 발을 내어 보이시니, 이것을 전하여 오는 것이 우리가 믿으며 행하는 바이다. 출격 장부들은 알게 되면 곧 알 것이거니와 모르거든 의심하여 보라."

—서산 대사 「修心正路」에서

기도의 참뜻

　기도(祈禱)란 '빌고 바란다'는 뜻으로 이해한다. 하지만 기도의 진정한 의미는 자기를 바라보고 자기를 찾는데 있다. 그러나 승속(僧俗)을 막론하고 모두 기도를 한다. 하지만 기도를 통해서 자기를 찾아가는 것이 아니라 무엇을 구하려 한다. 때문에 기도의 참뜻하고는 거리가 멀어진다.
　기도의 시작은 수행자가 자기를 찾고 자기를 밝히는 데서 시작되었다고 볼 수 있다. 자기를 찾아가는 내면은 복잡한 것이 많아 자기의 근기(根機)를 알기 위함도 그것이요, 자기의 업장(業障)을 소멸하는 것도 그것이다. 또한 나아가서는 도업(道業)을 성취하는 한 과정으로 하는 것도 그것이다.
　이러하기에 기도는 손을 합하고 목탁을 치고 절하는 행위도 포함할 수 있지만, 기도는 정신을 보강한다고 여길 수도 있다. 기도의 생명은 일념(一念)이라 할 수 있기 때문이다.
　하지만 이 일념은 그냥 '한 생각이다' 하고 가볍게 넘어길 수 있는 것이 아니다. 염불(念佛)을 할 때는 염불하는 자와 그 대상이 하나가 되어야 하기 때문이다. 오직 뚜렷하게 염불삼매(念佛三昧)에 들어 나와 대상이 하나가 되어 내가 그 대상이 되고, 그 대상이 나 속에 함께 할 때 기도의 참뜻이 되는 동시에 정신을 보강하는 힘이 되는 것이다.

그런데 오늘날 스님들은 스님들대로 어려운 일에 부딪치거나 간절한 소망이 있어 기도를 한다고 해도 과언이 아니다.

기도란 기도 그 자체가 아니다. 그러기에 기도를 통해서 무엇을 얻으려 한다면 욕심만 증장(增長)시킨다. 이것은 부처님 본뜻과도 맞지 않다. 부처님 가르침은 무명(無明)에서 벗어나게 하기 위함이다. 그래서 팔만사천(八萬四千) 가지가지 법문(法門)을 하였다. 그런데 결국 욕심이라는 또다른 무명만 더하게 되니 기도라고 할 수 없을 것이다.

기도란 본시 맑은 거울에 먼지와 때가 묻어 거울로서의 가치를 잃어버린 것을 다시 맑은 거울로 되돌려 찾는 것이라고 생각하면 크게 틀리지 않는다.

좀 더 이해를 돕는다면, 수행하는 사람들이 관세음보살의 상(像) 앞에서 혹은 상이 없는 곳에서 관세음보살의 영험을 넘어 아예 친견하겠다는 소망을 세워 짧게는 100일 혹은 3년, 길게는 10년을 향한 기도에 몰입하는 수도 있다.

이것을 객관적으로 본다면 대단하다고 할 수 있다. 그러나 그 내면으로 들어가면 오직 사사로운 마음에 사로잡혀 관세음보살이 어떻게 생겼는지, 어떤 힘을 가지고 있는지, 남자인지 여자인지에 관심이 없다. 오직 그의 형상에 긴 머리와 천의(天衣)를 두른 건이 아름다운 천사쯤 여겨서 오직 그 천사를 친견하겠다는 일념 뿐이다.

　이 일념이 바로 삿된 일념이라는 것이다. 그러하기에 결과 또한 뻔하다. 비몽사몽(非夢似夢)에 내가 관세음이니 하면서 한번 그 형태라도 보이기만 하면 더욱 그것에 빠져서 헤어나지 못하고 파멸의 길로 들어서는 것이다.

　진정 관세음은 없는 것이다. 중생들의 가지가지 마음이 바로 관세음이다. 그들 스스로에서 관세음을 찾지 못하고 밖에서만 관세음을 찾는다면, 관세음을 찾기는커녕 사욕(私慾)에 빠진 무명의 중생에게 떠돌이 장난꾼 마장(魔障)들의 실험 대상이 되어 혼비백산해 정신을 잃을 수 있다. 이것이 지난 과거 산중에서 기도를 잘못하여 일어난 일들이 그것을 말해 준다.

　만약 어떤 이가 진정으로 관세음을 친견하게 된다면 긴 세월을 허비하지 말고, 바로 관세음이라는 굳은 신념으로 관세음처럼 개도중생(改度衆生)의 길로 나서야 한다. 그러면 그 사람이 진정으로 관세음이 되는 것이다.

절에서 절하는 의미

"절에는 왜 가느냐?" 막연한 이 물음에는 "절 하러 간다"라고 막연한 대답을 할 수밖에 없다. 이 말이 막연하다고 여길 수도 있을 것이다. 그러나 이것은 막연한 말이 아니다.

절이란 진짜 절하는 곳이다. 우선 절 문에 들어서기 전 일주문(一柱門)을 향해 선 채 합장으로 절을 한다. 그리고 다시 금강문(金剛門)을 들어서서 선 채로 합장을 하고, 법당에 들어와서 큰절을 삼 배(三拜)한다. 하지만 이것은 최소한의 예의에 불과하다.

법당에 들면 부처님과 신중단(神衆壇)에 절하기 시작하여 각 단(觀音, 地藏 등)에 삼 배를 한다. 이것도 최소한에 불과하다. 법당에서 108배 절을 하는 것이 기본으로 인식된 신도도 적지 않다.

이 뿐만이 아니다. 절에 오는 도중에 스님 옷자락만 봐도 절을 하게 되고, 눈에 보이는 모든 것이 다 절을 해야 하는 대상이 된다. 탑을 보고서 절을 하고, 멀리 법당을 향해서 절을 하고, 고승들의 부도(浮屠)를 향해서 절을 한다. 그래서 절이란 진짜 절을 많이 하는 곳이다. 그러니 절을 절하는 곳이라 해도 결코 틀리지는 않는다.

삼천 배의 의미

절에서는 간혹 삼천 배의 절을 하게 되는데, 이것은 스님들이 스스로 수행의 일환으로 하게 되어 있다. 특히 업(業)을 소멸하고 하심(下心, 자기를 낮춤)을 하기 위한 것으로 삼천 배를 한다.

또는 절에서의 청규(清規)를 지키는 수단으로 절을 한다. 가령 절에서 절 법을 어겼다고 한다면 그 정도를 참작해서 108 참회나 삼천 배 참회를 시킨다.

이렇듯 삼천 배의 의미는 대개 이렇게 해서 이루어진다. 그런데 언제부터인가 신도들이 기도 성취의 한 방법으로 삼천 배를 하게 되었다.

물론 절에서 절하는 것이 당연한 것이고, 또 절을 많이 하면 몸과 정신이 맑아지니 나쁠 것은 없다. 그렇지만 삼천 배라는 힘든 과정을 겪게 됨에 따라 삼천 배의 본뜻을 바로 이해하고 절을 해야 하지 않을까?

우리에게 잘 알려진 '삼천 배 스님'이 있다. 해인사 방장(方丈)을 지내신 성철(性徹) 스님이 바로 그 분이다. 그 분으로 해서 삼천 배가 더욱 유명해졌다.

그런데 그 분이 살아 계실 때 스님을 친견하고자 하는 사람은 남여 노소를 가리지 않고 삼천 배를 시켰다. 삼천 배를 하지 않으면 친견(親見)이 이뤄지지 않았다. 그러니 큰스님을 한 번 친견하기 위해서는 꼭 삼천 배를 해야만 했다.

일반인들이 삼천 번의 절을 한다는 것은 쉬운 일이 아니다. 깊은 신앙심으로 절을 많이 해 본 사람이 아니면 하기가 힘들다. 절하는 시간은 사람에 따라 다르지만 대개는 5시간에서 8시간 정도의 시간이 소요된다. 힘들게 하는 사람의 경우는 10시간가량 걸리기도 한다.

그럼, 이렇게 힘든 절을 왜 하느냐 하고 생각할 수도 있다. 그렇지만 이것은 이론으로 정의하기는 힘들다. 실제 해 본 사람만이 그 참뜻을 알 수 있기 때문이다.

지금으로부터 십여 년 전으로 기억이 된다. 나는 당시 만행(萬行)중으로 설악산 봉정암(峯頂菴)에 가게 되었는데, 그 때 백담사를 들리게 되었다.

백담사는 봉정암을 가는 길목이기에 봉정암을 찾는 사람들은 백담사를 거쳐서 가게 된다. 그렇다고 봉정암 가는 길이 꼭 그 곳만 있는 것은 아니다. 신흥사로 해서 갈 수도 있고, 오색약수 쪽으로도 갈 수 있다. 그러나 백담사로 가는 사람들이 대부분이다.

그것은 신흥사로 가는 길 보다는 가깝고, 오색은 질러가는 길이지만 너무 가파른 산을 올라야 하기 때문에 백담사 쪽을 택하게 된다. 그렇지만 인제에서 백담사까지도 십여 리 이상인데, 그 곳 백담사에서도 11km가 넘는 산길을 올라야 한다.

아무튼 길 이야기는 이것으로 접고 내가 백담사를 참배한 후 봉정으로 오르는 길에 한 스님을 만나게 되었다. 스님은 매우 흡족하고 기가 펄펄 살아 있는 모습으로 보였다.

스님들은 산에서 서로 마주치면 그냥 지나치지 않는다. 서로에 대한 인사뿐만 아니라 지금 어디서 오며 어디에 머무는지를 묻고, 나아가 어느 문중에 누구를 스승으로 하는지도 묻게 된다. 이것이 절집의 인사법이다.

당시 내 옆에는 백담사를 참배했던 몇 분의 불자가 있었고, 스님은 봉정암에서 하산하는 길에 몇 분의 불자와 함께 내려오는 길이었다.

그런데 내가 봉정암에 가는 길이라고 말하자, 스님은 봉정에서 5일 동안 머물면서 매일 4천 배를 하고 내려오는 길이라고 했다. 그러면서 매일 온몸이 땀에 흠뻑 젖고 힘들었지만 절을 모두 마치고나니 그렇게 기쁠 수가 없다는 것이다.

스스로가 생각을 해 봐도 대견스러웠다고 했다. '삼천 배도 아니고 어떻게 사천 배를 할 수 있었을까' 하는 스스로의 경이(驚異)로움을 나와 함께 한 일행에게 전해 주었다.

그런데 백담사에서 봉정을 오르는 데는 3시간에서 5시간이 걸린다. 때문에 엄청나게 피로가 쌓인다. 그래서 일반인들은 기도든 삼 천배든 어찌할 수 있을까 하는 의구심을 가질 수 있다.

그러나 산을 등산해 본 사람은 이해할 수 있을 것이다. 높은 산을 타고 땀을 흘리면서 많은 산소를 들어 마시고 나면 황홀할 정도로 몸이 가볍고 마음이 상쾌해진다. 그러니 산이 아닌 곳에서 삼 천배를 하는 것도 힘겹지만, 산 높고 공기 좋은 곳에서는 4천 배도 가능한 일이다.

절을 하는 것은 단순하게 땀을 내고 무언가를 이루기 위해서만 절을 한다고 볼 수는 없다. 시작은 단지 절을 한다는 정도의 가벼운 마음일지는 몰라도 그 결과는 엄청나다고 말할 수 있다. 그것은 바로 신심(信心) 때문이다.

신심이란 몇 자의 불교 교리를 이해한다고 생기는 것도 아니고, 고승의 법문(法門)을 한 자락 들었다 해서 생기는 것도 아니다. 스스로가 몸과 마음이 하나 되어 참회(懺悔)하고 또 참회하다 보면 나 자신의 모습이 슬며시 고개를 내미는 것이다.

 이토록 몸과 마음을 하나 되게 하여 자기와 싸우지 않고서는 자기 자신을 찾을 수 없는 것이다. 그러기에 자기를 알고자 한다면 절을 해 보면 된다. 자기를 알아야 남도 알고, 남을 알았을 때 진정 남을 배려하는 마음도 생길 수 있고, 남을 위해 봉사하거나 희생도 하는 것이다.

 나보다 남을 위해 철저히 봉사하고 희생하는 일이 없는 종교는 무가치한 종교다. 따라서 절을 한다는 것은 깊은 신앙심도 생기게 만들지만 지기를 연마하는 좋은 계기도 된다. 또한 숙업(宿業)의 과보를 녹일 수 있으니 이 얼마나 다행한 일인가.

천도재의 이해

'천도재(薦度齋)'라 하면 대표적인 것이 '49재'다. 49재는 사람이 죽어서 이후 49일까지 천도를 의미하며, 죽은 후 7일 간격으로 한 번씩 재를 올려 마지막 날이 49일 재가 된다.

이렇게 해서 이름 하여 49재다. 불교에서는 사람이 죽으면 죽은 영혼이 돌아가는 시간을 약 49일로 본 것이다. 이것도 뚜렷한 근거는 찾기 어렵다.

그러나 분명한 것은 불교에서는 윤회(輪回)를 인정하고 있다. 그래서 사람이 살아 있든 죽었든 간에 윤회의 일환(一環)이다.

윤회란 시간적인 것과 동시에 공간적인 것도 포함된다. 그것은 윤회가 도는 것이라면 시간과 공간에 걸리지 않는다는 것이다. 즉 즐거움이든 괴로움이든 끊임없이 생주이멸(生住異滅)하는 것이 중생 세계의 윤회인 것이다.

다만 사람이 죽으면 다음 세계로 가야 하는데, 영가(靈駕)가 가기 전을 '중유(中有)' 또는 중음신(中陰神)이라고도 한다. 즉 아직

천도가 되지 않은 상태라고 말할 수 있다.

이렇게 해서 사찰에서는 죽은 영혼을 달래는 '시달림(尸茶林)', 즉 죽은 영혼을 위해 마지막으로 명복을 비는 법문(法門)을 하고 나서 입재(入齋)를 하게 되는데, 처음에는 영혼을 불러들이는 진언(眞言)을 하게 된다. 그리고 삼존(아미타불, 지장보살, 관세음 또는 인도왕보살 등)께 귀의를 시킨 후 축원을 하게 된다.

그리고 착어(着語) 법어를 하게 되는데, 이 때 영가의 이름을 부르면서 "나도 남이 없음이요, 죽어도 죽음이 없는지라 본시 없고 빈 것이어서 실상(實相)만 상주(常住)하거늘" 하면서 다시 영가의 명호를 부르게 된다.

이렇게 영가를 불러 놓고 영가에게 큰 가르침을 주고는 다시 "영가는 잘 들어라" 하면서 시방(十方)에 계신 불보살(佛菩薩)을 청하고, 이어 법사는 외로운 영혼(孤魂)이라는 말로 영가를 대신하여 불보살께 간절히 청을 하게 된다.

"부처님의 신력으로 이곳으로 와서 진리의 공양을 받으시오." 하면서 다시 향을 사른다. 이 때 영가의 안타까운 마음을 달래기 위해 법사가 한바탕 읊게 된다.

그리고 영가의 목욕을 돕기 위한 과정으로 들게 되며, 이 때 부처님의 말씀(심경, 천수경)을 들려준다. 그리고 길을 인도(정로진언)하여 목욕을 위해 병풍 안으로 인도하여 곧 종 다섯 번을 쳐서 영가의 정신을 일깨운다.

그렇게 하고 나면 법사는 손 모양으로 진리의 수기를 전하며, 영가가 세간에 살면서 지은 온갖 탐·진·치(貪瞋痴) 등의 업(業)의 때를 깨끗이 씻어 준다. 그런 뒤에 영가에게 때묻지 않은 정의(淨衣)를 한 벌 입힌다. 그리고는 다시 부처님 앞에 세워서 부처

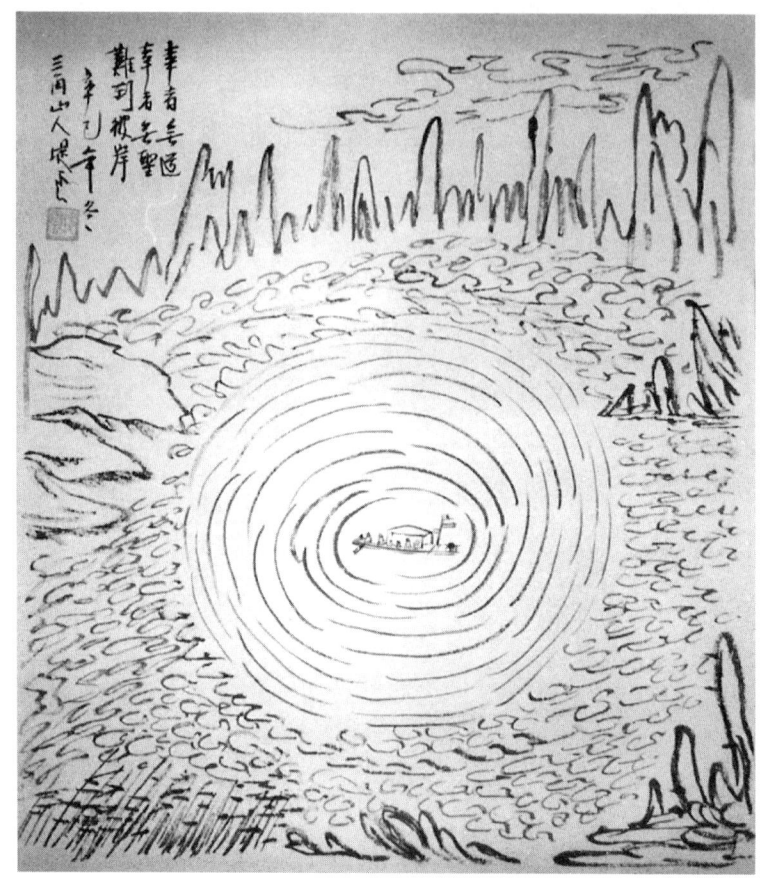

제운 作, 시간과 공간이 끊임없이 윤회하는 모습을 표현

님과 여러 불보살께 예를 올리게 한다.

　그렇게 해서 1단계를 마치고 영가를 잠시 쉬게 하면서 법사는 부처님 및 지장보살께 공양을 올리고, 영가의 극락왕생을 발원하고는 다시 영가를 위해 법문을 하게 된다.

　"영가는 잘 들어라

나는 것이 무엇이며(生是何物)

죽는 것은 무엇이냐?(死是何物)

나왔다 하지만 나온 것도 아니요(生亦不得)

죽었다 하지만 죽는 것도 아니다(死亦不得)

나고 죽음이 본시 빈 곳이라(生死本空處)

하늘땅이 뚜렷하도다(天地猶分明)."

하면서 법사는 영가의 이름을 부르며,

"놓아 버려라 놓아 버려라(放下又放下)

자유로워라 자유로워라(自在又自在)."

하면서 법사는 주장자(柱丈子)를 들어 영가를 비롯하여, 시회 대중에게 들어 보이면서 말한다.

"마음이 깨끗하여 밝고 밝으면(一念忘時明了了)

아미타불이 다른 곳에 계시지 않음이로다(彌陀不在別家鄕).

오고 가는 것이 극락이요(通身坐臥蓮花國)

곳곳이 다 극락이로다(處處無非極樂堂)."

이렇게 게송을 마치면서 주장자를 한 번 내리치는 것으로 영가 법문은 끝난다.

이처럼 영가에게 법문을 다 마치면 영가를 잠시 쉬게 한다. 그리고는 마지막으로 영가를 위한 법문과 영가를 위해 만찬(晩餐), 지금은 오찬을 베풀게 되는데 이것이 사실상 영가를 보내는 송찬(送餐)과도 같다.

이어서 영가를 보내기에 앞서 최후의 시식(施食, 영가에게 밥을 대접하는 것)을 한다. 이 때 먼저 삼존(三尊)께 귀의를 시키고 '영가를 위한 축원'을 한다. 다시 말해 영가의 호를 부르며, 영가가 불보살의 가호를 받아 인도환생(人道還生)하기를 간절히 축원하며, 더불어 주변의 고통 받는 여러 영가들까지 안락을 얻어 끝내는 성불(究竟成佛)하기를 간절히 바라는 기원을 한 뒤 다시 착어를 한다. 즉 법어를 내리게 되는 것이다.

"신령스러운 근원이 담적(湛寂)해서 옛날과 지금이 없고, 묘체(妙體)가 뚜렷이 밝은데 무엇이 나는 것이며, 무엇이 죽는단 말인가? 문득 이것은 석가의 마갈엄관(摩竭掩關) 시절이라, 달마 대사가 소림사에서 면벽(面壁)한 가풍이 아니겠나? 이런 까닭에 석가가 니련강(泥蓮江) 가에 머물며 수행하고, 깨달은 뜻과 두 발을 곽(槨) 밖으로 내보이신 일, 달마가 총령(摠嶺) 길에서 짚신 한 짝 들고 가는 이것을 여러 불자는 알겠는가?"

이 같은 법문을 마치고 잠시 정신을 가다듬는 시간을 가진다. 그리고는 다시 영가에게 이 향단에 와서 나의 묘공(妙供)으로 무생(無生)을 증오(證悟)하라면서 법어를 마친다.

다시 영가를 위해 법어를 내릴 준비를 하고는 영가를 요령(搖鈴)으로 흔들어 정신을 가다듬게 하여 법어를 잘 듣길 바란다는 다음과 같은 주문을 한다.

"자비의 광명이 연꽃에서 나오니 지혜로써 지옥공(地獄空)을 관(觀)할 때……."

이와 같이 이어지는 천수경이나 심경 등을 영가에게 들려주고는 곧 지옥을 깨뜨리는 주문(呪文)과 원한을 푸는 주문 등을 한다. 그리고는 널리 시방에 계시는 불법승(佛法僧)과 대자 대비한 보살 등에 귀의하는 염불을 하고, 법사가 향화(香花)로써 가락을 읊고는 부처님과 여러 보살들에게 다시 간청을 한다.

이어 고혼의 이름을 부르며 향단에 와서 법의 공양을 받으라고 하고는 재차 향을 사르고, 영가를 위해 가락을 읊고 부탁의 말을 한다. 그런 연후에 공양을 대접하게 된다. 이 때 주천도 뿐만 아니라 흩어져 있는 여러 영가나 고통 받는 여러 영가 등 모두에게 함께 음식을 나누어 준다.

그리고 영가에게 잘 가라는 말을 하면서 부처님께 예를 올리려 하고는 영가와 작별을 하게 된다. 이 때 마지막으로 영가를 위해 의상 대사 법성게(法性偈)를 다 함께 염송하면서 끝을 낸다.

이 밖에 세세한 내용들이 없는 것은 아니다. 하지만 조금이나마 이해를 돕는다는 뜻으로서 글을 쓰다 보니 세세하게 언급하지 못했다. 엄격한 잣대로 보면 삼십 방망이가 부족할 것이다.

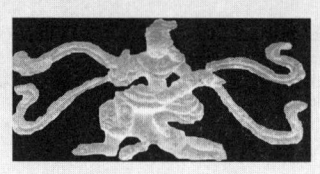

내가 옛날에 지은 죄업 탐·진·치
삼독을 말미암은 것이니
신구의 삼업으로 난 바를
이제 다 참회하옵나이다.

제2부

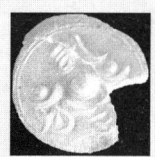

사유와 실천의 향기

실천바라밀

　대승 불교의 실천 덕목 가운데 으뜸이 육바라밀이다. 바라밀(波羅密)은 파라미타(Paramita)란 말의 음역으로 '저 언덕에 이른다'라는 뜻이다. 한자어로는 '도피안(到彼岸)'이다.
　그렇다면 무엇이 피안에 이른다는 것일까?
　우리 인간은 스스로 완전하다고 생각하고 있다. 그 이유는 지상에 사는 모든 동물 중에 으뜸이라고 생각하기 때문이다.
　그러나 이 생각은 우리들 인간 자신의 판단일 뿐이다. 넓은 우주 공간에는 또다른 세계가 있고, 또다른 차원에서 생명이 존재할 수도 있다. 그럼에도 불구하고 우리 인간이 완전하다고 여기는 것은 순전히 우리 인간들의 판단에 따른 것이다.
　부처님께서 보는 우리 인간은 우리가 생각하는 것처럼 완벽하게 생각하지 않는다. 때문에 다시 닦고 구하려고 하는 것이다. 만약 우리 인간의 생각대로 완전하다면 무엇을 더 기대해서 무엇을 더 구하고 말 것이 있겠는가?

부처님의 분상에서 보면 인간도 하나의 미련한 중생에 불과하다. 업(業)에 의해서 인간의 몸을 받은 것에 불과하기 때문이다.

그로인한 선인선과(善因善果)에 따라 시간과 공간으로 끝없는 윤회(輪廻)를 하게 된다. 이에 '영원한 생명(Nirvana)'을 얻기 위해서는 육바라밀을 행하게 된다.

육바라밀의 첫 번째는 보시바라밀(布施波羅密), 두 번째가 지계바라밀(持戒波羅密)이요, 세 번째가 인욕바라밀(忍辱波羅密), 네 번째가 정진바라밀(精進波羅密), 다섯 번째가 선정바라밀(禪定波羅密), 여섯 번째가 지혜바라밀(智慧波羅密)이다.

보시바라밀은 어떻게 행하는가?

보시에는 세 가지가 있다. 하나는 재시(財施)요, 또 하나는 법시(法施)요, 그 마지막이 무외시(無畏施)다.

첫째, 재시는 '재물을 베푼다'는 것이다. 이는 내가 가지고 있는 것을 가난하고 힘든 사람에게 내 재물을 나누어 주는 것이다.

그러나 재물을 베풀었다고 해서 다 옳은 보시는 아니다. 재물을 써도 걸림이 없어야 한다. 걸림이 없다는 것은 아무런 조건이 없는 깨끗한 마음으로 보시하는 것을 말한다.

만약 어떤 사람이 보시를 행함에 있어 그 대가를 바라거나 그것으로 해서 상(相)을 내려 한다면 그것은 아무런 공덕이 없는 것이다. 이 일화는 저 유명한 달마 대사와 양나라 무제와의 대화에서도 나온다.

양무제가 스스로 "탑을 세우고 불상을 조성하고 불경을 편찬하였는데……" 하면서 그 공덕을 묻자 달마 대사가 무공덕(無功德)이라 했듯이, 스스로가 자랑을 하거나 그 공덕을 저울질 한다면 진실로 보시라고 할 수 없을 것이다.

이러한 보시를 '유주상보시(有住相布施)'라 하고, 정말로 걸림 없이 깨끗한 마음으로 주었어도 주었다는 생각을 일으키지 않는 것을 '무주상보시(無住相布施)'라 한다.

이것이야 말로 석가의 진정한 가르침이요, 진정으로 보시를 행하는 것이 된다.

법시는 어떻게 행하는가?

법시란 '법(法)은 진리'라는 뜻이 있으니, 즉 진리를 베풀면 되는 것이다. 만약 돈이 있으면 돈을 베풀면 되지만 돈이 없으면 베풀 것이 없다고 여길 수 있다. 그렇지만 재물보다 더 중요한 것이 진리를 베푸는 것이다.

그럼, 진리를 어떻게 베풀 것인가? 진리는 만국 공통으로 받아들이는 것으로서 싫어하는 사람은 없다. 그러나 진리는 달콤한 설교에만 있는 것도 아니요, 거룩한 성경이나 불경에만 있는 것도 아니다.

진리를 베푸는 것은 마치 배고픈 사람에게는 장광(長廣)한 설법이나 설교보다는 밥 한 그릇이 더욱 진리가 될 수 있다. 이처럼 슬퍼하는 사람과는 슬픔을 나누고, 행복한 사람에게는 그 행복을 이웃과 함께 하기를 권하는 것이 바로 진리를 베푸는 것이다. 그리고 이것을 진정한 법시라고 말할 수 있다.

물론 법시는 이런 정도에만 한정되어 있지는 않다. 넓게 보면 불경 한 줄 내려 주는 것도 법시요, 진리를 가까이 할 수 있게 유도하는 것도 법시요, 불경을 주는 것도 법시요, 모든 것이 법시 아님이 없다.

무외시는 어떻게 행하는가?

무외시는 글자대로 '두려움을 없게 하는 것'으로, 이웃에게 기쁨을 준다면 잠시나마 무외시를 행한 것이 된다. 사람이 살아가는데 가장 큰 장애가 있다면 그것이 두려움이기 때문이다.

두 눈을 가지고 살면서 코앞을 보지 못해서 일어나는 일들이 얼마든지 있다. 그러니 다가오는 날의 불안도 어찌할 수 없는 것이 인간들의 삶이다.

차를 타고 가니 차로 인한 두려움, 물을 건너자니 물로 인한 두려움, 전염병이 돌면 병에 대한 두려움, 늙음의 두려움 등등 이루다 말할 수 없을 정도로 많은 두려움을 갖고 사는 것이 우리들 인간의 삶이다.

이러한 삶 속에서 상대에게 편안함을 준다는 것은 바로 무외시를 행하는 것이다. 그것이 무엇, 무엇만이 하는 것은 맞지 않다. 적어도 보살(대승 불교에서도 깨달음을 구하고 실천하는 모든 사람을 다 보살로 본다)은 중생을 위하여 진흙이든 물이든 그것을 가리지 않고 넘어야 한다. 이것이 보살이 행하는 것이요, 무외시를 행하는 것이 된다.

지계바라밀을 어떻게 행할 것인가?

지계바라밀은 글자 그대로 '계를 가진다'는 뜻으로, 보살이 실천에 있어서 계가 중요하다고 하겠다.

출가자에게는 처음에 오계(五戒)와 십계를 받는다. 나아가 '대승보살계 48계'를 받는다. 앞서 5계와 10계는 불문의 불제자로서 지켜야 할 계율이고, 대승보살 48계는 대승(大乘)을 행하는 보살로서의 덕목(德目)이 된다.

그런데 출가자는 이 계를 받고 또 하나의 계를 받는다. 바로 '비구계(比丘戒)'다. 비구(범어의 Bhikhu)는 20세 이상 성인 남자가 출가해서 일정한 기간이 지나면 받는 계로써 일명 구족계(具足戒)라고도 한다. 항목은 250가지나 된다.

이에 비구니(比丘尼)계가 있는데, 이는 곧 성인이 된 여자 스님을 의미하며 항목은 500개나 된다. 이런 모든 것들을 살펴보면 수행자가 지켜야 할 계를 세분해서 많아지게 된 것이다. 실제에 있어서 중요한 계는 10계 안에 다 포함되어 있고, 10계를 잘 지키면 수행자로서 큰 문제는 없다.

그런데 10계나 250계 등 왜 이렇게 많은 계율이 필요한 것인가? 만약 수행자가 금기하는 것이 없다면 수행자나 일반 사람이나 무엇이 다르겠는가? 적어도 인간의 본능이라 할 수 있는 욕구 욕망을 금하고, 또 이것을 지키려 하는 것이 곧 수행이 된다.

이는 앞서 언급했듯이 대승에서 보면 모두가 보살이 될 수 있다. 그렇지만 보살이란 스스로를 지켜야 한다. 스스로를 지키지 못하고서야 어찌 보살로서 중생을 개도해 나갈 수 있겠는가.

자기를 지킨다는 것은 여러 의미가 있다. 옛날 중국 선종의 역사를 보면 계도(戒刀)라 해서 칼을 차고 다녔다. 그 계도라는 것이 바로 계를 지키기 위한 칼이란 뜻이다. 따라서 계를 지킨다는 것은 곧 자기를 지킨다는 것이고, 자기를 지킨다는 것은 자기를 보호한다는 것이다.

일반 재가인도 마찬가지다. 계가 그들의 생활을 억눌리는 것처럼 된다면, 그들은 보살도를 행하는데 괴로움만 더할 것이다. 계란 승속(僧俗)을 막론하고 스스로를 보호하는 것이 된다.

부처님께서 이 계를 비유한 말씀이 있다.

어느 날 부처님께서 재가 신도들에게 계를 받을 것을 권고하였다. 그러나 재가 신도들은 계 받기를 꺼렸다. 계를 받으면 계를 지켜야 하는데, 계를 받지 않으면 지키지 않아도 되었기 때문이다. 또한 계를 받아 지키지 못할 것을 두려워하지 않아도 되기에 계 받기를 거부한 것이다.

그래서 부처님께서 법문을 통해 그들에게 설득했다.

"사막을 여행하는 두 나그네가 있었는데 몹시 갈증을 느끼게 되었다. 그 때 오아시스를 찾은 한 나그네는 이렇게 생각했다. '갈증은 심하지만 여기 옹달샘에 있는 물을 다 먹지 못할 바에야 얼마가지 않아 갈증만 더할 텐데 먹어서 무엇 하리' 하면서 먹지 않았다. 그러나 한 나그네는 오아시스의 물을 양껏 마셨다. 그리고 여행은 계속되었다. 앞서 다 마시지 못할 바에야 갈증만 더할 것이라는 생각으로 물을 먹지 않은 사람은 다음 오아시스를 만나기도 전에 죽고 말았다. 그러나 물을 양껏 먹은 사람은 다음 오아시스를 만나서 살아날 수 있었다."

부처님은 이런 식의 법문을 하며 그들에게 설득을 한 것이다. 즉 계를 받는 것은 물을 양껏 마시고 다음 오아시스를 찾아 목숨을 구명한 사람과 같음을 강조한 것이다. 바로 이와 같음이 계인 것이다.

그러니 보살이 보살행을 실천하는 것은 재시도 중요하고 법시도 중요하지만, 이 지계 또한 중요한 것이다.

인욕바라밀을 어떻게 행하는가?

인욕은 '참는다는 것'으로, 바라밀을 행하려면 인욕이 없이는 결과를 얻을 수 없다. 도를 구하는 데는 인욕이 으뜸이다. 이 인욕은 안으로는 자기를 이기는 인욕이 필요하고, 밖으로는 남으로부터 받는 온갖 모욕을 인욕으로 이겨 내야 한다.

부처님의 전생 설화를 보면 부처님이 바로 인욕보살이었던 것이다. 설산에서 고행하는 것도 인욕이었으며, 온갖 마군(魔群)으로부터 참아 내는 것 또한 인욕이었다. 이처럼 인욕은 수행자이든 재가 신도이든 간에 누구나 다 해당이 된다.

옛날 어느 농부가 잠시 시간을 내어 절에 가게 되었다. 그곳 주지 스님이 글을 잘 쓰는지라 스님에게 평생에 귀감이 될 수 있는 글을 부탁하기 위해서였다. 그래서 어렵게 글 한 장을 받았는데, 그 글이 '인지위덕(忍之爲德)'이라는 넉 자였다.

그 농부는 평소 성질이 매우 급한 사람이었다. 글을 써 준 스님은 그 시골 농부의 모습에서 그것을 알고 '인지위덕'이라는 글을 몇 장 써 준 것이다.

농부는 감사의 표시로 자기가 농사를 지은 참외를 갖다 드리면서 고맙다는 인사를 몇 번이나 한 뒤 그 글자의 뜻을 물었다. 그리고는 집에 돌아와 빙이며 마루, 부엌에까지 붙였다.

그러던 어느 날 멀리 외출을 하게 되었다. 농부는 집을 나서면서 하룻밤을 보내고 온다고 아내에게 말했다. 그런데 길을 나서서 얼마간 가다가 길이 끊어져서 중도에 집으로 돌아오게 되었다. 집에 와서 부인을 불렀지만 아무런 인기척도 없었다. 그래서 농부는 할 수 없이 대문을 넘어 집안으로 들어섰다. 그런데 이게 무슨 일인가? 자기 아내와 함께 머리를 깎은 사람이 한 이불을 덮고 나란히 자고 있었던 것이다.

순간 농부는 세상에 어찌 이런 일이 있을까 하는 마음에 화가 치밀어 견딜 수가 없었다. 그래서 곧바로 부엌에 들어가 식칼을 찾았다. 그 때 '인지위덕'이라는 글귀가 눈에 들어왔다. 순간 농부는 생각했다. 죽일 때 죽이더라도 얼굴을 확인해야겠다는 생각을 하고 방으로 들어가 이불을 들치고 자고 있는 두 사람의 얼굴을 확인했다. 머리를 깎은 사람은 다름 아닌 여동생이었다. 남편과 헤어진 여동생은 혼자 지내다 절에 들어가 승려가 되어 오빠 집에 찾아온 것이다. 그런데 오빠가 없어 올케와 함께 잠이 들었던 것이다.

만약 농부가 한순간을 참지를 못했으면 어떻게 되었을까. 이 일례에서 보듯 바라밀을 행하는 사람은 인욕이 제일이라 하지 않을 수 없다.

정진바라밀을 어떻게 행할 것인가?

정진바라밀은 글자 그대로 '정진을 해야 한다'는 것이다. 바라밀을 행할 때 보시나 지계, 인욕이 모두 필요하지만 정진 또한 중요한 것이다.

정진은 곧 수행과도 같다. 정진은 밀고 가는 힘과 같아서 원력을 세우고 목표가 서면 그것을 꾸준히 밀고 가는 것이다. 수행자가 바라밀을 행할 때는 꾸준한 정진의 힘이 있어야 하고, 정진하는 힘이 부족하면 힘을 길러서라도 계속해서 정진을 해야 한다.

석가모니가 전생에 동자의 몸으로 꿋꿋하게 수행한 것은 바로 정진력이다. 그것이 수행이고, 그로 인하여 500세 후에 대각(大覺)을 이룬 것이다.

선정바라밀을 어떻게 행할 것인가?

정진이 수행이라면 선정은 정신을 가다듬는 것이다. 정신을 한 곳에 모아서 정진하는 것을 참선(參禪)이라고도 하는데, 참선은 곧 선정을 의미하기도 한다. 선정은 정신을 하나로 집중시키는 것과 동시에 맑은 정신을 가져야 한다.

이 말을 바꾸어 말하면 바라밀을 행하는 사람은 늘 깨어 있어야 한다는 것이다. 늘 깨어 있지 않으면 지혜가 나오지 않고, 지혜가 나오지 않는 정진이나 선정은 무의미한 것이다.

선정이란 선의 과정에서 일어나는 삼매(三昧)라고 할 수 있다. 삼매란 어떤 정신 영역의 경지라고 할 수 있는데, 이것은 망상을 쉬고 심식(心識)이 맑아져 화두에도 몰입하는 것이다. 그렇지만 그 상태가 시간과 환경으로부터 초월한 요요자적(了了自寂)한 경지, 즉 너와 나라는 상대적 차별이 완전히 끊어진 상태에 들었을 때를 선정이라 할 수 있다.

지혜바라밀은 어떻게 행할 것인가?

지혜바라밀을 반야바라밀이라고도 한다. 반야바라밀은 이미 지혜를 증득한 것이라고 가정해 볼 수 있다. 앞서 선정이 삼매라면 그 삼매에서 울려나오는 것이 바로 지혜다.

이 지혜를 완성적 의미로 본다면 바라밀을 행하는 단계는 떠난 것이 되고, 지혜를 미완성이라고 본다면 아직 수행의 한 단계에 지나지 않는다.

그렇다면 보살이 바라밀을 행함에 있어 보시·지계·인욕·정진·선정까지만 해도 실천적인 것은 충분하다. 그런데 왜 여기에 지혜가 필요한 것인지 이해가 되지 않을 수도 있다.

이에 지혜라는 용어를 극대화해서 생각을 해 보고자 한다.

사실 수행의 궁극은 깨달은 것이고, 깨달음은 바로 지혜로 상징된다. 그렇다면 여기서 우리들, 즉 보살이 사바세계(苦海)에서 열반(彼岸)에 이르는 과정에 들어간 지혜는 깨달음으로 해서 미혹한 중생에게 제대로 인도해야 된다는 당위성이 있다.

그것은 마치 깨달은 사람이 둥실둥실 춤을 춘다거나 부처를 부셔서 군불을 지핀다거나 또는 중국의 방 거사 딸처럼 『화엄경』을 깔고 앉아 정진하는 것 등은 깨치지 않고도 흉내 낼 수 있다. 그렇지만 깨달은 분상에서 자유자재한 모습이 아닐 수 없다.

그래서 나는 이 지혜바라밀은 깨달은 분상에서 미혹 중생을 위하여 여러 가지 방편(지혜)으로 그들에게 보다 빠른 지혜를 얻게 하고, 구경에는 함께 성불을 할 수 있어야 한다는 것으로 지혜바라밀을 이해하고 싶다.

그러므로 지혜바라밀은 앞의 다섯 바라밀을 이끄는 바라밀인 과 동시에 바라밀의 완성을 의미한다.

불교는 인간학이다

    19세기 중엽부터 20세기 초까지 휴머니즘(humanism)이 전 세계에 영향을 미쳤다. 그렇지만 그 때는 휴머니즘적인 사회가 아니었기에 휴머니즘이 붐을 타지 않았나 하는 생각을 할 수 있다.
    이 시기에 우리 나라에서도 동학(東學)의 '인내천(人乃天)' 사상이 일어났다. 인내천이란 '사람이 곧 하늘이다'라는 뜻으로, '사람 위에 사람 없고 사람 아래 사람 없다는 오직 사람이 최고다'라고 하는 사상이 서양에서 일고 있는 휴머니즘 사상과 맥을 같이 한다고 말할 수 있다.
    그렇게 되기까지는 인간이 미개에서 점차 벗어나면서부터 그 동안 무조건 따르고 두려워하던 신(神) 중심의 사회에서 인간이 중심이 되는 인간 중심 사회로 변화했기 때문이다.
    신 중심의 사회가 종적(縱的)인 것이라면, 인간이 중심이 되는 사회는 횡적(橫的)인 삶이다. 횡적인 삶은 수평적인 것으로서 이 시대의 휴머니즘은 하나의 인간 운동이라 할 수 있다. 그것은 인간이 생각하는 동물로서 현실을 헤쳐 나가는 데에는 항상 두려움이라는 장벽이 앞을 가로 막았다. 그것이 서양의 역사이자 문화인 기독교관이 그것이다.

인간은 누군가로부터 창조되었고 또 그로 인한 그의 지배 내지는 가르침을 받지 않으면 안 되는 것이었다. 그런데 인간이 점차 머리가 깨이고 지식이 쌓이면서 믿음과 현실의 시점에서 좌충우돌할 수밖에 없었다. 그러다가 19세기 중엽에 이르러서야 세상에는 '인간이 최고다, 오직 인간이다.' 인간이 모든 것을 만들고 모든 것을 파괴한다는 것을 인식하게 되었다.

그 결과 신은 부정하게 되고 인간이 중심에 서야 한다는 당위성이 제기되었다. 그 배경에는 실존(實存)을 따르고 이해하는 사상가나 철학자나 사회학자 등이 많이 나오게 되었다. 이 때 신의 시대를 마감하고 오직 인간의 시대가 왔다고 외치는 사람이 있었다. 그가 바로 독일의 사상가 니체(Nietzsche, Friedrich Wilhelm 1841~1900)다.

니체는 "신(神)은 죽었다"라고 말했다. 그러나 이미 그 이전에 덴마크 실존주의 철학의 시조인 키르케고르(Kierkegaard, 1756~1855)는 윤리적 실존과 종교적 윤리 등을 발표하면서 "신(神) 앞에 단독자"를 부르짖었다.

니체의 경우 철저한 기독교 집안에서 그렇게 외친 것은 우연은 아니다. 그는 헤겔(Hegel, Georg Wilhelm Friedrich, 1770~1831)의 사상아래 당시 염세관적(厭世) 허무주의 철학자로 잘 알려진 쇼펜하우어(Schopenhauer Arthur, 1788~1860)의 사상 계승자라고 할 수 있다. 그 점이 바로 그가 신을 부정하고 인간 시대를 주창하는 것이 아닌가 한다.

그뿐 아니라 서양의 전통적 관습(idea)이 시대의 진보 변화에 어울리지 않으므로 해서 새로운 이데올로기(ideology)를 낳게 되었다고 본다. 이미 19세기 초에 실존주의를 부르짖은 키르케고르 역시 덴마크라는 사회가 철저한 기독교 문화를 받아들인 사회인 점을 감안 할 때, 그것은 그 사회의 당시 부패하고 타락한 덴마크를 향한 큰 외침이 아닐 수 없었다.

물론 거슬러 올라가면 그의 아버지와도 관계가 되는 일이기도 하다. 하지만 그는 의연히 신 앞에 홀로 서기를 갈망했던 것이다. 그리하여 '신 앞에 단독자'라는 하나의 의미로서 덴마크 사회의 고정 관념의 틀을 부수겠다는 강한 의지가 내포된 외침이다.

그럼 '실존(existence)'은 무엇인가?

인간 존재의 차원에서 인간의 주체적 존재의 의미를 보다 높여 부여한다고 할 수 있다. 그것을 실존주의자들은 실존은 "본질(本質, essence)에 앞선다"라고 말한다. 본질은 하나의 유기적 생태로서 현상에 존재하는, 즉 실존을 받쳐 주는 것쯤으로 여긴다.

"그럼, 무엇이 본질이며 무엇이 실존이냐?"하고 되묻는다면, 본질은 그 자체가 말하듯이 현상적인 것보다는 그 근원에 가깝다고 보아진다. 실존은 단순한 존재 자체의 의미보다는 인간의 가치성에서 그 어떤 형태나 본질을 그것보다 우월하게 여기고 있다. 그것이 어찌 되었든 인간주의를 표방하는 것만은 분명하다.

"그럼, 인간이란 무엇인가?"라고 묻는다면, "인간이란 생각하는 동물이다"라고 말할 수 있다. 그러나 이것은 각 나라마다 표현의 차이가 있을 따름이다.

한국에서는 '사람', 영국이나 미국에서는 '맨(man)' 또는 '휴먼(human)'이라 하고, 인도에서는 '마누스(manus)'라고 한다.

중화 한자권에서는 '인(人)' 자로 쓴다. 이 '인' 자가 발전을 해서 '인(仁)' 자로 성장을 한다. 우리 나라에서는 '어질다'는 뜻으로 해석한다. 하지만 유교(儒敎)의 본산인 중화권에서는 절대적 '인'으로 받아들여 '사랑'이라는 것으로도 이해되고, '휴먼'도 되고 절대적 가치 '도덕(moral)'이 되기도 한다.

이것을 불교적으로 본다면 '자비'로도 보고 또한 '도'라고도 볼 수 있다. 이것을 노자(老子)의 사상으로 본다면 '명(明)'과 같은 것이 된다.

무엇보다도 한자는 뜻글이니만큼 '人' 자나 '仁' 자는 공통점을 가지고 있다. 이는 사람 '인' 자도 사람이 서로 기대 서 있는 모습이고, 어질 '인' 자 역시 두 사람이 나란히 있는 모습이다. 따라서 인간은 홀로 존재할 수 없다는 뜻과 함께 두 사람이 함께 해야 모든 것이 완성된다는 뜻으로도 이해할 수 있다.

두 사람은 완전함을 암시도 하기 때문에 절대적 가치를 표현하는 의미의 글로 쓰고, 이것이 실존주의자 그들이 내세우는 '실존'인 것이다.

이러한 역사성 속에서 인간은 점차 그 실체가 뚜렷해지며, 인간이라는 당위성이 사회적인 것에 맞추기도 하고 도덕적이 것에 견주기도 한다. 그런데 불교는 인간에 대해 보다 실천적인 것을 제시한다.

석가모니가 말하였듯이 "너희들도 나와 같이 하면 나와 같이 될 수 있다"는 것이다. 이것은 인간의 무한한 가능성을 일깨워 주는 말로서 "인간이란 누구나 불성을 가지고 있다(一切衆生實有佛性)." 인간의 가능성은 완성되지 못한 현실을 가지고 있다는 것을 내포하는 것으로서 『소품반야경』에 따르면, "수보리야 세상만사

목어. 불가의 사물(四物) 중 하나로 늘 깨어 있는 수행자를 의미한다

에 대하여 걸림이 없기를 배우는 사람, 또 세상만사를 있는 그대로 투철하게 알게 되기를 배우는 사람, 이런 사람을 보살이라 한다"라고 했다.

부처님의 경전에는 수많은 보살(Bodhisattva, 깨달은 사람)이 등장한다. 보살이라는 한 대상을 등장시켜 인간이 가야 할 길을 인도하는 인도자의 역할을 하고, 궁극에는 그 주체가 바로 인간인 것이다.

그러기에 보살과 중생이 따로 있는 것이 아니다. 보살이 곧 중생이요 중생이 곧 보살이다. 이것을 한 단적으로 보이는 것이 "보살은 중생을 위하여 물 속이든 진흙 속이든 가리지 않는다"라고 말하고 있다.

이러한 모든 것을 불교의 『화엄경(華嚴經)』이 잘 말하고 있다. 『화엄경』 입법계품(入法界品)에는 선재(善哉)동자를 등장시킨다.

선재는 글자 그대로 어린아이를 말한다. 아직은 인간이 무엇인지를 모를 그런 나이다. 이러한 어린 동자를 통해 세상을 익혀 가는 과정에서 수많은 선지식(善知識)을 만나게 되는데, 처음은 지혜의 상징인 문수(文殊)를 대한다.

이것은 무엇을 의미하는가? 문수는 지혜를 상징하는 보살이다. 즉 인간이 되기 위해서는 먼저 지혜를 얻어야 함을 의미한다고 할 수 있다. 그리고 선재가 그 지혜를 얻기 위해서 여행하는 과정에 수많은 선비나 이교도를 만나고 사창가에도 가게 된다.

이것은 사람이 되어 가는 과정이 경험으로만 가능하다는 것을 보이는 것이다. 그리고 마지막 장면인 미륵(彌勒)보살을 만나서 손가락의 일탄(一彈)을 맞게 된다. 이로 인하여 지금까지 그가 얻은 여러 가지 가르침을 일시에 잃어버리게 되는 결과를 초래한다. 이에 선재는 그 자리에서 주저하지 않고 처음 찾은 문수보살을 찾아 문수의 법문(法門)을 듣고서야 크게 깨닫게 되는 것이다.

이것은 인간이 되기 위한 모든 과정 속에 시작과 끝이 있고, 시련이 있다는 것을 보여주는 것이다. 그래서 '불교는 인간학이다'라고 감히 말하는 것이다.

기도와 참회

　인간은 불확실한 데서부터 시작되었다. 인간은 어떠한 지위를 얻거나 어떠한 삶을 살던지 간에 불안하기 그지없다. 부처님의 가르침을 빌리면, 인간은 불완전한 하나의 업(業)이라는 매개에 의해서 사람의 몸을 받은 것에 불과하다.
　그러기에 누군가에게 의지해야 하고, 어디에선가 도움을 주길 바라는 마음이 있다. 이것이 인간이다. 아무리 과학이 발달되고 만능 컴퓨터가 보편화되는 세상을 살고 있고, 쇠창살을 겹겹이 에워싸고 이중 삼중으로 방범망을 갖춘다 해서 우리의 마음이 편하다고 할 수 있을까?
　그러므로 불가에서는 불안에서 벗어나기 위해 보시(布施)를 많이 하도록 가르친다. 이 보시는 재물을 내면 재시(財施)가 되고, 진리를 베풀면 법시(法施)가 되며, 두려움에서 벗어날 수 있도록 용기를 베푸는 것은 무외시(無畏施)가 된다.
　예를 들어 돈이 너무 많아 걱정인 사람은 돈을 이웃에게 나누어준다면, 그것이 두려움에서 벗어나는 지름길이 될 것이다.

  부처님의 가르침은 언제나 불안한 우리들로 하여금 그것을 벗어나게 하는 무외시 아님이 없다. 그러기에 보시도 필요하고 기도도 필요하다. 기도란 글자 그대로 '빌고 바란다'는 것으로써 무엇을 기대하거나 무엇을 바란다는 뜻이다.

  그런데 예전 사람들과 요즘 사람들의 기도 방법은 조금 다른 데가 있다. 예전엔 두 손바닥을 모으고 손바닥이 닳도록 싹싹 문지르거나 또는 양손을 떡 벌리고 위로 치켜들어 앞으로 당겨 모아 엎드려 기도를 했다.

  그런데 요즈음은 그런 모습으로 기도하는 사람은 잘 보이지 않는다. 그렇지만 그것은 크게 문제될 것이 없다. 기도는 결코 어떠한 행위에 있다고는 할 수 없으며, 지극히 마음을 한곳으로 모으고 그것을 염원하는데 있지 않을까 생각한다.

  기도를 할 때는 반드시 처소를 잘 선택해야 할 뿐 아니라 부처님과 보살상 앞에서 해야 한다. 그런데 그렇게 하지 않고 허공을 향해 기도하는 것은 잘못된 기도이다. 또한 캄캄한 곳을 찾아서 한다거나 바위틈이나 나무 동굴 등에서 한다면 자칫 샤머니즘에 빠져 몸과 마음을 황폐하게 할 수도 있다.

  그러므로 기도하는 방법이나 자세 등을 자세히 알아서 진실 되게 기도해야 한다. 물론 기도하는 내 자신이 신앙심이 깊으면 그 땐 조용한 방이나 처소가 크게 문제 될 것이 없다.

  그렇다면 기도는 어떻게 해야 할까?

  기도의 근본이 있다면 그것은 일념이다. 한 생각을 고요히 가지고 계속해야 한다. 예를 들어 왕생극락을 염원한다면 지극한 마음으로 아미타불을 열 번만 외워도 극락에 이를 수 있다.

불가에서는 근기를 상·중·하로 나누는데, 대개 근기가 수승하지 못할 때는 염불기도를 많이 한다. 염불은 부처님을 생각한다는 말로서, 부처님이나 보살의 명호를 외우는 것이다. 물론 『천수경』을 비롯한 상용적인 글귀들이 많이 있다.

염불기도를 하는데 있어 크게 3가지의 의미를 부여한다면,

첫째, 마음을 편하게 해 준다.

둘째, 바라는 바를 성취하게 해 준다.

셋째, 알게 모르게 지은 업장을 소멸할 수 있게 한다.

절에 오래 다닌 불자도 기도의 본뜻을 잘 이해하지 못하는 경우가 있다. 그뿐만이 아니라 불교의 근본 진리를 왜곡되게 알고 있는 경우가 많다. 지나치게 선불교(禪佛敎)만을 추구한 결과 부처님의 진실 된 말씀을 소홀히 하는 경향도 있다.

이 모두가 중용의 태도를 취하지 못하고 편벽된 자아관(自我觀)을 가지고 있기 때문이다.

불자라면 어느 것도 치우치지 않는 열린 마음을 가져야 한다. 산 모습 그대로, 물 흐르는 모습 그대로를 보아야 한다. 그래야 부처님의 진면목을 볼 수 있다.

내가 아는 큰스님들의 대다수가 기도를 많이 하였고, 그 기도의 가피력으로 도업을 성취하고, 나아가 중생들에게 인생의 바른 길을 열어 주셨다. 더 정확히 말하면 기도를 하지 않은 스님은 한 분도 없다는 것이다.

근세 무욕무심의 경지로 많은 후학에게 영향을 준 해월 스님은 출가해 행자 과정 시절 공양간에 불을 지피면서도 얼마나 긴 염불삼매(念佛三昧)에 빠졌던지 사찰 경내가 온통 밥 타는 냄새로 진동했다는 일화가 있으며, 경보 스님의 보문사의 기도 가피설화,

경봉 스님의 천수주력 이야기, 성철 스님의 능엄신주(楞嚴神呪) 등 이루다 헤아릴 수 없을 정도다.

많은 사람들이 기도를 함에 있어 지장기도를 해야 좋은지, 관음기도나 천수기도를 해야 좋을지 등을 질문한다. 그러나 기도는 기도를 한다는 그 마음가짐이 중요하다.

지장보살 명호를 외는 기도는 지장보살의 서원이 한 중생이라도 지옥에 남아 있는 한 성불하지 않는다고 하시듯 업장을 소멸하고 망령(亡靈)을 천도하는 것이다.

관음기도는 현세의 고통을 관하여 그 소리를 들어 준다는 것으로, 중생으로 하여금 이고득락(離苦得樂) 또는 발고여락(拔苦與樂)을 뜻한다. 발고여락이란 불교의 자비 사상을 잘 표현한 말로서 관세음보살의 원이 바로 이것이다.

그러나 기도를 하는 우리로서는 명호에 너무 치우칠 필요는 없다. 어느 한 경지에 이르면 관세음보살을 찾는 것이나 지장보살을 찾는 것이나 모든 기도의 힘은 나 자신으로부터 나온다는 사실을 알게 된다.

이렇듯 보살과 내가 하나가 되어 보살이 내가 되고 내가 보살이 될 때, 이것이 화엄경으로 보게 되면 꽃의 세계요 장엄의 세계며, 보살의 출현이 나와 먼 것이 아니라 바로 나이다. 그런데 이것이 이(理)와 사(事)가 하나가 되는 원융무애법계(圓融無碍法界)를 이루는 것이다. 때문에 기도를 많이 해야 한다.

기도하는 속에 불교가 있고, 기도하는 속에 진리가 있다. 기도하는 속에 열반을 얻을 것이다.

기도란 빌고 바라는 것이다. 오직 그것만이 전부라 생각한다면 굳이 절에 나올 필요가 없다. 나무나 돌맹이 등에 기도한들 무엇이 문제가 되겠느냐?

기도는 지극해야 되고, 기도는 나와 대상이 하나가 되어야 하고, 그것이 나아가 이웃이 되고, 사랑이 되고, 둘이 되고, 열이 되며, 천이 되어 천수천안자재보살(千手千眼觀自在菩薩)이 되어 내가 이르는 곳마다 관음보살이 화현하듯 가는 곳곳마다 불국토가 되어 청정도량을 이룬다면, 이것이 바로 기도의 궁극이 된다.

그러므로 기도는 우리 스스로를 청정케 하고 미혹에서 벗어나게 하여 유유자적한 삶을 살 수 있게 한다.

이것은 마치 크나큰 서원을 가지고 중생을 제도하고자 높은 바위에 걸터앉아 다라니 주문을 외우고, 그 주문의 힘이 바람에 실려 가는 곳마다 가피를 함께 하여 많은 중생으로 하여금 이로움을 준다면, 이것이 바로 진리의 보시(布施)요 행복을 주는 보시가 아니고 무엇인가?

불교는 기도에서부터 시작되어 기도로부터 성취되고, 기도로부터 가피를 나누고, 기도로부터 두려움까지를 벗어나는 무외시(無畏施)가 된다. 그래서 헤일 수 없는 수많은 보살이 하나가 되며, 때론 꽃이 되고 감로가 되니 이것이 바로 나 자신이다.

그런데 기도에는 빠질 수 없는 한 가지가 있다. 바로 참회(懺悔)를 말한다. 참회란 죄를 뉘우치고 용서를 청한다는 뜻이다. 인간은 남녀노소를 막론하고 죄업을 지어 왔고, 지금도 짓고 있다고 할 수 있다.

그런데 불교에서는 일체중생실유불성(一切衆生悉有佛性)이라 해서 모든 중생과 미생물에 이르기까지 불성이 있다고 하였다. 심지어 무정물에도 불성이 있다는 설이 있을 정도다.

그렇다면 우리의 발에 치여 죽는 중생이 얼마만큼 되겠는가?

이를 생각하면 참으로 아찔하지 않을 수 없다.

참회란 마치 좋은 음식을 담기 위해 그릇을 깨끗이 씻는 것과 같다. 아무리 맛있는 음식을 담았던 그릇이라 할지라도 씻지 않은 그릇에 다른 음식을 담으면 그 음식이 제 맛을 낼 수 없다.

우리 인간은 알면서 죄업을 저지르거나 모르고 저지르는 죄업이 참으로 많다. 따라서 다른 어떤 중생보다도 참회를 많이 해야 하는 것이 인간이다.

참회란 이참(理懺)이 있고 사참(事懺)이 있다. 이참은 정신적 참회를 뜻하고, 사참은 사실적 참회에 가깝다. '참'은 죄를 용서하여 참는 것 같이 다른 사람에게 청하는 것이고, '회'는 과거의 죄를 뉘우치고 불보살과 사부대중에게 고백하는 것이다.

불가에는 포살(布薩)과 자자(自恣)가 있는데, 포살은 매월 한 달을 반으로 나뉘어 지나간 반 개월 동안의 행위를 반성하고 죄가 있으면 고백하고 참회하는 행사를 말한다. 이는 불교 교단의 벌칙을 모두 외우는 것이 본래의 제도이다.

그런데 만일 장애가 있으면 일부만 외울 수도 있다. 재가인들은 신심을 청정하게 하고자 8가지 재계를 지키고 선행하는 날을 정한다.

8재계는 8정도를 이르는데 이를 포살이라고 한다. 그리고 안거 최종일에는 자자가 행해진다. 자자란 수의(隨意)라고도 하며 견문의(見聞疑), 즉 보고 듣고 의심나는 것에 자기가 범한 죄과를 대중에게 고백하고 참회하는 것을 말한다.

이것은 현재도 산문에서는 이루어지고 있다. 대중 스님들 앞에서 큰절을 하며 참회를 하고, 또한 법당에서 108배나 3천 배 등을 하며 나아가 참회로서 온당치 않을 땐 산문출송(山門出送 : 옷을 벗겨 쫓아냄)까지 이루어진다.

사참이란 예배하거나 경을 외고 신구의(身口意)를 청정히 하는 것이다. 이참이란 실상의 이치를 생각하며 죄의 체가 본래 무생임을 관하는 것인데, 상품(上品)·중품(中品)·하품(下品)이 있다. 모공(毛孔)과 눈에서 피가 나오면 상품에 해당 되고, 모공에서 피가 나고 몸에서 열이 나면 중품에 해당 되며, 전신이 미열로 눈에서 눈물이 나면 하품에 속하게 된다.

이렇듯 참회를 세분하는 뜻으로 받아들이면 된다. 앞서 언급했듯이 마치 음식을 담을 때 깨끗한 새 그릇에 담았을 때 음식이 맛이 나는 것처럼, 우리들 마음에 조금이라도 죄업을 남기지 말고 깨끗한 그릇 그 모양으로 그대로 씻도록 해야 한다.

그런 의미로 『화엄경』 보현행원품에 있는 참회게에는 이런 내용이 있다.

我昔所造罪惡業	내가 옛날에 지은 죄업 탐진치
皆由無始貪瞋痴	삼독을 말미암은 것이니
終身口意之所生	신구의 삼업으로 난 바를
一切我今皆懺悔	이제 다 참회하옵나이다.

아무리 사소한 것일지라도 참회하지 않고 그냥 덮어두면 그것은 마치 작은 불씨를 소홀히 여긴 것과 같은 것이며, "바늘 도둑이 소 도둑 된다"는 속담처럼 시작은 작을지라도 결과는 참으로 무서운 것이다. 그래서 진정한 참회가 선행되어야 비로소 용서도 있고 화해도 있는 것이다.

오늘날 우리 사회는 아무리 큰 죄과를 저질러도 진심로 참회할 줄 모르고. 그저 남의 탓만 하는 풍조가 만연하고 있다. 이러한 풍조가 계속 되면 우리의 내일은 없으며, 서로 죽고 죽이는 살상만이 계속되어 종말에는 인류를 비극으로까지 몰고 가게 된다.

  그런데 벌써 그런 징후는 이곳저곳에서 나타나고 있다. 그러기에 기도는 우리들의 정신을 맑게 해 주고, 참회는 우리들에게 영원한 생명으로 다시 살아갈 수 있는 힘이 되는 것이다.

변화에 순응하자

　세상은 변화하고 있다. 변화하지 않는 것은 아무것도 없다. 이렇게 시시각각 순간순간 변화하는 길 위에 우리는 서 있다.
　그렇다면 무엇이 변화하는 것인가? 물질이 변화하는 것인가? 정신이 변화하는 것인가? 물질도 변화하고 정신도 변화한다. 변화하지 않으면 존재의 의미마저 무너질지 모른다는 생각을 하지 않을 수 없다.
　이 변화를 개혁(改革)이라는 의미와는 다르지만 궁합은 잘 맞는 편이다. 개혁을 하려 하니 변화해야 하고, 변화하려 하니 개혁해야 한다는 것이다.
　이때 변화의 주체는 정신이 되어야 한다. 변화는 억지로 하려고 해서 되는 것이 아니고, 하지 않을 수도 없는 것이 변화이다. 이것은 봄이 오면 봄을 맞는 마음이 변화할 수밖에 없는 마음이다. 이것을 받아들이지 않으면 그것은 도태된 삶이자 삶의 가치마저 잃어버리게 된다.

80년대 우리 사회가 민주주의의 꽃을 피우기 시작한 이래 20년이 훌쩍 지났다. 하지만 이 땅에는 아직도 민주주의가 자리 잡지 못하고 있다.

그렇다면 무엇이 민주주의냐? 민주주의는 수평적인 권력이어야 하고, 권력을 가진 자나 평민이 수평적이 되어야 하고, 생각하는 이념도 수평적이 되어야 한다.

그러자면 권력이 있는 사람은 권력은 최소화 하고, 그 나머지는 모두 국민에게 돌려 줘야 한다. 그런데 권력의 분배가 이루어지지 않는데 어떻게 민주주의가 정착을 하겠는가.

혹자는 말하기를 과거 권력의 독재에 비하면 많이 좋아졌다고 말하기도 한다. 그러나 필자가 보는 시각은 좀 다르다.

언론의 길은 좀 열려 있는지는 모르지만 아직도 민주주의는 제대로 자리 잡지 못했다. 여러 정황이 있겠지만, 과거에는 제왕적 통치 시대로서 권력이 한 사람에게 집중되어 있었다. 그러나 지금은 분권이 비교적 잘 되어 있다.

따라서 대통령 유고시에도 나라가 갑자기 혼란스러워지거나 적이 침범해 올 때 나라의 안위를 지킬 수 있다. 이 사실이 바로 권력이 과거와 같이 한 사람의 중심 체제가 아님을 말하고 있다.

보통 사람들이 생각할 때는 권력자가 권력의 위치에 있는 것만으로도 불평등한 사회를 산다는 생각을 가질 수 있다. 그들은 권력을 누릴 건 다 누리면서 무엇으로 민주주의 한다는 말인지 이해가 되지 않는다. 적어도 권력 위치에 있다는 그 자세만으로도 보통 서민의 부러움과 시샘을 받을 수 있기 때문이다.

우리 사회도 과거 독재와 항거를 했고, 그래서 민주화 투쟁을 위해 감옥에 몇 번 갔다 온 것을 자랑스럽게 말하곤 한다. 그렇다면 그 자랑스러움을 자랑스럽게 간직했으면 더욱 고마운 일이다.

그런데도 그들은 권력의 정점이나 그 주변에 맴돌고 있다. 그 자체를 문제시 하지도 않는다. 독재와 싸웠다는 목걸이를 두르고, 그리하여 권력을 돌려받고 권력의 정점에 있다.

이것도 다 좋다. 그런데 독재 권력에 맞서 싸운 투사의 정신은 어디로 갔는가. 지금 이 나라는 국민을 속이고, 받아서는 안 될 뒷거래로 개인의 배를 채우는 민주 인사 권력자가 너무 많다.

또 그런 사람들이 권력의 정점에 서기 위해 검은 양심으로 겉모양만 양가죽을 둘러 쓴 채 국민을 속이고, 자기 배를 채우기 위해 거짓으로 일관되게 상대를 헐뜯거나 짓밟고, 권력의 빛을 향해 찾아드는 것이 마치 부나방이 제 죽은 줄 모르고 불꽃을 찾는 것 같아 안타까울 때가 많다.

지금은 변화하고 있다. 이 변화하는 사회에 잘 적응하려면 과거를 팔아 오늘 살기를 바라지 말고 현실이라는 바탕에서 사무치게 생각해야 한다. 또한 그에 맞는 실천이 필요하다.

나는 예전부터 청와대와 근접한 지형에 살아온 관계로 청와대 앞뒤나 옆길을 많이 다니게 되었다. 그런데 그 때마다 항상 느끼는 것이 있다.

민주주의를 한다는 사람들이 민주주의의 참뜻을 모르지는 않을 텐데 과거 왕조 시대보다 더 큰 궁궐 같은 청와대를 살고 있다. 그것도 모자라 수천 명이 넘는 군인이 한 권력의 정점을 호위한다는 것, 그것이 바로 민주주의가 아니라 민주라는 깃발을 걸고 민중 위에서 호화롭게 군림하는 것이 아니고 무엇이겠는가?

앞서도 언급하였지만 과거의 혼란기에 정점의 일인이 군림하고, 그로인하여 그 한 사람이 나라의 운명이 걸린 그런 시대는 이

제 지났다.

 모든 정보를 서로 공유하고, 남한에서 북한의 실정을 손바닥 보듯 다 보고, 북한 역시 남한의 기업들을 유치하는 시대에 접어들었다.

 정치적으로도 분권이 이미 자리를 잡았다. 그런데 왜 정치에 국력을 탕진하는지 이해가 되지 않는다. 제대로 민주주의를 하겠다면, 지금 당장이라도 청와대에서 나와 국민의 공복자로 의무에 충실했으면 한다. 현재 그 자리는 서울 시민이 사용하는 역사 기념 공원 정도로 이용이 되었으면 하는 바람이다.

 거듭 말하지만 정(政)치는 정(正)이라고 공자도 말했다. 권력의 문턱에 들어서면 권력 하나에 만족해야 한다. 왜 그 권력을 이용해 부당하게 부를 취하려고 하는가.

 그러고서도 어찌 이 나라 민주주의가 어떻고, 과거 독재자가 어떻고 할 수 있느냐? 과거 60~70년대 독재 정점에 있었던 사람은 국민을 잘 살게 했다는 명분과 독재도 있었다.

 하지만 그는 개인의 치부나 허물은 없었다. 그런데 오늘날 과거 독재와 싸웠다 해서 뇌물이나 먹고, 개인 치부를 한 자들이 그를 지탄할 수 있느냐 하는 것이다.

 국민은 지금 변화를 요구하고 있다. 이 변화는 국민을 팔고, 민주주의를 팔아서 국민을 속이고, 뇌물을 받음으로써 국민의 혈세가 낭비되는 것을 원치 않는다.

 때가 되면 권력을 향해서 머리를 조아리길 바라지도 않는다. 그저 국민을 위해 공복이 되겠다고 했으면 그 맡은 바 충실해 주기만을 바랄 뿐이다.

 이것이 변화하는 것이고 개혁하는 것이다. 개혁만 부르짖는다면 이것도 구호에 지나지 않는다. 개혁은 외치는 것이 아니라 조용히 실천하는 것이다. 이러한 시점에 살고 있는 우리는 어떻게 어떤 자세로 살 것인가?

아무런 이유 없이 단지 권력에 있다는 사실만으로, 정치를 한다는 이유만으로, 재물이 많다는 것 때문에 무조건적으로 폄하하는 말을 하고, 적대시하면서 좋지 않은 시선으로 본다면 민주주의 시민으로 성숙되지 못한 것이다.

잘못된 것은 호되게 꾸짖을지언정 국민의 민복을 위해 애쓰는 모습을 보일 때는 아낌없는 박수를 보내야 한다. 그들도 우리 사회의 한 일원이기 때문이다.

모두가 서민이고, 모두가 권력자이고, 모두가 재벌일 수는 없다. 이것은 마치 흙이 있고 물이 있고 바람이 있고 열이 있는 것과 같다. 또한 그것으로 인해 상생하고 다시 되돌려 주는 것과 자연 순환의 법칙과도 같다고 할 수 있다. 이러한 모든 것이 잘 조화된 사회가 진정 민주 사회가 아닌가 생각한다.

이성과 감성

흔히 서양인을 합리주의(合理主義, rationality)적이라고 말한다. 그런데 합리는 이성(理性)에서 나오고 이성은 합리에 가깝다.

반면에 동양인은 이성보다도 감성(感性, sensitive)이 앞선다. 동양의 예의와 도덕이 감성에서 나온다면, 서양인의 에티켓은 사회 윤리(social-moral)이다. 이것이 이성의 바탕이 되어 한 축(community)을 이룬다면 동양적인 감성은 본능으로 돌아간다.

무엇이 옳고 무엇이 그르다 말할 수는 없다. 다만 그 시대 상황이 다르고, 그 다른 시대 상황 속에서 변천해 갈 뿐이다.

이웃 나라 일본은 60년 전만 해도 도덕적 보다는 승리가 우선하였다. 그러기에 그들은 이웃 나라를 침략해 세계를 정복하겠다는 야심을 가지게 되었다.

그러나 일본은 지금 일부 내셔널리즘(nationalism)에 빠져 있는 사람도 있지만, 다수의 사람들은 승리의 탐착(貪着)보다는 보편의 합리성과 본능(本能, id)의 감성으로 돌아와 있다.

그런데 감성은 본능에 가까운 것이고, 도덕의 우월성이 있는가 하면 그것으로 인해 오버 컨트롤을 하게 된다. 이것이 한국인의 한 단편적 모습이 될 수 있다.

가령 어떤 한 사람이 어제 술 한 잔에 취해 취한 듯 마는 듯하여 이웃에게 큰 피해를 줬다. 그런 그가 다음 날 아침 또다른 이웃의 상가(喪家)를 찾아갔다. 누가 초대하지도 않았지만 스스로 상가를 찾아간 것이다.

그는 가족이나 직장 동료 등 상주와는 아무런 관계가 없지만 단순히 이웃이라는 생각으로 상갓집을 찾았고, 망자를 대하며 숙연했으며 상주에게도 위로의 말도 빠뜨리지 않았다.

이러한 일련의 모습들이 어젯밤 일을 생각한다면 그것은 거짓이고 위선에 꽉 차 있다고 볼 수 있다. 그렇지만 결코 그렇지 않다. 바로 이런 모습이 진짜 한국인의 모습인 것이다.

이것을 피카소는 두 얼굴의 모습을 그린 그림을 통해 많은 사람들에게 감명을 주기도 했다. 바로 인간이 가지고 있는 선과 악이라는 두 개의 본능을 보여 준 것이라 할 수 있다.

사람이 살아가는 방법과 느낌은 고대 시대나 중세나 근대, 현대와 크게 다르지 않다. 예전에는 예전 방식대로 살고, 요즘은 요즘 방식대로 살 뿐이다.

현대는 컴퓨터나 전기, 전화 등이 없어서는 안 될 정도로 중요하다. 그래서 우리들의 삶에 큰 영향을 미친 것도 사실이다. 하지만 옛날은 그 시대의 환경에 맞추어 그 형편대로 산 것이다.

이것을 오늘날 관점에서 본다면 옛 사람들은 웃는 사람들이 없어야 하지 않을까? 그런데 그렇지 않다. 수 천 년 전 신라인의 미소가 그것을 말해 주고 있다.

원효(元曉) 스님은 "삶이 싫어져도 죽기는 어렵고, 죽지 않으려 해도 사는 것 또한 괴로워라"라고 했다. 이처럼 사람이 사는 사회는 고금이 없다. 다만 시간과 공간, 환경적 변화에 따라 모습도 다르고 삶의 방식도 다르다는 것이다.

영국 사람은 콧대가 높고 콧구멍도 크다. 그것은 그 나라의 기후적 환경에 의해 그렇게 진화되어 갔을 뿐이다. 그러나 진화는 자연적인 것만은 아니다. 인위적으로도 진화를 한다.

동양의 어떤 나라에는 여자의 목을 길게 하기 위해서 어려서부터 목에 긴 스프링을 채운다. 이것은 인위적으로 여성의 아름다움과 그 지방의 기후나 풍토에 맞추어 진화를 해 나가는 것이다.

그러하기에 한국인은 한국이라는 특수한 지형, 삼면이 바다로 둘러져 있는 가운데 양 옆에는 러시아와 중국이라는 거대한 국가가 하나의 날개처럼 우리를 감싸고 있다. 그리고 바다 너머에는 마치 바다 위에 설계된 거대한 제방처럼 가로막은 일본이 있다.

이러한 주변의 환경 속에서 우리의 의지와 다른 남과 북이라는 이념의 고리가 작은 나라를 더욱 작게 만들었다. 이러한 현실은 동족 간의 큰 아픔이 아닐 수 없다.

이 모든 것이 개인이든 국가든 간에 지리적 풍토, 이념적 한계성이 만들어 낸 것이다. 누구에게 무엇을 어떻게 하기 전에, 우리에게 주어진 영향을 스스로 극복하는 외에 다른 방법이 없다.

앞서 '감성적 민족'을 언급하였지만, 이 감성은 이성에 앞서 본능에 가깝다. 오늘날 이념의 저편에서 흐느끼는 북쪽 주민들에게 이념의 벽을 넘어 우리는 하나의 민족, 하나의 동질성으로 그들의 아픔을 함께 하는 것이다. 그것이 바로 '용천역 대폭발 사고'가 아닌가 생각한다.

오늘의 현실을 생각하며…

　언제부터인가 우리 사회는 서로를 불신하고 저(他)의 가치마저 부정하고 또 부정하여 그 존재마저도 짓밟아 버리려는 수구보수(守舊保守)니, 진보개혁(進步改革)이니 하면서 서로가 서로를 경멸하는 용어가 일상생활처럼 우리와 함께 하고 있다.
　이러한 용어의 저변에는 부패하고 비도덕적이며 앞으로 나아가지 못하고 발목만 잡는다는 생각을 하는가 하면, 또 한쪽에서는 경험이 부족하면서 그저 개혁만 외치는 자들로 매우 위태로운 집단쯤으로 여기는 사회를 우리는 살고 있다.
　이것은 한 시대의 조류(潮流)에 불과하다. 지금 경제가 넉넉하고 민주주의가 자리를 잡아 수구도 따지고 진보도 내세우는 것 같아 보인다. 하지만 이것은 시대상 한 표현의 흐름일 뿐이다.
　말하자면 큰 사상의 변천이나 혁명적 사회 틀의 변화도 아닌 자연스러운 시대 현상일 뿐이다. 옛 것이 없이 현재가 존재할 수 없는 것처럼, 반드시 젊음의 상징인 진보니 개혁이 필요하나.

따라서 수구적인 생각을 가진 사람도 필요하다. 진보와 개혁이 젊은층에 어울리는 것은 그들이 자연스럽게 앞을 나아가는 희망과 긍정이 있기 때문이다. 또한 수구적 생각으로 과거를 중요히 여기는 것도 그들의 경험을 통해서 우러나오는 자연스러운 현상이다.

만약 진보나 개혁적인 것만 다 옳다고 여긴다면, 이 사회는 뿌리도 없는 나무에서 그 열매만을 중히 여기는 것과 같다.

예컨대 오늘날 20~30대 젊은이들이 과거 일본 강점기 시대를 산 사람들을 제대로 이해하겠으며, 동족 간의 피를 흘린 전쟁사를 그들처럼 이해하겠는가?

체험하지 않은 피상적 사고는 현실성에 빗나갈 수밖에 없다. 비록 그들이 체험적 과거를 견뎌 내지는 않았다지만, 희망과 꿈으로 가득한 젊은이들의 진보와 개혁의 외침도 그냥 지나칠 수 없는 하나의 결실이라고 평가할 수 있다.

과거도 중요하고 체험도 중요하기 때문이다. 그리고 사업을 하거나 정치를 하든 아니면 미래를 개척하든 지나친 안전, 즉 수구적 생각만으론 큰 결과를 기대하기 어렵다.

그러므로 젊음과 늙음의 과정이 자연스럽듯 보수적인 생각을 가진 사람도 있어야 하고, 진보와 개혁을 외치는 사람도 있어야 한다. 그러니 서로가 불신할 것이 아니라 서로 인정하면서 양극단의 조화를 잘 이룬다면 우리 사회가 더욱 발전하지 않을까 생각을 해 본다.

부처님께서도 양극단에 치우치는 것을 경계하셨다.

부처님께서는 어느 날 매우 열성적으로 수행을 하는 소나(守籠那)라는 수행자를 대하며 "과거에 무엇을 주로 하였느냐"라고 묻자, 그는 "거문고를 뜯었다"라고 대답했다. 그러자 다시 부처님께서 묻기를 "줄을 강하게 당겼을 때와 느슨하게 하였을 때가 어떠하더냐?"고 물었다. 이에 그는 "소리가 좋지 않아요."고 대답했다. 그 때 부처님께서는 "공부도 그와 같아서 중도를 취하면 소리가 좋듯이 공부도 한 극단에 취우치지 말고 중도를 취하라"는 말씀을 하였다.

우리 사회도 이와 같아서 극단에 치우치지 않고, 서로 배척하지 말고, 잘 조화를 이루어 나가면 어떨까 하는 마음 간절하다.

안다는 것에 대하여

안다는 것은 스스로의 자신감에서 나오는 말이다. 또한 알고 있다는 사실을 남 앞에 은근히 과시하는 점도 내포하고 있다. 그렇지만 안다는 것은 자만적인 요소가 있기 때문에 자신을 내세울 때면 신중을 기할 필요가 있다.

어느 날 양나라 무제가 달마 대사에게 물었다.

"짐을 대하는 이가 누구냐?"

그러자 달마 대사는 즉시 "모르오"라고 대답했다. 과연 그가 알지 못하여 모른다고 했을까? 그것은 아니다. 안다는 것은 다 떠날 수 있을 때, 안다는 것을 다 버릴 수 있을 때 앎을 얻을 수 있다. 질문과 답이 나오는 것과 같다.

하지만 안다는 것을 모르는 것으로 만드는 일은 대단히 어렵다. 어쩌면 안다는 것을 담론하는 그 자체가 안다는 것과는 십만 팔천 정도의 먼 거리일지도 모른다. 그래서 진정 안다는 것은 알지 못하는 것이다.

그래도 안다고 말을 하려면 나를 알고 난 뒤 나를 잊고, 나를 버릴 수 있을 때 나를 알게 됨이다. 그런 다음에 나는 누구인가 하는 원점에 서게 된다.

인간은 시작점과 끝의 원점이 같다. 그것은 울면서 세상에 나오는 것이나 신음하면서 세상을 마감하는 것이나 고통 그 자체는 똑같다는 말이다.

다만 스스로가 아닌 객관의 관점에서 시작을 행복이라는 가산점을 더해 보고, 끝남은 슬픔이라는 것에 초점을 맞춘 것이다.

이것은 행복하다고 말할 수도 그 반대라고 단정하기도 어렵다. 행복한 순간은 행복이요, 그렇지 않은 순간은 불행일 뿐이다.

돈이 없는 사람은 돈이 있는 사람을 부러워한다. 그의 불행은 돈에 초점을 맞추었기 때문이다. 그러나 어떤 각도에서든 돈이 많은 사람은 행복하다. 돈이 없는 사람은 불행하다는 단정이 나올 수 있을까?

행복은 돈이라는 물질에 있는 것도 아니요 가난하기에 없는 것도 아니다. 마음에 희열을 가진 사람이 행복한 것이다. 그렇다면 이 마음의 희열은 어디서 나오는 것일까?

앞에서 언급했듯이 안다는 것을 없을 때, 안다는 생각을 잊을 때, 안다는 그 모든 것을 떨쳐 버렸을 때 그는 자신을 알게 되고 그곳에서 희열은 나오는 것이다.

결코 쉬운 말도 쉬운 실천도 아니다. 그러나 불가에서는 "도를 깨치는 것이 세수하다 코 만지기보다 쉽다"라고 말한다. 이 말을 음미해 보면 나의 행복이 어디에 있는지, 어디서 찾을 수 있는지, 어떻게 해서 만들어지는지 다 알 수 있으리라 확신한다.

그러므로 안다는 자가 당착에 빠져 스스로의 괴로움과 허무한 일들을 만들지 않았으면 좋겠다는 생각을 한다.

불가에서는 안다는 것을 몹시 싫어한다. 얼마나 싫어하면 절 들어오는 문에 이런 글을 써 붙였을까?

'이 문에 들어오려면 안다는 것을 다 놓아 버려라(入此門內 莫存知解).'

아마 이해가 갈 것이다. 그러나 안다는 것을 배척하는 것은 절대 아니다. 그저 조그만 지혜(知解), 즉 알음알이를 내지 말라는 뜻이 들어 있다.

중국 당나라 때 백락천(白樂天)이라는 유명한 시인이 있었다. 그가 벼슬에 나가 이웃에 있는 절을 방문하게 되었다.

그 절에는 도림(道林), 일명 조소(鳥巢) 스님이 계셨다. 나무 위에서 새집처럼 지낸다고 하여 그렇게 스님을 부른 것이다.

그 당시 백락천하면 천하가 다 아는 문장가이며, 불경에까지 조예가 깊기로 소문이 자자했다.

그래서 그는 그 절의 나무 위에서 수행한다는 스님을 한번 시험해야겠다는 자만심을 품은 채 절에 도착했다. 그리고는 도림 스님이 나무 위에 올라앉아 참선을 하는지 잠을 자는지 살펴봐야겠다는 마음으로 나무 가까이 가서 위를 쳐다보았다.

높이가 제법 높은 곳에 앉아서 좌선을 하고 있는 스님을 보며 말했다.

"스님! 위험하지 않습니까?"

그러자 선사는 그가 누구인지를 알고서 말했다.

"아, 위험해! 위험해!"

그러자 백락천이 말했다.

"다리는 땅을 밟고 있고, 머리는 하늘을 향해 있는데 무엇이 위험하단 말입니까?"

그러자 도림 스님이 다시 말했다.

"마음의 불은 서로 교차하고, 식(識)은 부질없이 출렁이어 고요할 줄 모르는데, 어찌 위험하지 않다는 것이오."

이 말에 백락천도 어찌할 바를 몰라 하다가 말했다.

"스님, 불법이 무엇입니까?"

"나쁜 짓 하지 않고 좋은 일 하는 것이오."

이 말에 백락천이 웃으며 말했다.

"그거야, 삼척동자도 다 아는 이야기 아니오."

이 말에 도림 스님이 다시 말씀하셨다.

"삼척동자도 다 아는 일이지만 팔십 노인도 행하긴 어려운 것이오."

이 말에 백락천이 도림 선사의 깊은 뜻을 깨닫게 된 것이다. 백락천은 자기의 안다는 자만심이 한없이 부끄러운 생각으로 도림 선사의 가르침을 다시 한 번 되새기게 되었다.

이것이 바로 부처님의 말씀 『법구경』의 내용이다(諸惡莫作 衆善奉行 自淨其意 是諸佛敎).

선은 일상에 있다

 '선(禪)'하면 제일 먼저 불교를 떠올리고, 특정한 사람이 특정한 목적을 가지고 하는 것인 줄 알고 있다. 하지만 선은 특정한 사람과 특정한 환경이 선이 되는 것은 아니다. 우리의 일상 그 자체가 바로 선이다. 그렇다면 밥 먹고 똥 사는 것도 선이라고 반문할 것이다. 이 역시도 바로 선이라고 말할 수 있다.

 어떤 스님이 도를 물었는데 "평상심(平常心)이 도(道)다"라고 했다. 평상심이 도라는 것은 도를 얻기 위함이 선이라고 한다면 선은 곧 평상심이다. 이 평상심이 바로 우리 일상의 마음이다. 그렇다면 일상의 마음은 어디서 왔을까? 일상의 마음은 사람이 존재하면서부터 존재했던 것이다.

 거슬러 올라가면 2500년 전 인도의 불타 탄생 이전부터 이미 선은 시작 되었다. 다만 오늘날 사람들이 그것을 명상이다, 선이다 하고 구분지은 것일 뿐 지금까지 이어져 내려왔다.

 선이란 이렇듯 불교가 탄생하기 전부터 면면히 내려온 배경은 인도라는 특수한 환경이 그렇게 만들었다. 당시에는 오늘날 선 개념보다 단순한 건강과 사후의 문제 때문에 명상으로서 하게 되었다. 그러다가 중국을 거치면서 선이라는 개념으로 자리 잡아 선의 방법과 체계 등이 정리된 것이다.

선을 하는 방법은 크게 두 가지가 있다. 하나는 현재 한국 불교에서 많이 하고 있는 간화선(看話禪)이다. 즉 화두(話頭)를 본다는 뜻으로, 하나의 의심을 품어 그것을 참구하는 선이다. 또 하나는 묵조선(默照禪)이다. 이는 일체의 생각을 끊고 오직 눈을 감은 채 오롯이 앉아 정진하는 선이다.

간화선은 스님들과 불자들이 많이 하는 선으로, 선 이전부터 내려오는 명상(瞑想, meditation)과 크게 다를 것이 없다. 명상이 순수한 정신의 안정(安定)이라고 한다면 선 또한 특별히 다를 것이 없다. 다만 그 방법에 차이가 있을 뿐이다.

그것은 하나의 목적지를 가는데 수단에 불과하다. 부처님은 참선(參禪)을 해서 깨쳤다는 말을 하지 않는다. 또한 명상이라고 말하지도 않는다. '명상이다, 선이다' 하는 용어는 후세 사람들이 붙인 것이다. 그래서 명상이요 선인 것이다.

불교에서는 선을 통칭해서 참선이라고 한다. 참선은 앉아서 하면 좌선(坐禪)이요, 행하면서 하면 행선(行禪)이요, 누워서 하면 와선(臥禪)이 된다.

그런데 그냥 아무 생각 없이 앉아서 하는 선이 있다. 이것이 묵조선이다. 묵조선의 '묵'자를 보면 어둠 속에서 개가 짖는 모양이다. 그 짖는 소리를 시각화 하면 암흑(無明) 속에서 시뻘건 불길이 솟는 것과 같고, '조'자를 보면 어둠이 걷히면서 햇살이 점점 퍼져 오는 모습이다.

선은 엄격히 말한다면 '한다', '해야 된다'의 의무와 당위성을 가지게 된다. 이럴 경우 올바른 선이라고 할 수 없다.

선은 고요한 것이고, 고요한 것은 일상에서 나오고, 일상은 사람의 마음에서 나온다. 그러하기에 선을 많이 한 고승들은 "밥 오면 밥 먹고, 잠이 오면 잠잔다"고 야부 스님은 말한다.

이것은 야부 스님 뿐 아니라 고려 시대 국사(國師)를 지낸 태고(太古) 스님도 "주리면 먹고 졸리면 자라"고 했다. 이 밖에도 신라의 고승 원효(元曉) 스님도 같은 말씀을 하셨다.

그러므로 선은 일상 속에 있는 것이다. 일상을 떠나 있지 않기에 일상에서 선을 찾는 것이 마땅하다. 이렇게 말한다면 선이 일상인데, 뭣 하러 선을 해야 하냐고 반문할 수도 있다.

그러나 선은 해야 하고 꼭 필요하다. 선이 일상 그대로 선이라 하지만, 현대인들은 선과 융합(融合)하지 못하기 때문이다. 융합이란 서로가 섞여 하나가 되며, 그것이 상승하는 작용을 말한다.

이것은 선(善)이나 정(正)과도 같다. 따라서 선을 하는 사람은 지선(至善)의 마음과 정심(正心)의 마음이 바탕에 깔릴 때 선이 된다. 또한 선은 마음을 담는 그릇과도 같아서 온갖 악한 마음을 가득 가지고는 무엇을 얻거나 담을 수 없다. 그래서 선은 마음을 깨끗이 청소해 비워야 한다. 그렇게 깨끗이 비운 마음, 즉 그릇에 오롯한 기운이 감돌아 맑은 정신을 얻을 수 있다.

현대인과 선

오늘을 사는 현대인은 매우 피로한 정신의 영역을 구축해서 생활하고 있다. 지난 과거의 역사가 느리게 다가오는 템포라면, 오늘은 잠깐만 깜빡거려도 정신을 잃을 수 있는 사회다. 이러한 사회 속에 사는 것이 오늘을 살아가는 우리들이다.

이러한 생활의 개선을 위해서 선은 필요하다. 그리고 존재한다. 석가는 "나는 대의왕(大醫王)이다. 육신의 건강을 의사가 돌본다면 나는 정신을 치료하는 의사다"라고 말씀하셨다. 이 선이라는 것도 현대인의 정신을 치료하는 역과 같은 것이다.

그러므로 선은 구하는 자에겐 필요 없는 것일 수도 있다. 현대는 스피드 시대이며 혼탁한 물질의 시대이다. 이러한 시대에 서구인들은 과학 시대를 살고 있고 또한 준비된 문화를 체험하면서도 '선'은 그들에게 성큼성큼 다가서고 있다.

그것은 아무리 과학 만능 시대를 살고, 준비를 하고 받아들이려는 문화의 삶일지라도 항상 채우지 못한 공허함이 '지적(知的)이다, 생각하는 동물이다'라고 말하는 인간의 과제인 것이다. 그러므로 선은 일상 속에 있고, 일상 속에서 할 수 있다.

옛날 중국의 무착문희(無着文喜)라는 수행자가 문수보살(文殊菩薩)을 친견하기 위해 노력했다. 그러던 중 오대산(五臺山)에 출현한다는 소문을 듣고 그곳에서 백일기도를 하며 친견하려 했다. 그러던 어느 날 홀연히 문수보살의 음성이 들려왔다.

"어떤 사람이 잠시라도 고요히 앉아서 수행을 한다면, 저 항하사(恒河沙, 인도 갠지스 강 모래)의 모래로 칠보탑(七寶塔)을 세우는 공덕보다 낫다. 보탑은 끝내 부서져 티끌이 되지만, 한 생각 바른 마음은 정각(正覺)을 이루니라(若人靜坐一須臾 勝造恒沙七寶塔 寶塔畢竟碎微塵 一念正心成正覺)."

그러하기에 한 생각을 고요히 가진다면 그 어떤 보배보다도 더욱 수승한 공덕이 된다고 말하지 않는가? 그것이 바로 선이요 선의 공덕인 것이다.

나를 죽여야 내가 산다

　나를 죽이는 것은 참으로 어렵다. 불가에서 스님들의 수행은 그 첫 번째도 나를 죽이는 것이요, 둘째도 나를 죽이는 것이다.
　그럼, 나를 어떻게 죽일 수 있느냐? 내가 나를 죽일 수는 없다. 그러기에 더 철저하게 나를 죽여야 한다고 말하고 싶다.
　내가 나를 이기지 못하면 그 무엇도 견뎌 낼 수 없다. 그리하여 스님들은 처음에 입산을 하면 그 첫 번째가 그간 세속에 물든 자아(自我)를 죽이려 한다. 그것이 바로 '하심(下心)'이다.
　하심은 나를 억눌리는 것으로서 스프링처럼 누르려 하면 할수록 튕겨져 나오는 습성이 있다. 이러하기에 나를 다스린다는 것은 쉬운 일이 아니고, 나를 죽이든 다스리든 눌리든 그것은 처음부터 끝나는 날까지 연속된다.
　그렇다면 어떻게 나를 다스려야 할까? 나를 다스리는 주체는 나이지 그 어떤 대상도 될 수 없다. 누가 나를 '이렇게 하라, 저렇게 하라고 한다'면 진정으로 그것을 받아들이고 실천하겠는가?

아니다. 절대로 남이라는 존재에 의해서 나를 다스리기는 어렵다. 물론 어느 정도는 가능하지만 결국 스스로가 자기를 다스려야 한다.

남으로부터 또 어떤 대상을 예로 들어보자. 아주 극단적으로 그를 감옥에 가두어 혹독하게 생활을 구금하고 괴로운 나날을 보내게 한다고 해서 그것이 고쳐진다고는 보지 않는다. 그것은 사회의 통계에서도 잘 나타나 있다.

감옥에 한 번 들어가면 다시 들어가지 않을 것 같지만, 아이러니하게도 한 번 들어간 사람이 또다시 들어감은 물론이요 똑같은 범죄를 저지르게 된다.

이것이 바로 인간은 그 어떤 대상으로는 다스리기가 어렵다는 것이다. 그러하기에 스님들은 자기를 다스리기 위해 공부를 한다 해도 결코 틀린 말은 아니다.

내가 나를 다스리지 못하고 어찌 중생을 제도한다고 운운할 수 있겠는가? 때문에 참선도 하고, 경(經)도 보고, 기도도 한다. 특히 참선을 오래 한 스님이 기도를 하는 수가 있는데, 그것은 자기를 다스리려는 행동으로 이해해야 한다.

참선은 '깨침의 지름길'이라는 것을 스님들 자신이 더 잘 알고 있다. 그럼에도 참선납자(參禪衲子)가 기도한다는 것은 자기를 다스리기 위한 것이다. 그것을 때론 '업장 소멸'을 하기 위한 것이라고 말할 수는 있지만, 그 업장이 무엇인가?

업(業)이란 과거(前生)로부터 훈습(薰習)되어진 결과이다. 즉 과거로부터 해 온 습관 때문에 쉽게 고쳐질 수가 없는 것이다. 그러기에 '불교 공부를 한다는 것 그 자체가 자기를 다스리는 것이다'라고 할 수밖에 없다.

부처님께서도 "나를 이기는 자, 백천의 군사를 이긴 것보다 더 수승하다"고 말씀하셨듯이 나를 이겨야 한다. 곧 나를 죽여야 하며, 나를 다스려야 한다. 이것이 수행의 큰 숙제이다.

나 역시 지난날 나를 다스리기 위해서 울주군의 한 암자에 머물며 열심히 기도를 했다. 기도란 누구나 다 할 수 있는 것이고, 누구나 다 바람을 위한 것이라면 다 기도라 할 수 있다.

하지만 쉬우면서도 쉽지 않은 것이 바로 기도다. 완전한 기도가 되기 위해서는 그 어떤 계기가 있어야 한다. 그것은 늘 행복한 사람이 행복을 구할 일이 없는 것과 같은 이치다.

그러하기에 환경적 계기는 순간으로는 큰 업장도 될 수 있고, 큰 고난으로 받아들일 수도 있다. 그렇지만 그것이 하나의 도약을 할 수 있는 발판이 되어 그 고난의 열배, 백배에 준하는 결과로 나타나기도 한다.

그 예는 우리 사회에서도 얼마든지 찾을 수 있다. 그가 가난했기에 남과 같이 공부하지 못했고, 그로 인해 남들 다 가는 대학 문턱도 밟지 못했다. 그러다가 어느 날 용기를 내어 사법고시 시험 준비를 하게 되었고, 가난하고 못 배웠기에 남보다 더 많은 노력을 했다. 그 결과 좋은 성적으로 합격하고, 자신의 태생처럼 가난하고 어려운 이웃에 눈을 돌려 인권 운동을 하고, 그것이 계기가 되어 정치가가 되어 최고의 권력 정점에 서게 된 것이다.

이것은 하나의 예일 뿐이다. 단지 예라고 하나 현실과 동떨어진 것은 아니다. 그 당시 사례의 주인공이 사는 동네나 주변에는 좋은 환경에 크게 성공할 수 있다고 여겨지는 많은 사람들이 있었을 것이다.

그것을 극단적 예로 부(富)라고 한다면, 그 부가 충족된 사람은 자기를 변화시킬 만한 큰 계기를 만들지 못했다. 비록 성장하는 과정은 찬란했겠지만 갈수록 그 빛을 잃는 것을 우리는 주변에서 너무도 많이 보아 온 것이다.

따라서 너무 좋은 환경만을 고집할 필요는 없다. 가난하기에 극복하는 생각을 하게 되는 것이고, 힘없이 억눌려 살아왔기에 권력을 얻기 위한 노력을 하게 되는 것이다. 이것은 너무도 자연스러운 것 아니겠는가?

내가 아는 스님들은 대체적으로 그런 어려운 환경에서 출가한 경우가 많다. 그러한 환경이 아니었다면 출가할 수 있는 동기부여가 오지 않았을 것이다.

그리하여 나는 내 주변의 한 수행자의 원(願)을 세우는 것을 보았다. 그것은 다름 아닌 다음 생에는 아주 가난한 집에 태어나서 다시 출가를 해 금생에 다 이루지 못한 공부를 꼭 이루게 해 달라는 원력을 늘 가슴에 품고 계신 것을 나는 보았다.

그러하기에 내가 앞으로 나아가기 위해서는 나를 죽이는 것이요, 나를 다스리는 것이요, 나를 이기는 것이다.

나를 죽이든 나를 다스리든 나를 이기든 이것은 내가 이 세상을 살아가는데 있어 내가 주체가 된다는 것이다. 나를 떠나서 그 무엇 하나 존재의 의미를 부여할 수 없다.

오직 존재하기에 세상이 존재하고, 그로 인하여 모든 것이 하나로 꽃피울 수 있지 않을까? 이것이 바로 석가모니불이 깨친 "이것이 존재하므로 저것이 존재하고, 이것이 멸하므로 저것이 멸한다"는 연기법(緣起法)이다.

지금의 우리는…

　인간 누구나 가지고 있는 공통점이라면 선한 마음과 악한 마음이 있다는 것이다. 그렇다면 선의 마음은 무엇이고, 악의 마음은 무엇인가?
　인간은 타고 날 때 본능이라는 것을 가지게 된다. 이 본능은 선도 악도 아니다. 환경에 따라 그것이 변하는 것이다. 가령 나보다 현저히 불쌍한 모습을 보면 선의 마음을 나타내는 것이다.
　어떤 상황의 한 예를 살펴보자.
　나는 지금 시간과 공간 모두가 만족한 삶을 살아가고 있다. 어느 날 높은 산 등정을 하였는데, 한 사람이 절벽 끝에 매달려 곧 죽을 것 같아 보였다. 이럴 때 이 사람을 구하려는 것이 본능이자 선의 마음이다.
　만약 그런 마음이 일어나지 않는다면 이것은 악의 마음이 가득한 사람이다. 가령 그 누가 나를 괴롭혔을 경우, 그 보복으로 나에게 한 행동의 몇 배를 갚아야겠다는 생각 또는 상대를 죽여야겠다는 생각까지 한다면 이것은 악의 마음이 마음 속에 자리한 사람이다.

오늘날 우리 사회는 혹독한 시련을 겪고 있다. 이것은 내 생활과 주어진 현실과는 직접적으로 관계되지는 않다. 그렇지만 미워하고 헐뜯고 배척하고 무시하고 저질스러운 언동을 하게 된다.

이러한 행동을 칸트(Cant)의 순수 이성적으로 본다면, 인간은 이성보다 감성이 앞선다는 것이다. 그리고 이런 감성은 연령의 차이로 해서 아직 완전한 이성을 갖추지 못한 것이 된다.

교육자 순자(荀子)의 시각으로 보자면 어려서부터 교육이 제대로 되지 않는데서 비롯된다고 볼 수 있다. 또한 프로이트(Forit) 심리학으로 본다면, 인간의 본질에 내재되어 있는 본능(本能, id)이 그렇게 만든다는 것이다.

그리고 불교에서는 미혹(迷惑)에서 벗어나지 못한 중생이기에 그 한계점이 있다고 볼 수 있을 것이다.

"옥불탁(玉不琢)이면 불성기(不成器)"라는 말이 있다. '옥도 쪼아 다듬지 않으면 그릇이 되지 않는다'라는 뜻이다.

서양 철학이 경험론과 변증법적 실존에 이어 실용 정의를 거쳐 민주주의가 탄생되었듯이 우리 사회가 성숙된 사회(민주주의)가 되려면 많은 시련과 인내, 타협 등 극복해야 할 과정이 필요하다. 이 모든 것을 극복하기 위한 일들이 현재 진행되고 있지만 더 많은 노력을 필요로 하고 있는 것이다.

우리는 조선 500년이라는 왕조 시대를 거쳐 근세 나라를 잃었다. 그리고 이념적 혼동 시대를 살아왔고, 불과 30년 전만 해도 거의 농경 사회였던 것이다.

이러한 농경 사회가 점차 산업화 사회로 되어 가고 인간의 생활도 향상 되어 왔다. 이런 과정에서 필연적으로 따르는 것이 경쟁이다. 그런데 이 경쟁을 무조건 나쁘게나 좋게만 볼 수도 없다는 사실이다.

이 경쟁이 개인과 사회 발전 측면이라면 긍정적이라고 말할 수 있다. 그렇지만 서로를 불신하고 내가 살기 위해서 상대를 무너뜨리려 한다면 결코 바람직하다고 말할 수 없다.

남이야 어찌되거나 나는 놀면서 남의 일이라고 넓은 거실 창을 통해 불구경하듯 바라보면서 나만 괜찮고 만족한다면 모든 것이 족하다는 생각을 가질 수 있다.

우리 나라에도 이제는 민주주의 사회가 많은 발전을 해 왔다. 그러나 아쉽게도 아직까지는 정착되지 못한 민주사회라고 말할 수 있다.

정치를 한다는 사람이 정치를 잘 하면 아무 문제가 없다. 그렇지만 오늘날 이 사회가 이렇게 된 것은 정치인들의 도덕적 해이가 큰 원인이 되었다고 말할 수 있다.

이 같은 한 시대 흥망성쇠는 위정자나 사상가 등 고도의 지식과 도덕을 겸비한 인물들의 영향이 역사적으로도 반면교사가 되어 왔음을 얼마든지 문헌에서 찾을 수 있다.

그러하기에 국민을 제대로 이끌고 안목을 열게 해 주어야 할 선각들이 제목을 다하지 못하는 것이 참으로 안타깝다. 물론 순수한 선비나 학자 전부를 말하고 싶지는 않다.

많이 배웠고 먼저 깨달았다고 해서 누구를 위해 반드시 어떻게 해야 하는 것은 아니기 때문이다. 다만 나라에서 녹을 먹는 사람, 즉 국민의 세금을 먹고 사는 관리나 국회의원 등을 말하는 것이다. 이러한 위치에 있는 사람들이 자기의 주어진 사명을 다 못하는 것에 문제를 두고자 한다.

　이것이 바로 예전에도 있었던 민중의 대란이라 할 수 있겠다. 왜 민중이 일어나 폭도적인 행위를 할까. 그것은 위정자나 관리자가 국민을 속이고, 나라를 위태롭게 해 사회를 혼란 속으로 빠트리기 때문이다.

　일찍이 플라톤은 "정치에 무관심한 자가 받는 가장 큰 형벌은 자기보다 열등한 자에게 지배를 받는 것이다"라고 했다. 공자 역시 "정(政)은 정(正)이다"라고 했다.

　바른 정치는 우리 사회를 건전하게 하고, 우리들 민초의 삶을 편안하게 해 주는 것이다. 시절이 좋지 않으면 좋지 않는 대로 굶주림을 이기면 되는 것이다. 그러나 인간이 인간의 마음을 병들게 만들면 사회를 혼란으로 부추기고 나아가 국가를 위태롭게 해 결코 좋은 일이라고 말할 수 없다.

　우리 나라 국회가 생긴 지도 어언 60년이 다 되었다. 따라서 우리 국회도 자리가 잡힐 때가 되었다. 그런데 여전히 구태와 비방, 당리당략에 치우쳐 나라를 위한 비전은 없다. 물론 모든 사람이 다 그런 것은 아니지만 일부는 개인의 치부에만 열을 올리다 보니 국민들로부터 외면당하고 그들을 인정하려 들지 않으며 따르려고 하지 않는 것이다.

　우리 나라 헌정사에서 대통령이 국회에 탄핵을 받아 직무가 정지된 것은 처음 있는 일이다. 어찌 보면 최고 권력의 정점에 있는 대통령의 잘못에 대해 그 책임을 물을 수 있다는 사실은 한 단계 발전한 민주주의라 하지 않을 수 없다. 문제는 대통령을 탄핵한 국회의원들이 국민으로부터 불신을 받는데서 국민의 분노를 사게 된다는 것이다.

이런 와중에 너는 많이 먹고 나는 적게 먹었으니 괜찮다는 말을 공공연히 한다. 정도의 차이는 있을지 몰라도 이제 국회의원은 과거의 관습을 바꿔야 한다. 좋게 생각해서 관습이라 해도 다수의 국민이 볼 때 옳지 않다고 본다면 그것은 옳지 않는 것이다.

가령 매일 닭을 한 마리 훔치다가 주인에게 들키자 닭 주인에게 "정말 미안합니다. 닭을 훔치지 않아야 할 텐데 갑자기 그만둘 수가 없으니……. 앞으로 닷새나 열흘 정도까지는 가끔 훔치다 차츰 줄여 나가겠소"라고 한다면 주인 입장에서 용납이 되겠는가?

닭을 한 마리 훔치거나 열 마리 훔치거나 혹은 가끔 훔치는 도둑은 도둑일 뿐이다. 정치도 이와 같아서 잘못된 정치는 즉시 고쳐져야 한다.

절이 존재하는 이유

　어느 날 경상북도 경주에 있는 불국사를 둘러보고 나서 청운교와 백운교를 쳐다보고 있었다. 그런데 난데없이 한 여학생이 내 앞에 서더니 물었다.
　"스님! 절은 왜 있어야 하나요?"
　나는 이 질문에 둔탁한 망치로 한 대 얻어맞은 느낌이 들었다. 아니 다소 황당하다는 표현이 더 정확할 것 같다.
　훗날 알게 된 사실이지만 그 여학생은 서울 S대학교 사회학을 공부하는 학생이었다. 사회학을 전공한 학생이라 사회학 차원에서 물은 것이다.
　그 때 "절은 이런 것이다"라고 한 마디로 설명해 줄 그런 문제도 아니고, 또 한 마디의 말도 바로 이해할 것도 못되는 질문이 아닐 수 없었다. 그렇다고 외면할 수도 없었다.
　"절이 왜 있어야 하나요?"를 선문답(禪門答)으로 하자면, "네가 있으니까." 혹은 "개울가에 가 돌 징검다리에게 가서 물어 보라"

하고 말한다면 간단할 것이다. 그런데 진지하게 묻는 그 여학생에 대한 대답을 그렇게 할 수 없었다.

그 여학생은 뽀얀 살색으로 가녀린 몸매에 가는 금색 테 안경으로 투명한 눈동자를 깜박이며 물었다. 나는 그녀에게 어디서부터 어떻게 설명을 해야 할 것인가를 순간 망설이지 않을 수 없었다. 한참을 망설인 끝에 그 여학생에게 진지하게 말했다.

"절이란, 인간의 쉼터요. 고뇌하는 사람들이 쉴 자리라고 말할 수 있지 않겠소."

그러자 그 여학생의 다시 물었다.

"그렇다면 지금 스님이나 제가 서 있는 이 절이 그 역할을 한다고 보십니까?"

이 질문에는 난감했다. 그 여학생은 이 절에 대해서 좀 알고 있는 사람이구나 하는 느낌을 받았기 때문이다. 그리고는 이런 저런 이야기를 하다가 서로 헤어졌다.

하지만 '절이란 무엇인가?' '절이 왜 존재해야 하는가?' 등 여러 가지 의문을 물어 온다면, 난 승려로서 그 물음에 확실한 답을 줄 수가 없다. 아니 곤란할 수밖에 없다고 말할 수밖에 없다.

절이란 부처님의 형상을 모시고 불제자들이 수행하는 곳이며, 신도들이 불법을 알고자 찾는 곳이기도 할 것이며, 그들의 귀의처(歸依處)가 되기도 하기 때문이다.

그러나 오늘의 현실에서 보면, 사회학을 전공하는 그 여대생이 절이 무엇인지 몰라서 묻는 것은 아니다. 절의 참뜻을 일깨워 주고 싶은 마음이 그의 마음 속에 내재했다가 한 젊은 수행자를 만나 그것을 들어 낸 것뿐이다.

절은 '중생들이 어떻고……' 하는 통상적인 것을 떠나 제대로 봐야 한다. 가난한 자를 위하는 사람들이 머무는 곳, 중생에게 이로움을 주기 위한 수행자들이 머무는 곳, 그들에게 깨우침을 주며 그들의 영혼을 달래 줄 수 있는 곳이라면 우리 스스로 되돌아 보아야 할 것들이 너무도 많다.

한국 불교 조계종 경우를 보면 수입이 많은 사찰이라 해야 기껏 조계종에 분담금(분담하는 세금) 형식으로 조금 내고, 그 나머지는 당해 사찰 주지의 권한으로 사찰 재정을 운영한다(물론 형식은 운영위원 정도가 있다 하지만, 이것 또한 형식에 지나지 않는다).

또한 재정이 어려운 사찰에 가톨릭처럼 지원을 해 주는 것이 아니라, 그 사찰의 주지 능력껏 절을 운영해야 한다. 그러다 보니 절이야 말로 빈익빈(貧益貧) 부익부(富益富)다.

적어도 이웃 나라의 예를 들지 않더라도 수행 종단이라면 재정 문제만큼은 투명하게 했으면 하는 바람이다. 그 투명함이 내 고장 내 지역에서나마 좋은 이미지로 인식이 될 수 있었으면 좋겠다는 것이다.

본시 수행자는 출가할 때 세속의 욕망을 다 버리고 왔다. 그러하기에 세속에서 돈 많은 자식으로 출가했다고 해도 세속의 재물을 가지고 출가했다는 소리는 아직 들어보지 못했다.

그렇다면 왜 세속의 온갖 좋은 것을 멀리 한다며 입문한 수행자가 청정한 수행 교단의 청정한 재물을 움켜쥐려는 마음을 가지려 하는 걸까? 그로 인하여 많은 이웃과 중생들에게 돌아가야 할 공덕이 한 개인으로 치우쳐 부가(附加)가 없는 결과를 우리 사회에 까지 영향을 미쳐야 할까? 그 여대생이 말하고 싶었던 것이 바로 이런 것이 아니겠는가?

지금의 시대는 아주 빠르게 변하고 있다. 사람의 의식이 변하듯 종교의 이념도 점점 변천해 가고 있다. 진정 우리에게 주어진 바람은 무엇인가? 누가 누구를 위해 하는 식은 이 시대에 맞지 않다.

하지만 사찰의 재정은 분명 한두 사람의 개인 사재(私財)가 아니다. 그러므로 사찰의 재정은 투명하면 투명할수록 좋고, 고풍스러운 전각(殿閣)을 잘 수리해서 보전하는 것이 더욱 아름다운 것이다. 그런데 이를 빌미로 사찰의 재정을 털어 다시 짓다 보니 정재가 많이 소모되는 것이다.

이러한 곳에 쓸 정재가 있다면 우선 가까운 내 마을, 내 지역 사람들에게 어려움은 없는가 하고 돌아보는 것이 이 시대, 변천하는 시대에 걸맞지 않나 하는 생각을 한다.

원력을 세우라

　원력(願力)이라는 말은 불가(佛家)에서 많이 사용하는 용어다. "원력을 세우라"는 말은 '내가 하고자 하는 뜻을 길러 나가라'는 뜻으로 이해할 수 있다. 좀더 쉽게 설명한다면 '뜻을 세워라' 정도의 의미일 것이다.
　그렇지만 불가에서는 '뜻을 세우라'던가 '큰 뜻을 품어라'는 말은 들어 본 적이 없다. 그저 '원력을 세우라', '원력을 크게 가져라' 할 뿐이지 다른 말들은 거의 쓰지 않는다.
　내가 처음 불문(佛門)에 들어 왔을 때는 큰 의미로 다가오지 않았다. 그저 큰 목표를 정하라는 정도로 알아들었을 따름이다. 그런데 세월이 지나자 그게 그런 큰 의미가 있는 것이구나 하는 생각을 하게 되었다.
　사람은 누구나 세상에 태어날 때 이미 자기가 먹을 녹을 가지고 태어난다는 말을 한다. 이것을 불교적으로 보면 전생에 인과로 인해서 금생에 주어진 환경대로 살아간다는 말이다.

이것이 그렇다, 아니 그렇다 논하기 전에 전생이란 지난 과거이고, 그 과거를 점점 파고들면 전생이 되는 것이다. 전생을 믿건 안 믿건 불교는 전생을 바탕으로 한 종교다.

그래서 전생과 현생의 인과를 적절히 표현한 말이 있다.

"내가 전생에 일을 알고자 한다면 금생에 받은 과보(果報)를 보라(欲知前生事 今生受者是)."

"내가 다음 생을 알고자 한다면 금생에 하는 짓을 보면 된다(欲知來生事 今生作者是)."

위의 말처럼 현재 이 순간을 아주 중요하게 여긴다. '현재는 과거의 뿌린 씨앗을 거두어들임과 동시에 다음(來生)의 수확을 위해 다시 씨를 뿌리기 때문이다.'

이렇듯 현재의 순간순간은 중요한 것이다. 만약 원력이든 포부든 희망 사항이든 무언가 목표가 있어야 한다. 목표란 항해하는 항해사에게 길 안내자 역할을 하는 등대와 같다. 항해사는 등대를 향해 접안하게 된다. 따라서 등대가 없다면 방향을 잡지 못할 뿐 아니라 암초에 걸려 침몰할 수도 있고, 태풍을 만나 난파될 수도 있는 것이다.

그렇다고 목적인 원력만을 세워 놓고 그것을 향해 노력하지 않는 것은, 등대는 세워졌는데 깜박이는 불빛이 없는 것과 같은 이치다. 때문에 원력은 사람의 한 생애에 있어 중요한 것이고, 또한 이 원력을 위해서 나아가는 노력은 더욱 중요하다.

그러나 원력을 세웠다고 해서 반드시 다 이루어질 수도 없다. 그렇지만 스스로 정한 목적을 갈 수 있다는 사실 하나만으로도 무척이나 아름다운 일이 아닐까?

미국의 초대 대통령인 조지 워싱턴(1732~1799)은 미국인들에게 '건국의 아버지'라 불린다.

  그는 어려서 불우한 가정에서 생활을 해야 했고, 배워야겠다는 일념으로 인쇄공 생활을 했다. 그렇지만 어린 워싱턴에게는 너무도 고되고 힘든 일이었다.

  하루는 공부하겠다는 목표도, 무엇이 되겠다는 목표도 다 지운 채 고향집으로 발길을 옮겼다. 그렇게 발걸음을 옮겨 어떤 언덕에 이르렀을 때 교회의 종소리를 듣게 된다. 그 소리는 워싱턴의 마음을 흔드는 종소리였다.

  워싱턴은 다시 마음을 돌려 인쇄소로 가게 된다. 만약 그 때 그 종소리를 듣지 못했더라면, 또 그 종소리를 들었다 해도 아무런 반응을 느끼지 못했다면 그는 미국 대통령이 되지 못했을 것이다.

  우리 인간에게는 순간순간 위기가 있게 마련이다. 그 위기를 잘 극복하면 오히려 큰 힘이 되는 경우가 얼마든지 있다.

  원력이란 사람이 살아가는데 있어 이토록 중요하다. 그래서 원력은 크게 세울수록 좋다. 큰 원력은 야망이요, 이 야망이 없으면 인생에 발전이 없다. 야망은 절대로 허황되지 않는 것이기 때문이다.

  우리 나라 전직 대통령 한 분이 스스로 밝혔듯이 "나는 어릴 적 중학교 다닐 때 이미 대통령이 되겠다는 꿈을 가졌다"고 말한 적이 있다. 그러나 내가 말하고 싶은 것은 대통령이든, 장인이든, 글을 쓰는 작가이든, 화가이든 간에 그것은 그것대로 모두가 그 가치를 가지고 있다는 것이다.

  지난 역사를 통해서도 알 수 있듯이 임금보다는 뛰어난 신하가 후세에 이름이 높고, 신하보다는 뛰어난 선비가 더욱 이름이 높음을 알 수 있다.

그런데 원력이라는 것은 참 재미있다. 이것은 불교에서 보는 인(因)과 같은 것이라는 사실이다. 인이란 씨앗과 같은 것으로, 원력이란 바로 씨를 뿌리는 것과 같다.

농부가 '산 좋다, 물 좋다' 타령만 하고 있으면 그 농부는 밥을 굶을 수밖에 없다. 이처럼 인을 심는다는 것은 사람 사이에 인연을 맺어 두는 것과 같은 것이다.

사람이 세상을 살아가는데 혼자 힘으로 되지 않는 일들이 너무나 많다. 뛰어난 칼 솜씨를 가진 사람도 그를 선택해 주는 누군가 있어야 검술의 위력을 발휘한다. 그런데 그것을 알아주지 않고 써 주지 않으면 아무 짝에도 쓸모가 없다. 사용하지 않는 칼은 녹이 쓸어 아무것에도 쓸모가 없다.

그러므로 사람은 누구나 원력의 인을 심어야 한다. 이 원력은 한 번 떨어진 씨앗이 싹이 틔울 수밖에 없듯이, 반드시 이루어진다는 것을 나는 불법(佛法)을 통해서 안다.

그러므로 우리는 원력을 세워야 한다. 그것도 아주 큰 원력을 말이다. 오늘부터라도 반드시 원력대로 이루어진다는 확신을 다함께 가져 보자.

어떻게 닦고 구할 것인가?

『열반경(涅槃經)』에 이르기를 "무릇 마음이 있으면 모두 아뇩다라삼먁삼보리(阿耨多羅三藐三菩提, 위없는 깨달음)를 얻을 수 있다"라고 했다.

이 말은 무엇을 뜻하느냐? 일체의 모든 중생은 불성(佛性)이 있어서 누구나 다 깨달음을 얻을 수 있다는 말이다.

문제는 불성이 있다고 해서 불성을 찾지 않는다면, 즉 닦지 않는다면 깨달을 수 없다. 사람들에게는 제각기 특성이 있으니, 어떤 사람은 태어날 때부터 남다른 것을 알 수 있다. 바로 공자가 말하는 '생이지지(生而知之)'다.

그러나 아무리 좋은 머리를 가지고 태어났다고 해도 그것을 꾸준히 연마하지 않으면 언젠가는 녹이 쓴다.

그 좋은 예로 영재(英才)라 하여 중학생이 될 학생이 대학생이 되는 경우도 간혹 있다. 그런데 세월이 지나 보면 그냥 보통 사람으로 돌아와 있거나 아니 그 보다 떨어지는 경우가 많다.

이것은 타고날 때에 머리는 일정한 시간까지만 유지되는 것이지 오래갈 수 없다는 것이다. 어린아이가 성장을 하면서 유치(乳齒)가 빠지고, 새로 치아가 나와서 평생의 치아가 되는 것과 같은 것이다.

그러니 좋은 머리를 타고 났다고 해서 지나치게 좋아하거나 경사라도 난 것처럼 호들갑을 떤다면 머지않아 더 큰 실망감만 갖게 될 것이다. 그러기에 좋은 머리든 나쁜 머리든 간에 긴 인생을 생각할 때 큰 의미가 없다. 꾸준히 연마해 닦는 자가 큰 학자가 되고 대도(大道)를 성취하는 것이다.

『화엄경』에서는 "범부는 지혜가 없어서 아(我)에 집착한다"라고 하였으며, 『법화경』에는 "아만(我慢)하여 스스로 뽐내며 아첨하여 마음이 실답지 않다"는 말이 있다.

이것은 배움을 구하는데 있어서 단순한 학문이나 지해(知解, 알음알이)를 배우고 얻고자 한다면 이것은 제대로 배움을 구하는 것이 아니다.

불가에서는 지식이 있어도 아만이 있다면 무지(無智)에서 나오는 것이라고 본다. 무지란 지혜가 없다는 말로, 즉 슬기로운 마음을 갖추지 못했다는 것이다.

이것은 우리 사회의 현실이자 인류의 현실이다. 어찌 아는 것만 있다고 그를 훌륭한 사람으로 인정하겠느냐 하는 것이다. 그래서 배움은 학문을 익히는 배움도 필요하지만, 그보다 스스로를 지탱하는 힘, 즉 자기를 낮출 수 있는 것도 큰 배움인 것이다.

또한 배움에 있어서 스승을 잘 간택하는 것도 중요하다. 통감(通鑑)에 보면 "새가 쉬고자 함에 숲을 가리고, 사람이 배움을 구함에 스승을 택한다"라고 했다.

이 말뜻은 '많이 배웠다고 다 스승이라 할 수 없고, 쉽게 다가갈 수 있다고 다 스승으로 삼을 수 없다'는 뜻이다. 나에게 바른 깨침을 줄 수 있어야 하는 것이지 그 때 그 때 환경에 맞추어 적당히 넘어가는 스승을 진정한 스승이라 말할 수 없다.

그러기에 옛날 중국의 고사에도 나온 삼고초려(三考草廬)는 진정한 스승의 가르침이 무엇인가를 잘 말해 주고 있는 것이다.

배움을 구하는 자는 배움을 구하는 자세며 안목(眼目)을 늘려야 한다. 그러기 위해서는 먼저 널리 보지 않으면 안 된다. 어느 한쪽에만 치우쳐 배우게 되면, 한쪽에 치우친 생각과 판단으로 편협한 지식인이 되기 쉽다.

병법(兵法)에도 "적을 알고 나를 알아야 백전백승 한다"고 했다. 그러므로 내가 아는 것, 내가 배운 것, 그것도 중요하지만 넓은 판단과 이해를 위해서는 때론 정반대가 되는 논리나 환경도 배움을 구하는 자는 다 취해야 한다.

뉴턴은 사과가 떨어지는 것을 보고 그의 과학 세계를 한 걸음 더 나갈 수 있었다. 슬픔을 목격한 자만이 슬픔을 아는 것과 같다. 배움을 구함에 있어서 그 배움이 책 속에만 있는 것이 아니라 물 흐르는 소리에도 있다.

'부처님의 장광설(長廣說, 說法)이라고 말하는 소동파(蘇東波) 시인처럼, 배움은 어디에도 한정된 것이 아니다. 오직 배움을 받아들이는 자세가 중요할 뿐이다.

또한 배움을 구하는 자는 좋은 벗을 선택해야 한다. 배움을 구하는 자가 배움과 전혀 다른 부류의 벗을 가까이 한다면, 그는 배우기는커녕 일생을 망치는 계기가 될 것이다.

그래서 배우는 자는 배움을 좋아하는 벗을 가까이 해야 하며,

배움에 대한 탁마(琢磨)를 주고받아야 한다. 탁마는 서로를 성숙하게 하는 힘이 된다. 그래서 나를 낳은 것은 부모이지만, 나를 성취시키는 것은 붕우(朋友)라고 했다.

불가에서는 도반(道伴)이라 하여 함께 수행하는 사람을 일컫는 말로 도반이 참으로 중요하다. 이 글을 쓰는 나 자신도 좋은 도반을 가까이 두지 못함을 아쉬워한다.

절이란, 절의 특성상 처음에 입산을 하고 함께 공부하는 곳에서 도반이 이루어진다. 그런데 그런 도반이 세속으로 가 버리게 되면 그 길로 도반을 잃게 된다. 이것이 절집의 특성이라면 특성이다. 하여 나도 좋은 도반과의 이별 아닌 이별이 있어 지금도 도반에 대한 그리움을 지을 수 없다.

개혁과 변화

개혁(改革)의 본뜻은 '가죽을 고친다'는 뜻이다. 가죽이란 하나의 틀이다. 이 틀을 헐어 고치자는 것이 바로 개혁이다. 그러므로 개혁은 환경의 변화(變化)와 시간적인 변화다. 이에 따른 인간의 사고(思考)의 변화 등 변화하지 않으면 안 되는 사회 구조 속에서 변화하기 위한 몸부림이 바로 '개혁'인 것이다.

그런데 이 개혁을 잘못 받아들이면 '파괴(破壞)하고 새로 건설한다'는 느낌을 줄 수 있다. 때문에 개혁이라는 용어는 선택적으로 써야 한다. 무조건 '개혁'이라는 용어만 외친다면 포괄적 개념인과 동시에 때로는 듣는 사람으로 하여금 거북하다 못해 혐오감을 주게 된다. 그래서 개혁이라는 말을 할 때는 무엇을 개혁해야 한다든지, 무엇을 어떻게 개혁을 해야 하는 것인지 분명히 밝혀 두는 것이 좋다.

개혁은 우리 시대의 큰 과제다. 문제는 어떻게 개혁을 해야 할 것인가 하는 것이다. 개혁을 위해 언로(言路)를 막거나 반대쪽에

선 사람들을 숙청하듯 배척한다면 개혁이라고 말할 수 없다. 그것은 마치 탈을 쓰고 그들을 위한 것인 양해서 코끼리 가죽으로 개의 몸을 덮어 버리는 것과 같다. 아무리 코끼리 가죽이 넓고 크고 질기다 해도 맞지 않는 틀에 맞추려는 것은 또다른 개혁의 대상만 될 뿐이다.

분명한 것은 세상이 변화하고, 사람의 성품도 변화하는 것이다. 그러나 그 변화가 잘못되었거나 특이(特異)한 것이 아니라 자연스러운 인지상정(人之常情)인 것이다. 이것은 마치 물이 흐르는 것과 같다.

예전에는 내가 살고, 네가 사는 그 곳이 특별한 경계는 없었다. 그러다 보니 담장을 만들 필요조차 느끼지 않았다. 그러하기에 불필요한 욕심을 낼 일도 없을 것이고, 오직 스스로의 능력껏 농사를 짓고 싶으면 지으면 되었다.

내가 사는 그 곳에 바로 곡괭이 들고 파면 밭이 된다. 그러나 지금은 그렇지 않다. 내 집 앞이라 해서 내 마음대로 곡괭이 들고 땅을 파서 텃밭을 만드는 세상이 아니다. 정확한 측량을 해서 단 한 발짝도 함부로 넘어설 수 없는 세상이 된 것이다.

이 같은 현상은 사회 구조뿐 아니라 사찰에서도 마찬가지다. 예전엔 절이 있는 산, 절이 보이는 산, 그 곳은 수행자가 마음대로 드나들고 마음대로 쉴 수 있는 곳이었다. 하지만 지금은 그렇지 않다. 전국 명산대찰일수록 그 정도가 심하다.

땅은 분명한 절 땅이지만 사회나 국가 공공의 이익을 내세워 국립공원이니, 도립공원이니, 군립공원으로 묶여 있다. 어디 그뿐이랴? 그린벨트나 군사 보호 지역으로 묶여 있다. 그리고 미래에는 공원 예정 지역, 요즘에는 생태 보호 지역까지 모든 것들이 시간과 공간(환경)적으로 변화하고 있는 것이다.

우리는 이 변화의 중심에 서 있다. 이러한 변화는 외적인 변화지만, 내적으로도 엄청나게 변화하고 있다. 불과 20~30년 전만 해도 불가(佛家)에서는 '율'(律)을 내세워 비구(比丘, 출가한 성인 남자 스님)와 비구니(比丘尼, 출가한 성인 여자 스님)가 수행하고 거처하는데 있어 엄격한 격차가 있었다.

80세의 노비구니가 어린 사미승(沙彌僧)에게 큰 절을 해야 했다. 이러한 것들이 오늘날 변화하는 사회 구조에 맞지도 않고, 그것을 따르려 하지도 않는다.

그것은 여승들도 수행을 잘만 하면 얼마든지 큰스님 소리를 들을 수 있다. 그것을 잘 말해 주는 것이 동국대학교 여승 교수를 보면 알 수 있지 않는가?

80세 노비구니가 큰절을 하기는커녕 젊은 여승에게 강의를 듣고, 그의 가르침을 받아 학점을 이수하니 자연히 스승과 제자의 위치가 성립되는 현실을 어떻게 받아들이지 않을 수 있겠는가?

어디 이 뿐이랴? 예전 같으면 상상할 수 없는 일이 조계종에서 일어났다. 그것은 조계종이라는 딱딱한 틀을 부수기라도 하듯 여승이 부장이라는 중책을 맡은 것이다.

이것은 우연도 아니고, 우연으로 가능한 일도 아니다. 바로 시대가 요구하는 변화이다. 시간과 공간의 변화하는 과정에서 변화한 것이고, 이것이 사람들의 인식의 변화를 가져온 것이다.

이러한 변화를 지켜보노라면 멀지 않아 여승들이 본사(本寺, 각 지역의 말사末寺를 거느린 큰절)를 차지하겠다고 요구하지 말라는 법도 없지 않을 것이다.

그것은 우리 시대 2004년 총선에서 나다녔듯이, 그들이 진정

장애인이 좋아서 함께 금배지 달아 준 것이라고는 생각지 않는다. 한 당에서는 시각장애우를, 또다른 당에서는 소아마비장애우를 택했다. 이러한 현실은 표를 의식한 행동이라고 말할 수 있다.

예전처럼 국회의원 숫자에 따라 비례대표가 선정되는 것이 아니라 당에 직접 한 표를 행사하기 때문이다. 그러니 자연히 전국에 있는 장애인들에게 자기 당의 시너지(synergy) 효과뿐만 아니라 그들로 하여금 거둬들인 표가 바로 그들에게 의원 자리 하나쯤 주고도 남음이 있다. 바로 꿩 먹고 알 먹는 것이다.

이토록 세상은 변화하고 있다. 이 변화에 순응하지 못하면 낙오자가 되어 어디까지 밀려날지, 어느 구석에 쳐 박혀 있을지 모를 현실이 우리들 앞에 놓여 있는 것이다.

이러하기에 구태(舊態)를 벗어나 현실에 맞는 참여를 외치는 것이 하나의 개혁이라는 이름으로 들어 나고 있다.

변화는 곧 진리다. 변화는 자연스러운 것이며, 우리들에게 희망을 주기도 한다. 이것은 새로운 동력(動力)과도 같은 것이다. 아무리 좋은 물일지라도 생동(生動)하지 못하고 고여 있다면 이 물은 썩은 물이다. 따라서 먹지도 쓰지도 못한다.

그러하기에 변화는 자연스러운 것이다. 같은 모양의 물 흐름으로 보일지라도 늘 새로운 물인 것과 같다. 그러므로 변화는 진리이고, 진리이기 때문에 변화를 멈추게 할 수 없고, 멈추게 해서도 안 된다.

인간은 생로병사가 그렇듯 변화에 맞추어 살아가야 한다. 결코 변화에 거역하며 살 수는 없다. 바로 불교에서 말하는 성주괴공(成住壞空)이요 생주이멸(生住異滅)이 된다.

이와 같은 바탕에서 불교가 성립되었고, 이에 연기법(緣起法)

의 순환(循環)하는 법칙을 바로 깨닫게 되신 분이 석가모니이다.

이렇게 깨달았다고 하여 모든 것이 다 끝난 것은 아니다. 부처님께서 이와 같은 실상(實相)의 이치를 어떻게 중생들에게 설명해 깨달을 수 있을까를 번뇌했다.

다시 말해 중생들로 하여금 진리를 체득한 삶, 즉 영원한 삶을 얻게 할 수 있을까 하는 생각으로 고뇌한 흔적을 바로『대방광화엄경』을 통해서 알 수 있다.

오늘날 이 같음을 우리들은 이 현실에서 어떻게 받아들일 것인가 하는 것이 바로 진정한 개혁의 출발점이 될 것이다.

삼독에서 벗어나라

불교에서는 '탐·진·치(貪·瞋·痴)'를 삼독(三毒)이라 해서 항상 멀리하고 경계해야 함을 강조한다. 탐진치는 무엇 하나 덜하고 더할 것이 없다.

그저 욕심에서부터 자유로워질 수 있다면 그것이 탐을 멀리하는 것이 될 것이고, 성내고 화내는 것을 다스릴 수 있다면 마음의 평온이 잔잔한 호수와 같을 것이다.

또한 어리석음으로부터 탈피한다는 것은 지혜가 필요한데, 지혜란 지혜로운 정신을 가지려고 노력할 때 가능한 것이다.

『법화경』에 보면 "마음의 세 가지 때(垢)가 있다. 탐하여 구하는 욕심, 성을 내고 화를 내는 진심 그리고 미련하여 어리석은 마음이 그것이다. 너희들도 이것에 의한 슬픔과 근심의 근본을 끊어야 한다"라고 하였다. 욕망(탐심)이나 화(진심)나 어리석음(치심)으로부터 해방될 수 있다면 이미 그는 법부는 넘어선다.

『방등경』에 보면 "대승행을 닦는 보살이 대승(大乘)을 믿어 수행하는 가운데 한번만 진심을 내어도 그 죄는 강가의 모래알 같은 겁(劫) 동안에 지은 탐욕의 죄보다도 중하다. 진심이 발동하면 중생을 버리게 되는 까닭이다. 비록 탐욕을 범했더라도 천천히 버리게 되면 그 죄는 조금 가볍지만, 만일 진심을 내었으면 아무리 빨리 버렸어도 그 죄는 중한 것이다. 또한 어리석음을 범하더라도 빨리 버리면 그 죄는 조금 가볍다. 삼독의 가볍고 무거움이 이러하므로 수행하는 보살은 마땅히 방편 지혜를 잘 수호하여 범하는 일이 없도록 해야 한다"라고 했다.

사람이 살아가는데 탐욕이 없을 수 없다. 다만 수시로 그 탐욕을 떨쳐 버리려고 노력을 해야 한다. 마치 더러운 때를 씻는 데는 비누가 필요한 것처럼, 우리들의 탐욕도 그때 그때 씻어 낼 수 있을 때 탐욕으로부터 멀어진다. 탐욕을 버리지 못하면 몸을 상하게 하고, 나아가서는 정신까지 상하게 한다.

오늘날 많은 사람들이 때 아닌 봄날 낙화 분분하듯 자살을 많이 한다. 자살은 그 날의 기분만 가지고는 일어날 수 없다. 그것은 누적된 마음의 갈등의 추가 뚝 떨어진 것이나 다름없다.

그렇다면 무엇이 갈등이며 갈등의 추인가? 그 시작은 아주 미미한 것에서부터 출발한다.

처음에는 작은 명예만 얻으면 천하를 다 얻는 것으로 여기다가, 점점 탐욕의 불꽃이 일면 닥치는 대로 탐하게 된다. 그러다가 세월이 지나 명예도 점점 올라가게 된다.

그러나 이처럼 한번 크게 타오르는 탐욕의 불길은 거기서 그치지 않고 더욱 활활 타게 된다. 그러다 어느 한 날 그 탐욕으로 하여 끝없이 높이 올라와 있는 자신을 보게 된다. 그것이 바로 명예인 것이다.

사람은 그 명예를 얻으면 부를 버리거나 권력을 넘보지 말아야 한다. 그런데 명예도 얻고 부도 챙기고 권력도 탐하려 한다. 이것이 어느 날 무거운 짐이 되어 떨어지게 된다. 그 때는 이미 막을 수 없다.

그것은 마치 가벼운 것은 떨어져도 천천히 떨어지고 받을 수도 있지만, 탱천하여 가득한 것은 떨어질 때 급히 떨어지고 받을 수도 없게 된다.

또다른 비유를 들자면 소금을 많이 먹으면 물이 먹히고, 물을 많이 먹으면 몸이 무거워지는 것과 같은 것이다. 그러니 지나친 탐욕은 나를 떨어뜨리게 된다.

탐욕 못지않게 진심도 중요하다. 진심은 성 내고 화를 내는 것이 얼마나 무서운 것인가를 말해 주는 곳이 있다.

금강산에 가면 장안사(長安寺)가 있고, 장안사 산내에 돈도암(頓道菴)이라는 암자가 있다. 그곳에서 수행하던 홍도(弘道)라는 비구(比丘, 출가한 20세 이후 스님) 스님이 수행하던 어느 날이었다. 잠시 문을 열어 놓고 쉬고 있는데 난데없이 바람이 불어 와 닫히는 문에 의해 홍도 스님의 손이 다치게 되었다. 이 순간 홍도 스님이 버럭 화를 냈다. 훗날 이것이 인과(因果)가 되어 홍도 스님은 죽어서 큰 구렁이로 환생한 것이다. 그리하여 홍도 스님은 그래도 전생에는 닦은 것이 있으니 그 법력으로 뱀의 몸을 받았지만, 후학을 위해서 경계하는 글을 남겨야겠다는 원력을 가지고 뱀의 꼬리로서 돈도암 바위에 글을 남겼는데 다음과 같은 글귀가 새겨져 있다.

"한 번 진심 일으킨 것이 뱀의 몸을 받았네(一起嗔心受蛇身)."

이토록 성 한 번 내는 것이 구렁이의 과보를 받을 줄은 우리 모두가 상상할 수 없었을 것이다.

그럼, 어리석음은 어떠한가? 불경에는 어리석음에 대한 이야기가 참으로 많다. 어리석음은 단순히 자기 한 사람에 끝나는 것이 아니기에 어리석음도 어서 벗어나는 것이 좋다.

가령 어리석은 사람이 그것이 옳다고 판단을 해서 그것을 계속 지속시킨다면, 또한 그것으로 인해 많은 사람들이 피해를 입는다면, 어리석음이 얼마나 무서운 것인가를 알게 될 것이다.

"옛날 어떤 사람이 '불과 찬물' 두 가지를 다 구하려 했다. 그래서 화로에 불을 담고 재를 덮었다. 그리고 그 위에 물을 담은 대야를 올려놓았다. 얼마 뒤 불을 쓰려고 하였으나 불은 이미 꺼진 뒤였다. 또 찬물을 쓰려고 하였으나 물은 이미 데워져 있었다. 그리하여 불과 찬물 두 가지를 모두 잃고 말았다."

이 이야기는 『백유경』에 나오는 내용이다. 또한 다음과 같은 내용도 있다.

옛날 설산에 몸 하나에 머리가 둘인 새가 살고 있었다. 두 마리의 새 이름은 각각 가루다와 우바가라 하는데, 둘은 언제나 교대로 잠을 자거나 깨어 있게끔 되어 있었다. 하루는 가루다가 깨어 있을 때 바람에 향기로운 꽃이 날아왔다. 이를 본 가루다는 '혼자서 이 꽃을 먹는다 해도 뱃속에 들어가면 둘이 함께 기운을 얻고 목마름을 면하게 될 것이다'라는 생각에 우바가에게 알리지 않고 혼자 먹어 버렸다. 이윽고 잠에서 깬 우바가는 이 사실을 알고 못내 섭섭하고 분한 마음을 누를 길 없었다. 얼마 후 문득 하나의 독을 품은 꽃을 보게 되었을 때 전날의 일을 떠올리며 우바가는 생각했다. '전에 너는 맛있는 꽃을 혼자 먹었지. 이 독한 꽃잎을 혼자 먹을 테니 어디 두고 봐라.' 그리하여 가루다가 잠든 사이 우바가는 독이 든 꽃잎을 먹고 말았다. 괴로움에 잠을 깬 가루다는 이 사실을 알고 탄식했다.

"너는 어찌 이리도 어리석으냐? 독한 꽃잎을 먹는 것은 우리 둘 다 죽게 하는 일인 줄 모르다니."

그리고 우바가의 어리석음으로 머리가 둘인 새는 고통 속에 신음하다 함께 죽고 말았다.

이 내용처럼 어리석음은 자기 혼자만의 어리석음으로 끝나는 것이 아니라 그 주변의 여러 사람까지 해를 끼치게 된다. 따라서 하루 빨리 지혜를 얻어 어리석음으로부터 벗어나야 하지 않을까?

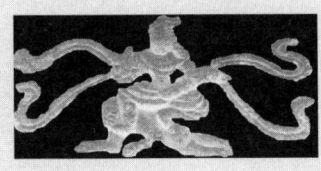

향산 종이에 향기 나고
고기를 싼 종이에 비린내 난다.

제3부

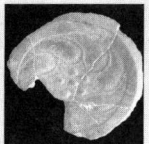

인생의 향기

지혜를 얻는 자 행복이 보인다

　동서고금을 막론하고 사람이 일생을 살아가는데 있어 어떻게 사는 것이 잘 사는 것인가에 대한 의문은 끊임없이 이어져 내려오고 현재도 존재한다.
　사람과의 관계에서 "덕이 없어서…… 또는 복이 있다 없다"는 말을 주고받는다. 덕이라 함은 눈에 들어 나지 않으면서 무엇인가 가득 차 있는 그런 것으로 이해할 수 있다. 복 또한 이것이라고 내세우는 데는 한계가 있다.
　그런데 복이다, 덕이다 말하기 전에 그 근원이 있다면 지혜가 아닐까 생각한다. 복도 덕도 돈을 주고 사거나 주고받는 것은 아니다. 지혜 또한 줄 수도 받을 수도 있는 것은 더욱 아니다.
　그렇지만 지혜는 모두 얻을 수 있다. 공자는 『논어(論語)』에서 "생이지지 학이지지(生而知之 學而知之)"를 말하고 있다. 생이지지가 나면서 아는 것이라면, 학이지지는 배위서 안다는 것이다.

지혜라는 것이 알 지(知) 자에 날 일(日) 자가 덧붙은 글자로서 서서히 닦아서 얻은 지혜이기에 후득지(後得智)라는 말을 한다.

그렇다면 누구나 다 후득지를 얻을 수 있다. 문제는 어떻게 얻느냐이다.

인간은 누구나 정도의 차이는 있어도 탐진치(貪瞋癡)를 가지고 있다. 탐진치를 가지고 있다는 것은 색신(色身)이라 할 수 있는 몸이 있기 때문이다.

눈으로 보고 귀로 듣고 코로 냄새를 맡고 혀로 맛을 느끼고 몸으로 촉감을 얻고 의식(意識)으로 분별한다. 이것을 불교에서는 육근(六根)이라 하며, 각기 여섯 가지 번뇌를 일으켜 우리의 청정한 자아를 혼탁하게 함으로 이것을 없애려고 무던히 노력한다.

불교에서 보면 누구나 다 청정한 지혜를 가지고 있다. 이것이 색신으로 인한 번뇌 때문에, 청정한 지혜가 본시 맑은 거울에 때가 끼면 혼탁해져서 제대로 사물을 비출 수 없는 것과 같다.

그러므로 이것을 다시 찾기 위해 참선을 해서 정(定)에 들고, 염불을 해서 삼매(三昧)에 들고자 한다.

결국 이렇게 해서 온갖 번뇌를 떨쳐 버리면 마치 잃어버렸던 청정한 자아(自我)를 찾게 되는 것이다. 이것이 궁극에는 불지(佛智)가 되고 보살지(菩薩智)가 된다.

그렇다면 지혜를 얻을 때 무엇이 다른가? 지혜 또한 손에 잡히는 것은 아니다. 그러나 청정한 지혜를 얻으면 바른 안목이 생기고, 바른 생각을 하게 되고, 바른 판단을 한다. 그렇게 되면 우리의 인생은 행복이 보이고 행복한 삶을 살 수 있다.

중국 오대산(五臺山)에는 문수보살(文殊菩薩, 지혜를 상징하는 성인)의 상이 있다. 그런데 무착(無着) 스님이 문수보살을 친견하기 위해 백일 동안 문수보살을 그리워하는 마음으로 기도를 올렸다. 그때 백일이 다가오자 홀연히 문수보살이 나타나서 법문(法門)을 내리기를,

  "만약 어떤 사람이 잠시라도 고요한 마음으로 앉아다면
  저 항하의 모래알로 칠보탑을 세운 공덕보다 더 수승하다
  보탑은 끝내 부셔져 티끌이 되지만
  한 생각 바른 마음은 정각(正覺)을 이루기 때문이다
  若人靜坐一須臾　勝造恒沙七寶塔
  寶塔畢竟碎微塵　一念正心成正覺

인연이란

흔히 사람을 처음 대할 때 '인연(因緣)'이라는 말을 많이 쓴다. 인연은 좋은 뜻으로 많이 쓰는데, 그 본뜻은 좋다 나쁘다 할 것이 없다. 좋은 만남도 인연이요 나쁜 만남(惡緣)도 인연이다.

인연이라는 말은 원래 불가에서 사용하는 말로써, 인이란 원인이 되고 연은 원인에 부합하는 것이다. 인이 씨앗이라면 연은 밭이다. 그러니 인만 있어도 결과는 없고, 연만 있어도 결실이 없다.

그러하기에 인과 연이 하나를 이루어야 결실 또한 이루어지는 것이다. 용수보살 중론에 "이 세상 아무리 사소한 사물일지라도 인연으로 일어나 인연으로 사라지지 않는 것은 찾으려 해도 찾을 수 없다"라고 했다.

이토록 인과 연은 함께 존재하는 것으로 따로 존재할 수는 없다. 악의 원인으로 만나면 악과(惡果)를 얻을 것이요, 선의 원인으로 만나면 선과(善果)가 이루어진다.

그러함으로 열반경에 "선악의 보는 그림자가 형태를 따르는 것과 같다. 그리하여 삼세의 인과가 휘돌아 없어지는 일이 없으니, 이 세상을 헛되이 보낸다면 후회해도 소용이 없다"라고 했다.

불교에서는 숙인금과(宿因今果) 과거세의 인이 현재의 결과로 나타난다. 『정행소립경』에 의하면 "백천 겁을 지나도 저 업은 파괴되는 일이 없어서 인연이 결합되는 때가 되면 과보를 반드시 받는다"라고 하였다.

그러하기에 한 번 지은 업은 소멸되지 않으니 절대 선인을 심을 필요가 있다. 이것은 마치 "콩 심은 데 콩이 나고, 팥 심은 데 팥이 나는 것"과 같은 이치다. 또한 옷깃 한 번 스치는 인연도 과거 오백 세의 인연이 있어야 한다.

그러니 인연은 내가 만들고 내가 받는 과보의 전주곡(前奏曲)쯤 된다. 따라서 우연이라는 말은 없다. 그것이 아무리 사소한 것일지라도 필연인 것이다.

만나야 할 사람이 만난 것이고, 그 만남이 좋은 결실도 되고 때론 악연이 되기도 한다. 서로가 원한과 복수의 연속된 인연으로 부모와 자식으로 만날 수도 있다.

그렇지만 부처님의 가르침은 그 만남이 원수의 만남일지라도 현재 그 고리를 끊지 않으면 영원히 그 고리를 끊을 수 없음을 강조하는 말씀이 경을 통해서 많이 나온다.

그러므로 우리가 일상적으로 만나고 스치는 모든 것들이 그냥 스쳐 지나가는 것이 아니다. 과거 생으로부터 다 인연이 있어서 금생에 만나고 스치는 것이다.

우리가 만나고 헤어지는 이 모든 것이 그냥 무심으로 넘길 수는 있다. 그러나 이것은 텔레파시(telepathy)와도 같다. 따라서 어떤 환경이 도래하거나 때가 맞으면 선의 인연일 경우 선의 결과로 다가오고, 악의 인연이라면 악의 결과로 다가서는 것이다.

인연이란 이토록 소중하고도 무서운 것이다. 현생을 그냥 넘긴다 해도 이는 내생에까지 가서라도 과보는 받고 마는 것이다.

상응부 경전에는 다음과 같은 내용이 있다.

부처님 당시에 한 노수행자가 있었다. 그런데 병이 들어 누워 있었지만 아무도 그를 돌보아주지 않았다. 그러던 어느 날 병석에서 일어나 바늘귀를 넣으려고 하는데 눈이 어두워 잘 들어가지 않게 되자, 누군가의 도움을 받으려 했다. 하지만 아무도 그를 도우려 하지 않자, 매우 못마땅하다는 듯이 투덜대며 한탄했다. 그때 부처님께서 다가와 바늘귀를 넣어 주면서 노스님에게 말했다.

"이런 어려운 일이 처해도 남이 도와주지 않는 것은 전생에 남들에게 덕을 쌓지 않아서 그런 것이다. 그러니 남들을 너무 원망하지 말라."

부처님은 이 말씀을 하면서 모든 것은 자업(自業) 자득(自得)이라는 말을 하셨다.

정성은 감응한다

　강원도 정선군 동면 화암리 산골 마을에 화암(畵岩)약수가 있다. 지금은 그 곳에 의젓한 큰절이 하나 들어서 큰 사찰로서 위상을 갖추었다. 하지만 그 절이 처음 들어 설 때가 1976년으로, 당시에는 깊은 산 속이었다.
　그 자리가 절이 들어설 만한 자리라고 여길 수 없을 정도로 돌무더기가 많고 빽빽이 들어 선 나무숲과 가파른 산비탈이었다.
　이러한 악조건 속에서 토굴(土窟, 수행자가 거처하는 작은 처소)을 짓게 되었다. 그런데 정선에 사는 한 부인이 외동딸마저 차사고로 잃고 홀로 세상을 살아가고 있었다.
　부인이 하루하루를 비참한 생각으로 슬픔을 떨치지 못하고 살아갈 무렵 우연히 서암(西岩)이라는 호걸풍의 한 스님을 만나게 된 것이다. 그것이 인연이 되어 절을 짓기로 했으며, 그 부인이 사재 200만 원을 내어 놓았다.
　그 당시 이 정도의 돈이면 작은 돈은 아니었다. 하지만 황무지

보다 더 험한 돌밭 산비탈에 절터를 다져 절을 짓는다는 것은 무척 힘든 일이었다. 우선 공사를 위해 길을 닦아야 했다. 그래서 동면 면장님의 협조를 얻어 작은 토굴 절을 완성할 수 있었으며, 절 이름을 '불암사'라 했다.

모든 것이 부처님과 스님 그리고 재원을 낸 보살의 원력과 힘으로 완성한 것이다. 이후 그 부인은 공양주를 하면서 40대 중년의 나이에 산에서 몸과 마음을 수양하는 마음으로 공양을 지으며 스님의 시봉을 하게 되었다.

내가 그 토굴 불암사에 갔을 때는 불사(佛事)가 거의 완성 단계에 접어들었을 때다. 그렇지만 개울가에서 돌을 주워 흙과 함께 흙 돌집을 만들었다. 그런데 날씨가 차차 추워지는가 싶더니 금세 얼음이 얼고 혹한이 찾아왔다. 방도 채 마르기 전이었다. 날씨가 추워 아궁이에 불을 지폈다. 흙 돌집 벽이라 얼었던 방벽이 녹으면서 물이 벽지를 타고 줄줄 흘렀다.

그래도 모든 것이 좋았다. 나는 병든 몸의 회복을 위해 거처를 했고, 그 부인은 중년의 나이였지만 한 스님의 보살핌과 또 그가 스스로 세속에서의 기구한 운명으로 슬펐던 마음을 위로 받을 수 있어 하루하루의 생활이 즐거웠다.

그러던 어느 날, 서암 스님이 병이 났다. 위경련이었다. 위의 경련이 얼마나 심했던지 스님은 배를 잡고 뒹굴면서 고통스러워했다. 가까스로 병원을 찾아 안정을 취해 호전이 되었지만, 얼마가 지나지 않아 다시 발병을 하여 배를 움켜잡고 데굴데굴 구르는 고통이 시작 되었다.

그 부인은 너무도 안타까운 마음에 스님을 위해 기도를 하기로 마음먹었다. 그렇지만 그 부인 역시 기도가 무엇인지 알 리가 없다. 인연이 되어 자기의 전 재산에 가까운 200만 원의 큰돈을 보시를 했는데, 바로 그 스님이 병이 났으니 안타까운 마음으로 기도를 하게 된 것이다.

소망이라면 그저 자기가 모시고 사는 서암 스님이 부처님의 가피와 산신령님의 영험으로 낫게 해 달라고 기도했다. 그 부인은 오직 그 일념으로 매일 몸을 정갈하게 하고 지극한 정성으로 기도를 드렸던 것이다.

그러던 어느 날이었다. 한 십 여일 정도 지났을 무렵 꿈에 산신령의 모습이 보였다. 허연 수염을 바람에 날리며 긴 지팡이를 짚고 서서 측은한 눈빛으로 쏘아 보면서 "너는 무엇을 바라느냐?" 하고 물었다. 공양을 하는 부인은 "저는 무엇을 특별히 바라는 것은 없습니다. 오직 우리 절에 스님의 병을 낫게 해 주시면 좋겠습니다"하고 자신의 소망을 말했다.

그러자 산신령이 몇 가지 약 처방을 내려 주고는 사라졌다. 그것은 엄나무와 두릅나무 뿌리를 다려 마시게 하면 효험을 볼 것이라는 말이었다.

부인이 잠에서 깨어나 생각해보니 예사 꿈이 아닌 것 같았다. 곧 산에 올라 가시가 달린 엄나무를 자르고, 두릅나무 뿌리를 캐서 다렸다. 차물은 연한 붉은 색을 띠는데 맛은 향긋했다.

부인의 기도는 영험이 있었다. 산신령의 영험인지, 관세음의 화현신(化現身)인지는 모르지만 차물을 다려 먹은 후부터는 신기하게도 위가 좋아졌다. 더는 경련이 일어나지 않았고 그 차물을 마신 스님과 나와 부인 모두가 건강이 좋아졌다. 그러니 지극한 정성은 큰 감응으로 다가온다는 것을 실감하지 않을 수 없다.

마음을 비웠다는 말

　우리는 흔히 '마음을 비웠다'는 말을 쓴다. 그런데 무슨 마음을 비웠다는 것인가? 마음은 비울 것도 채울 것도 없는 것인데, 왜 무엇 때문에 마음을 비웠다는 말을 하는 것일까?
　욕심을 버리겠다는 뜻인지, 현재 하는 일을 포기한다는 것인지, 그렇지 않으면 앞으로 다가오는 일을 하지 않겠다는 것인지, 아니면 무엇이 어떻게 되어 어떻게 하겠다는 말이 아닌 그저 포괄적 개념인지 알 수 없다.
　마음을 비웠다는 말의 그 내면의 실상을 들여다보면 현재로부터 탈출하고 싶은 의도를 가지고 있다. 즉 상대로 하여금 현재의 자기 모습을 숨기거나 피하기 위한 순간의 발상으로 이 말을 하는 경우가 많다.
　마음을 비운다는 것은 결코 쉬운 일이 아니다. 적어도 마음을 비운다는 것은 허심(虛心)이라 할 수 있다. 그런데 허심은 언어 표현 이전에 마음의 깊은 통찰과 자기 수련을 한 연후에 나올 수 있다. 그러므로 스스로의 통찰과 자각이 서면 감히 마음을 비웠다는 말들을 쉽게 내뱉지 못한다.

마음이란 것은 심 작용으로서 정신의 영역에 속한다. 그렇다면 마음이란 무엇이며, 마음의 작용은 무엇인가?

마음이란 어찌 보면 추상적인 용어다. 뚜렷하게 무엇이라 할 수 없기 때문이다. 마음을 찾는다면 가슴에서 찾을 것인지, 머리에서 찾을 것인지 아니면 허공에서 찾을 것인지 또한 부처나 성신에게서 찾을 것인지 그 어디에도 근거를 들 수 없는 것이 바로 마음이다.

그러나 사람들은 마음을 말하고 있다. 도대체 마음이 무엇이기에 이렇게 마음을 말하는 것일까?

누구나 공통적 관점에서 마음을 말한다면 마음은 시간과 공간에 구애되지 않는다. 그러나 마음은 시간과 공간 환경에 따라 변화한다.

이것이 마음이다. 어제의 마음이 다르고, 오늘의 마음이 다르다. 어떤 사람은 결혼하면서 서로 약속하기를 변치 말자, 영원히 당신만을 사랑한다는 등의 말을 하지만 세월이 지나면 그 약속이 지켜지지 않는다.

그러나 그 약속이 지켜지지 않는다고 해서 지키지 않는 사람을 무조건 잘못이라 할 수 없다. 따라서 과거의 마음이 현재까지 지켜야 한다는 고착된 마음도 옳지 않다.

인간은 변한다. 인간뿐 아니라 모든 사물은 다 변한다. 나아가 사물뿐만 아니라 정신의 작용도 변한다. 정신과 육신이 따로 구분된다고 말하지만, 육신이 흐느적거리는데 정신만 뚜렷할 수는 없다. 육신이 다하면 정신도 끝난다. 거꾸로 말하면 정신의 작용이 정지된다면 육신의 작용도 멈춘다고 봐야 할 것이다.

그렇다면 마음은 과연 무엇인가?

한문에서 마음 심(心) 자를 보면 양 날개와 밑에 몸통 받침이 있고 위에 덮개가 있다. 이것은 하늘을 나는 한 마리 새를 연상할 수 있다.

새란 바로 변화를 의미한다. 그래서 '심' 자와 잘 조화를 이루는 것이 절 만(卍) 자다. '만' 자는 가장 안정된 기호학적인 사각을 띠면서 위아래 좌우를 구분하고 돌아가는 팔랑개비와 흡사한 모습이다. 이것은 변화를 상징적으로 만들어졌다고 여겨진다. 그런데 달마 혈맥론에 의하면 온통 마음의 이야기이다.

"과거 부처도 현재 부처도 다 마음을 말한다. 마음이 곧 부처요 부처가 곧 마음이다."

또 『심지장경(心地藏經)』에서는 마음을 이렇게 말하고 있다.

"마음이란 본래 있는 것이 아니어서 번뇌에 더럽혀질 여지가 없거니, 어찌 마음이 탐진치(貪瞋癡)에 의해 더럽혀지며 삼세에 속하는 온갖 것에서 무엇을 마음이라 하랴. 과거의 마음은 없어졌고, 미래의 마음은 오지 않았고, 현재의 마음은 머물지 않아서 온갖 사물의 외면적 양상이 인식되지 않으며, 온갖 사물의 안도 겉도 아닌 중간의 모습도 인식 되지 않는다."

그렇다면 마음은 어떤 작용을 하는 것일까 생각해 보자.

기신론(起信論)에는 "한마음에 두 가지 문이 있는데, 하나는 청정한 마음이요 하나는 생멸, 즉 분별하는 마음이 있다"라고 했다.

그럼 청정한 마음은 무엇이며, 생멸하고 분별하는 마음은 무엇인가? 청정한 마음은 마치 물이 바람을 만나지 않을 때와 같고, 분별하는 마음은 고요한 물결에 바람이 찾아오니 성난 파도로 변한다고 이해를 할 수 있다.

유식(唯識)적으로 보면 눈과 귀와 코와 입 그리고 혀 의식을 여섯 가지 뿌리(六根)라고 한다. 육근이 육경을 인식하는 단계(육식)를 거쳐 그것을 저장하기 위해 분별하는 과정을(제7식 마나야식) 거쳐 저장(제8식 아리야식)을 하였다가 어떠한 현상을 감지하거나 그 경계에 이르게 되면 그것을 들어낸다.

그런데 아리야식은 장식(藏識)이다 하여 창고처럼 좋고 나쁜 것을 다 저장한다. 때문에 아리야식은 청정할 수도 있고 그렇지 않을 수도 있다. 이 마음을 마인드(Mind)니 멘탈리티(Mentality)니 하는데, 이것은 옳고 그름과 선과 악을 판단하는 힘 정도로 여긴다.

마음을 다스리는 자기 체면적인 방법도 있고, 나아가면 남의 마음을 조절(他人 체면)할 수도 있다. 그러나 불교적으로 이해하면 "한 생각 일으키면 중생(起一念卽衆生)이라 하고, 한 생각 일으키지 않음을 부처(不起一念卽佛)"라 하듯 그저 고요한 마음 청정한 마음(自性淸淨心)을 가진다면 바로 눈앞에 펼쳐진 사사물물 경계(事事物物境界)가 편안하리라 말하겠다.

행복에 대하여

"인간은 내일이 없다"는 말을 한다. 이 말뜻은 미래를 보장받을 수 없으며, 미래를 기약할 수도 없다는 뜻이다.

바꾸어 말하면 보장받을 수 없는 삶을 하루하루 사는 것이 마치 '하루살이' 같다. 하지만 그것을 모르고 보는 사람은 그저 살아가는 것, 아직 살아 있구나, 할 정도로 볼 것이다. 아니 살고 죽는 문제도 생각할 필요를 느끼지 않을 것이다.

왜냐하면 느낄 필요조차 없기 때문이다. 그것은 현재 존재하는 그것이 하루만 산다는 것을 알고 지켜보기 때문에 측은한 마음이나 허무한 마음이 들 것이다. 그렇지만 그것을 모르는 상태에서 보는 것은 마치 아무생각 없이 멍하니 강 건너 전원을 무심히 쳐다보는 것 정도일 것이다.

중국의 선 종사를 말할 때 학승 덕산(德山)을 뺄 수 없다. 그는 『금강경(金剛經)』의 대가로 알려졌다. 그래서 늘 그의 바랑에는 『금강경』과 관계되는 소초(疎鈔)가 가득했다.

어느 날 스님은 여행 도중에 점심때가 되어 배를 좀 채워야겠다는 생각으로 한 노파가 떡을 팔고 있는 곳을 들렀다.

덕산 스님이 떡을 좀 달라고 하자 노파가 되물었다.

"스님 등에 짊어지고 다니는 것이 무엇이요?"

"예, 금강경 소입니다."

"스님! 스님께서는 금강경에 대해서는 잘 아시겠다는 생각으로 한 가지 묻겠습니다. 이 말에 대답을 하시면 떡을 대접하지요. 그렇지만 답변을 못하시면 스님께 떡을 드리지 않겠습니다. 금강경에 보면 '과거심불가득 현재심불가득 미래심불가득(過去心不可得 現在心不可得 未來心不可得)'이라 했는데, 스님께서는 어느 마음에서 점심(點心)을 드시려 합니까?"

노파의 물음에 덕산 스님은 말문이 막혀 대답하지 못했다. 물론 떡도 얻어먹지 못해 허기진 배를 움켜쥐었다.

덕산 스님은 그 동안 『금강경』만은 자신이 최고라고 여겨 왔는데, 오늘 한낱 노파의 놀림거리가 되었다는 생각에 이르자 부끄러운 마음이 들었다. 그래서 절로 돌아가 그 동안 어디를 가든 항상 가지고 다니던 『금강경』소를 전부 태워 버렸다는 내용이다.

이것은 마음이란 과거도 현재도 미래도 없다는 뜻이다. 과거의 마음은 지난 것이고, 현재의 마음은 순간순간 지나가기 때문에 현재라 할 수 없고, 미래는 아직 오직 않았으니 이 또한 없는 것이다. 이것을 또다른 측면에서 보면, 행복한 마음은 어디에 있으며 불행한 마음은 어디에 있는가 하고 반문하지 않을 수 없다.

이것은 오직 "마음먹기에 달렸다"는 말이 적절할 것이다. 우리가 하는 모든 것, 아니 무엇을 위해 현재를 사느냐 하고 묻는다면 나는 분명히 아래와 같이 말할 것이다.

"인생의 궁극은 행복이다."

그렇다. 우리가 늘 느끼는 것이지만, 느끼지 못하고 살아가는 것이 있다. 그것은 공기와 물과 같은 것이다. 생각하기에 따라서 늘 '행복하다', '늘 불행하다'라고 느끼는 것도 마음이다. 그것은 똑같은 조건을 가지고도 한 사람은 행복을 느끼며 살고, 한 사람은 불행하다는 생각을 하며 살아간다.

우리 불교의 최근 고승인 성철 스님께서도 "현재 내가 머무는 것보다 더 나은 것이 있다면 나는 기꺼이 그것을 선택하겠다"라고 말씀하셨듯이, 인간은 생각할 수 있기에 좋고 나쁨을 알고, 좋고 나쁨을 예견할 수 있다.

이것이 때론 문제가 되어 이기적 동물이니, 무엇을 쫒아 가는 동물이라고 말하게 된다. 그러나 분명한 것은 인간이란 행복을 향한 열차를 타고 있는 것과 같다. 그것은 돈을 많이 벌려는 것이나, 출가를 하여 도를 구하려 하는 것이나, 권력을 움켜쥐려 하는 것이나, 그림을 그리고 시를 쓰는 것이나 모두의 공통점은 행복인 것이다.

그렇다면 이 행복을 어디서 찾을 것인가?

그것은 마치 마음이란 것을 과거 현재 미래에도 찾을 수 없는 것처럼, 또한 봄이 문 밖에만 있는 것이 아니라 내 집 마당에서도 찾을 수 있는 것처럼 어떤 마음을 가지고 있으며, 어떤 마음으로 그것을 보느냐에 따라 행복도 될 수 있고 불행도 될 수 있다.

쇼펜하우어는 그의 「고뇌의 생」에서 "인간을 움직이고 있는 것은 이성이 아니라 살려고 하는 생존 의지, 즉 '맹목적 의지'다"라고 했다. 즉 인간은 결국 고통 속에서 반드시 죽게 마련인데, 왜 인간이 그것을 지키려고 애쓰느냐 하는 반문이기도 하다.

그렇다면 왜 쇼펜하우어의 말을 여기에 인용하였을까 하고 반문하는 사람도 있을 것이다.

그것은 인간에게 주어진 하나의 실험적인 것으로서, 인간이 살아가는 것은 막연한 본능(本能)이라 할 수 있기 때문이다. 이 본능이라는 것 때문에 하루하루의 삶이 죽음을 향한 문턱으로 가고 있는 줄 모르고, 그저 영원히 살 수 있는 것처럼 항상 '산다'는 말과 '앞으로'라는 말을 하면서 살아간다.

그것은 잘못된 생각은 아니다. 만약 내가 비참하게 죽을 것을 생각한다면 인생은 더욱 비참할 것이기 때문이다. 그러나 행복도 그만한 대가가 주어졌을 때 행복을 알 수 있다.

우리가 이른 봄에 볼 수 있는 매화는 그냥 향기를 토하는 것이 아니다. 옛 중국 선종사에 등장하는 황벽 스님은 이렇게 말했다.

"한때의 추위가 뼈의 사무침이 없어서야 어찌 매화 향기가 코에 와 닿음을 얻을 수 있겠나(不是 一翻寒徹骨 爭得梅花撲鼻香)."

또한 어둡고 긴 터널을 걸어 본 사람만이 광명의 기쁨을 얻을 수 있는 것처럼, 행복도 스스로 행복함을 느낄 수 있도록 만들어 가야 한다. 그것은 늘 반복되는 일상 속에서는 느낄 수 없다. 그렇기에 적당한 괴로움, 적당한 인내 등은 행복을 느낄 수 있는 좋은 계기가 된다.

한 예로서 등산하는 사람이 정상을 향해 올라가는 것은 누가 알아주거나 반겨 주는 것이 아니다. 더욱이 돈이 생기는 것도 아니지만 힘든 산길을 오른다. 그것은 오직 산 정상에서 본 사람만이 알 수 있다. 비록 그 과정이 힘들어도 잠깐 동안의 행복을 위해서 긴 고난의 과정을 인내하며 오르는 것이다.

안수정등

'안수정등(岸樹井藤)'이란 '언덕의 나무요 우물의 넝쿨'이라는 말이다. 불가에서 인생을 비유할 때 많이 사용하는 말이다.

이는 『열반경』 수명품에 "몸이 쉽게 부서지는 것이 마치 강가에 언덕 같고, 험준한 비탈에 선 나무와 같다(是身易壞猶如河岸臨峻大樹)"는 뜻으로, 우리에 인생이 마치 그와 같다는 것이다.

"옛날 어떤 죄인이 왕에게 죄를 범한 뒤 그 처벌이 두려워서 도망을 쳤다. 이에 왕은 사나운 코끼리로 하여금 그를 쫓게 하였다. 그는 도망하던 중 우물을 발견하고 그 속으로 몸을 숨겼다. 마침 우물 중간에 넝쿨이 있어 그걸 붙들었다. 그런데 밑에는 사나운 용이 독을 뿜으며 올려다보고 있고, 곁에는 다섯 마리의 독사가 혀를 날름거리며 헤치려 하고, 또 검고 흰 쥐 두 마리가 썩은 넝쿨을 갉아먹고 있는지라 언제 끊어질지 몰랐다. 거기다가 큰 코끼리는 우물 밖에서 그를 잡으려고 기다리고 있는지라 그는 몹시 두려웠다. 그런데 머리 위에 나무 한 그루가 있었는데, 때때로 달콤한 꿀방울이 입속으로 떨어졌다. 그는 꿀방울에 그 단맛에 취해 잠시 두려움에서 벗어날 수 있었다."

여기에서 우물은 생사(生死)를 뜻하고, 코끼리는 무상(無常)을 뜻하며, 독용은 악도(惡途)를 뜻하고, 다섯 마리의 독사는 오음(五陰, 色受想行識)을 뜻하며, 썩은 풀은 명근(命根)을 뜻한다. 검은 쥐와 흰쥐는 낮과 밤을 뜻하며, 다섯 방울의 꿀(五慾樂), 즉 재물·색·식욕·명예·수면을 뜻한다. 따라서 달콤한 꿀맛에 빠져 생사를 두려워하지 않는다는 비유이다.

이 말은 『유마경』 방편품에 나오는 말로, 이 비유는 스님들이 법문을 하면서 많이 인용하고 있다.

지금으로부터 약 15년 전으로 기억한다. 《불교신문》에 '안수정등'에 관한 기사가 실린 것을 읽었다. 《불교신문》의 한 편집 책임자가 고승들을 직접 찾아가서 '안수정등'에 대한 질문을 던졌다.

워낙 오래된 내용이라 자세한 기억은 나지 않는다. 그렇지만 당시에 워낙 깊은 인상을 받았던 내용이라 여기 옮겨 본다.

기자는 통도사 극락암 조실(祖室) 경봉(鏡峰) 스님을 찾아가 스님께 질문을 드렸다. 그러자 경봉 스님은 깊게 받아들이지 않은 것 같았다.

"불교신문 기자라 했나? 여기 극락에 온다고 힘들었제? 극락은 쉽고도 힘이 들어. 그러니 사바세계에 있을 때, 이것을 무대로 삼아 멋진 연극 한 번 해야 돼!"

이런 내용의 법문을 들은 기자는 곧장 바닷가에 있는 월내 묘관음사를 찾았다. 그곳에는 운봉(雲峰)으로부터 법을 이은 호걸선승인 남방도인이라 부르는 향곡(香谷) 스님이 계셨다.

기자가 질문을 드리자, 스님은 육중한 몸에 걸맞지 않게 "이이

제운 作, 어떤 스님이 묻기를 "개도 불성이 있습니까?"하니,
"無"라 답했다.

고! 아이고!"만 반복하는 것이었다. 기자는 그 스님의 행동으로 미루어 짐작해 '천하의 향곡도 이제 늙으니 별수 없구나'하고 생각했던 것이다.

그러나 선가에서는 격외(格外)의 도리를 여러 방편으로 쓰니, 그것을 말에 따라 함부로 판단할 수 없는 것이다. 아마 그 때 기자는 향곡 스님의 행동으로부터 중국의 선승인 덕산(德山) 스님의 임종시 모습과 비슷하게 받아들이지 않았을까 생각을 해 본다.

임제(臨濟) 스님이 '할(喝)!'이라면, 덕산은 '방망이'로 유명하다. "일러도 삼십 방망이요, 이르지 않아도 삼십 방망이"라는 말은 후세 선가에 유행어가 되었다.

그런 선사가 임종에 이르러 병석에 누워 있는데 어떤 사람이 와서 물었다.

"영원히 병들지 않는 사람도 있습니까?"

이 물음에 덕산 스님은 "끙끙"하는 신음소리를 내었다.

기자는 다시 불국사 월산(月山) 스님을 찾았다. 똑같은 질문을 드리자 월산스님은 "나는 지금 불국사에서 잘 있네(我現在佛國寺安住)" 하셨다. 순간 기자는 '한때는 마적단으로, 한때는 선승으로 전국 제방에서 이름을 떨치다가 지금은 불국사에서 조실(祖室) 대접 받으며 잘 지내는데 뭐 시시콜콜하게 그런 말을 하느냐?' 하는 느낌을 받았을 것이다.

기자는 발걸음을 돌려 덕숭산 수덕사를 찾았다. 그곳에는 옛날 선승들의 호흡이 느껴지는 도량이라 할 수 있다. 그런데 경허(鏡虛)와 만공(滿空)으로 내려오는 시퍼런 칼을 혜암(慧岩)이라는 선승이 가지고 있었다.

기자는 똑 같은 질문을 드렸다. 그러자 당시 연세가 90살 정도 된 분이라 누운 자리에서 일어나 말씀하기를 "수미산도 놓아 버리게(須彌山放下着)"라고 말씀하셨다.

수미산이라면 불교에서 보는 우주에서 가장 높은 산이다. 즉 우주를 의미할 수 있다. 그러니 인생이고 뭐고 잡다한 것 다 놓아 집착하지 말라고 말씀하신 것이다.

이 때 기자가 느끼는 생각은 이러했을 것이다. 100세를 바라보는 한 노선승의 입장에서 보면 인간들은 너무 집착을 많이 한다는 것이고, 그 집착이 있는 한 안수정등으로부터 자유로울 수 없다는 것을 말하는 것으로 보았을 것이다.

다시 기자는 발걸음을 북쪽으로 돌려 도봉산 망월사로 향했다. 이 절에는 춘성(春城)이라는 만만찮은 고승이 계셨다.

그 당시 연세가 80살 정도로 스님은 평수 거침없는 말씀으로 승속(僧俗)을 막론하고 소문이 자자하던 터이다. 그러나 당시 기자가 보았을 때는 과거의 그 기상은 보이지 않고, 그저 세월의 무게에 눌려 힘들어 하는 한 촌로와 같음을 느꼈다.

스님께 다가가 "스님, 지금 어떠하십니까?" 하고 묻자, 스님은 아무 말이 없었다. 말을 잘 알아듣지 못했나 싶어 다시 물으려 하자 스님께서 손을 들더니, '쓴 미소'로서 기자의 뜻에 답을 보였다.

그 답을 가지고 돌아서는 기자의 발걸음은 쓴 미소로 가득했다. 곧장 내친김에 당시 최고의 학승이자 선승의 소리를 듣는 월정사 탄허(呑虛) 스님을 찾아가 질문을 했다.

탄허 스님의 즉설(卽說)이 "물 흐르는 소리가 밤에도 쉼이 없네(流水聲聲夜不休)"라는 말씀으로, 인생이란 고해(苦海)의 바다인데 그 고해를 건너려는 인간의 고통 소리가 끊임이 없다는 것을 물 흐르는 소리에 비유하셨다.

미와 추

 아름다운 것은 미(美)다. 반면 아름답지 못함은 추(醜)다. 그렇다면 아름다움이란 무엇이고, 추함이란 무엇일까?
 아름답다는 것은 그냥 아름다운 것이다. 그 아름다움이 무엇이라고 딱히 정의 할 수 없다.
 우리는 흔히 사람을 보고 아름답다고 한다. 특히 여자를 보고 아름답다고 한다. 그렇다면 여자가 정말 아름다운가? 아름답다고 할 수도 있겠지만, 아름답다고 보지 않을 수도 있다.
 아름답다고 여기는 것은 일반적인 보편의 시작에서 보는 것일 수 있다. 그것이 본질이거나 절대치는 될 수 없다. 그것의 대상을 보는 데는, 그것을 보는 환경이나 각도에 따라 엄청 차이가 난다.
 가령 깊은 무상(無常)의 도를 성취한 도인(道人)이 바라볼 때는 일반적으로 아름답다고 보는 아름다운 한 여인을 측은한 마음으로 볼 수 있다. 그것은 일반적 시각과 다르기 때문이다.
 일반적 시각에서는 드러나는 아름다움만 본다면 무상의 도를 성취한 도인은 측은하게 볼 것이다. 그것은 아름다운 뒷면을 보기 때문이다.

외형은 아름답지만 그 여인의 일생은 아름다울 수 없음을 본다는 것이다. 이는 무상 도인 뿐 아니라 백골관(白骨觀)을 관하는 수행자에게도 마찬가지다. 백골이란 상(想)을 깨닫고 오온(五蘊)이 몸에 화합되어 집착한 생각을 없애기 위해 송장의 피부와 근육이 모두 없어져 백골만 붙어 있거나 흩어져 산만한 모습만 관하는 것을 말한다.

따라서 그 아름답다는 것의 내면이 아름답지 못하고, 그 몸 속은 더러울 뿐 아니라 내면은 점점 썩고 부패하고 피부는 점점 노화되어 얼마 지나지 않아 늘어져 몰골이 피접한 상황을 맞이하게 된다는 것이다.

그러하기에 아름다움을 아름답다고만 볼 수 없다. 그렇다면 아름다움은 여인에게만 해당되느냐고 반문할 수 있다. 이것은 결코 여인에게만 국한되는 것은 아니다. 모든 존재하는 양상은 다 해당된다 할 수 있다.

우리가 어떤 한 사람을 관찰할 때 거리가 좀 떨어진 상태에서는 신선하게 보일지 몰라도 가까이 가서 자세히 들여다보면 그렇지 않다는 것을 얼마든지 알 수 있다.

그것은 나무껍질의 노화로 해서 그 겉이 트다 못해 썩고 있으며, 썩다 못해 악취가 나는 것이다. 그러나 그것을 보고 아름답다고 느끼는 사람들은 많이 있다.

진실로 아름답다는 아름다움은 아름다움을 가진 사람의 몫이라고 할 수 있다. '무엇이 아름다운 사람이냐'라고 한다면 나는 이렇게 대답할 것이다.

사람들이 쉽게 말하는 아름다움에도 넘어가지 않고, 사람들이 말하는 더럽고 추한 것에도 넘어가지 않는 사람이라고 말이다.

그는 언제나 그 모습에서 행복을 느낄 수 있으며, 그의 말 한 마디가 향기를 토해 내는 것이라면 그는 아름다운 사람이라고 말할 수 있지 않을까.

물론 이것이라고 정의하고 싶진 않다. 세상이 영구(永久)할 수 없어, 한낱 무상한 물질세계에 잠시 머물다 가는 것쯤인데 사람은 더 말할 것이 있겠는가.

시간적으로 변리변천(變異變遷)하고, 우리가 늘 소중히 여기는 몸뚱이도 지수화풍(地水火風)에 의한 오온(五蘊.色受想行識)의 가성(假成)에 불과한 것인데 무엇이 아름답다고 정의하겠는가.

여인을 아름답다고 말하지만 여인이란 말을 듣기 위해서는 적어도 20년 정도의 세월이 필요하다.

세상에 처음 나왔을 때는 여식(女息)이라 해서 제대로 사람 대접도 받지 못하고 성장하면서 똥오줌을 가리는 시간이 10년 정도 세월을 보내게 된다. 이 또한 여인이라 할 정도는 못 된다. 그리고 나머지 10년 가까이 여인이 되기 위한 소양 과정을 거쳐 비로소 여인이란 소리를 듣게 된다.

그런데 그 교양 과정이 매우 중요하다. 여성이 무엇인지, 여성의 아름다움은 무엇인지, 어떻게 아름다운 여성의 소리를 들을 수 있는지, 어떻게 아름다움을 꽃향기처럼 내뿜을 수 있는지 등 그런 과정을 잘 소화해 내야만 비로소 여인이 되는 것이다.

이처럼 어렵게 여인이 되어도 불과 몇 년이 지나면 아름다움에 구김이 간다. 구김이 간다는 것은 늙어 간다는 것으로, 20년 가까이 여인이 되기 위해 애쓴 과정을 실행하게 된다. 이것이 비로 화장을 하게 되는 계기다.

　아름다움을 만들고 아름다움을 가꾸고 하는 것도 더 큰 시간과 공간으로 본다면 너무도 짧다. 그리하여 세상 사람들로부터 천하의 미인이라는 소리를 듣던 여인들의 삶은 시간이 흐르면 흐를수록 더욱 애잔해진다.

　그것은 아름답다는 것 때문이다. 마치 아름답고 황홀한 집을 짓고 살다가 세월로 인해 부서지고 퇴락한 모습을 지켜보는 것과 같은 것이다.

　그렇다면 추(醜)라는 것은 무엇일까?

　추하다는 것, 더럽다는 것 역시 시각의 인식에 따라 다르다. 자기 뱃속에 똥을 가득히 넣고 있으면서도 남의 똥은 만지거나 묻히지도 않은데 보는 것만으로도 질색을 한다.

　왜 그럴까? 바로 인식 때문이다. 똥은 멀리서 쳐다만 봐도 똥이다. 똥이라는 것은 추하다는 것으로 멀고 가까움이 없다. 멀리서 봐도 똥이라는 것을 알면 더럽다는 생각을 일으키고 냄새까지 나는 느낌을 가진다. 이것은 인식하기 때문이다.

　그러나 매일 똥을 다루는 농부는 다르다. 똥을 밭에 뿌려 그 열매의 결실을 인식하기 때문에 똥은 좋은 거름으로 생각한다. 구린내 나는 더러운 똥으로 받아들이지 않는다. 이것 또한 인식하기 때문이다.

　물론 여기서 내세우는 추도 똥보다는 사람에게 초점을 맞추지 않을 수 없다.

　사람은 크게 보면 눈은 눈대로 또렷하고, 코는 막힘이 없이 잘 소통되니 좋고, 귀는 뒤편에서 바람의 작용까지 막으며 잘 들어 나무랄 데가 없다. 또한 입은 입대로 잘 먹고 잘 씹는다.

이런데도 불구하고 아름다운 사람과 그렇지 못한 사람으로 구분된다. 아름답다는 소리를 듣는 사람은 다행이지만, 반대로 추하게 받아들이는 사람은 괴롭다.

추하다는 것을 불교적인 측면에서 본다면 결코 추하지 않다. 이도 '본시 추하고 안 하고가 없다'고 보는 것이다. 결국 아름답다고 보는 것도 추하다고 느끼는 것도 인식일 따름이다.

그것은 지극히 들어 나는 형태를 판단한 것이지 그 이상은 아니다. 그러나 미든 추든 그것이 미학(美學), 추학(醜學)으로 판단하든 그 어떤 판단도 인간의 가성(假成) 즉 거짓으로 이루어진 하나의 실체가 보는 대로 인식한 것뿐이다.

진정 아름다움이란 표출된 것에 있지 않다. 들어 나지 않는 내면의 아름다움이 고고한 산중 어느 바위틈에 숨어서 피어나는 석란(石蘭)과도 같은 것이다.

이러하기에 인식의 전환도 필요하다. 스스로가 아름다운 내면을 가꾸어야 한다. 그 내면의 세계가 마치 난향이 되고, 학이 되고 풋풋한 야생화가 되는 그런 아름다움을 만들어 간다면 그것은 돌틈 후미진 곳에서 몸을 숨긴 난초와 같은 것이다.

난초란 스스로를 들어내지 않는다. 다만 그 향기를 맡고서 모두가 고고하다 이름을 붙이고, 아름답다고 이름을 붙이는 것이다. 이러하기에 미다 추다 하는 선입견을 모두 다 버리고, 진정 인간의 아름다움과 인간의 행복이 무엇인가 하는 마음을 가슴 속에 품고 살아야 하지 않을까?

사람이 아름다운 것은…

    세상에는 무엇이 아름답다, 무엇이 멋있다 해도 사람만큼 아름답고 멋있는 것은 없다. 반대로 세상에서 가장 무섭고 두려운 것이 무엇이냐고 묻는다면 단연 사람을 꼽는다. 또한 세상에서 가장 추한 것이 무엇이냐고 묻는다면 이 또한 사람을 들 수 있다.
    사람이 아름답다고 여기는 것은 아름다운 마음을 보일 때다. 아름다운 마음이란 무엇인가? 지구상에 존재하는 그 어떤 동물보다도 뛰어난 머리는 말할 것도 없고, 사물을 인지하는 능력을 갖추었기 때문이다.
    무려 400가지가 넘는 아름다운 색(色)을 판별할 수 있을 정도로 민감한 감성의 감각을 가지고 있다. 인간이 이러한 감각적 감성을 십분 발휘하여 이웃에게 즐거움을 주고, 괴로워하는 사람에게 위안을 주고, 즐거워하는 사람에게 한층 즐거움을 선사하고, 맑은 영혼으로 지친 영혼을 달래 주는 것이 사람이 아름다운 덕목이라고 말할 수 있다.

반대로 이러한 능력을 가진 인간이 그 능력을 혼자만 다 가지려는 욕심과 나 홀로 잘났다는 자만심, 이러한 것들이 인간의 추악하고 무서운 존재로 만든다.

그러나 사람이 제 아무리 날고 뛰는 재주를 가졌다 해도 그것은 하나의 가성(假成)적 유기(有幾, organic matter)로 이루어진 복합물(復合物, composition)에 불과하다.

그러기에 괴로워해야 하고, 슬픔이 극대화 되어 이성을 잃게 되어 고뇌하다 자결(自決)까지 가게 되는 것이다. 사람은 이미 태어나면 그것이 고(苦)가 되고, 고가 늙고 병드는 원인이 되어 끝내는 죽음에 이른다.

이것이 인간의 한계이다. 인간이 스스로 완벽한 것처럼 행동하는 것은 개가 코끼리 가죽을 입는 것과 같은 우스운 행동이다.

이러한 고로 인간은 아름다운 본 모습을 잘 간직해야 한다. 만약 그렇게 할 수 있다면 그는 행복한 인간으로, 행복한 삶을 사는 것이며, 인간의 경계를 넘어선다고 말할 수 있다.

사람이 아무리 오래 산다고 해도 항상 한계에 부딪친다. 과학이 발달해 얼마나 생을 연장할지는 알 수 없다. 그러나 우리 모두가 공감하는 것은 인생의 행복이 과학에 있지 않다는 점이다.

물질 풍요가 사람의 심성을 병들게 만들고 사람을 속박한다. 속박하다 못해 잠시도 편히 쉬게 하지 못하게 한다.

외국의 어느 기자가 말하기를 "차를 타서 급히 운전을 하는 것은 죽은 시간이다"라고 말했다. 나는 이 기자의 말에 공감한다.

빨리 달리는 것은 차창에 비친 사물을 인지하기는커녕 정신 건강까지도 죽게 만든다. 반면 천천히 여유 있는 운전을 하면 시야에 들어오는 모든 사물과 전경을 음미하게 되어 정신 건강에노

많은 도움을 준다.

　이렇듯 인간에게 점차 다가오는 것은 과학의 힘이다. 이런 과학의 힘이 인간을 행복하게 만들 수 있을까?

　물론 당장 암을 치료할 수 있는 신약이 나온다면 기쁜 생각을 가질 수는 있을 것이다. 그렇지만 암을 치료할 수 있는 길보다 암이 발생하지 않는다면 그것이 훨씬 더 좋은 방법이 될 것이다.

　그러나 오늘 우리 인간에게 주어진 현실은 세상이 좋아지면 좋아질수록 인간의 삶과 정신의 영역까지 황폐해져 갈 뿐이다.

　그러므로 '인간은 과거를 먹고 산다'고도 볼 수 있다. 지나간 향수의 차원이 아니라 삶이 갈수록 기계적이다. 기계가 빈틈이 없듯이 인간의 삶은 갈수록 그 영역이 좁아져만 간다.

　그것도 드넓은 평원에서 아무렇게나 생활하며 살던 동물이 어느 날 더 좋은 시설이라 하면서 좁은 울안에 넣어서 살게 하는 것과 같은 것이다. 동물은 자기들의 삶의 영역에 맞는 것이지, 사람들 생각에 기인하여 사람과 비슷한 환경을 만들어 놓고 그들을 행복할 것이라는 생각을 한다면, 이것은 인간의 이기적인 판단이 낳은 것에 불과한 것이다.

　오늘날 우리 삶의 방식으로 판단하면 아무런 병이 없어야 한다. 그런데 그렇지 않다. 그 좋은 예가 바로 아프리카 원주민들이다.

　그들은 치질이 없다. 위생적인 화장실도 없다. 그저 산에 사는 동물보다 조금 나은 생활을 할 뿐이다. 동물처럼 아무 데서나 변을 보고, 또 나뭇잎을 따서 뒤를 닦는다.

　이러한 삶이 비위생적이니 뭐니 하겠지만, 그들은 치질 같은 병이 없다는 데에 적이 놀라지 않을 수 없다. 그것은 앞서 설명한 것처럼 인간의 과학이 발달하면 할수록 인간은 행복해지는 것이 아니라 더욱 인간을 불행하게 만든다는 사실이다.

사람이 사람답기 위해서는 아름다운 모습을 마음껏 들어 낼 수 있을 때 가능하다. 그러나 오늘날 최첨단 시대를 사는 사람들이 생각하기에 옛날 사람들은 참 불행했을 것이라는 생각을 가지고 있다. 그러나 과거는 과거대로 행복했다고 말할 수 있다.

가령 오늘날 어린 아이들이 콘크리트 틀 안에 갇혀 컴퓨터에 몰입하는 것이 행복한 것인가? 들로 산으로 쏘다니며 망이나 체 하나 들고 흙냄새나 풀 냄새를 맡으면서 나무의 숨결을 느끼며 커 가는 것이 행복한 것인가? 이는 어느 쪽이 더 행복하다고 말을 하지 않아도 자명한 사실이다.

그렇다면 혹자는 그렇게 살면 되지 않느냐 하고 반문할 것이다. 하지만 오늘의 환경이 사람을 그렇게 만들지 못하는 것이다.

나는 언젠가 시골의 대안(代案) 학교의 모습을 TV를 통해서 보게 되었다. 이 프로를 보면서 눈이 확 뜨이는 것을 느꼈다. 너무도 좋아 보였던 것이다.

순간 바로 '이것이다'하고 생각했다. 물질 팽배에 따라가지 않고, 과학만이 만능이라는 생각을 버리고, 급하게! 급하게! 라는 사고방식을 좋아하지 않을 수 있어야 한다.

그런데 이러한 것들이 인간의 아름다움을 빼앗아 간다. 한 번 뺏긴 강산은 다시 되돌리기 어렵고, 인간의 아름다운 이성도 한 번 잃어버리면 다시 찾기가 쉽지 않다.

예전부터 스승이 제자를 위해서 말하기를 "때는 다시 돌아오지 않으니 이 때를 잡아 놓치지 마라(時乎時乎不再來勿入期時)"고 하였다. 우리들 인간의 아름다운 참모습을 어떻게 지켜야 할 것인가도 지금 이 시점이 중요하다고 하겠다.

공덕을 쌓자

사람으로 태어나서 80살에서 90, 100살까지 산다고 가정해도 실제 사람이 사람답게 사는 시간은 그리 많다고 할 수 없다.

사람은 동물과도 달라서 태어나도 꽤나 긴 시간을 거쳐야 걸음을 옮기고 말문을 열 수 있다. 또 말문이 열리고 걸음을 걷는다고 해도 사람으로서의 완성은 떨어진다.

그래서 이만하면 고비는 넘겼으니 이제 잘 커서 훌륭한 사람이 될 수 있다는 생각을 하게 되는데, 그 때부터 또한 10년이나 그 이상으로 키워야 한다. 그러다 보면 세상에 태어나 20년이란 세월은 그냥 성장하는데 다 가 버린다.

그렇다고 20년이 지나면 완전한 인간이 되는 것은 아니다. 거기에는 또 의문이 따른다. 20세가 되어 몸은 완전히 성숙되었을지는 모르나 정신 연령을 갖추었다고 말하기는 어렵다.

그래서 공부를 하게 되는데, 그 공부가 끝나면서 짝을 이루게 되고, 그 때부터 비로소 사람이 무엇이란 것을 알게 된다. 또한 사회의 한 구성원이 되는 것이다. 이때부터는 사람으로서 행복도 알고, 불행도 알고 뒤를 잇기 위해 자식을 낳기도 한다.

이쯤 되면 자식 때문에 미래를 생각하지 않을 수 없다. 인간이 무엇인지, 인생이 무엇인지, 죄가 무엇인지, 공덕이 무엇인지, 이웃이 무엇인지, 사회가 무엇인지, 공동체가 무엇인지, 왜 내가 살아야 하는지, 나와 남은 무엇이며 왜 믿음을 가져야 하는지, 자식의 의미는 무엇인가 등을 생각하게 된다.

비로소 인간으로서 내일을 생각하게 되는 것이다. 그런데 내일이란 그냥 내일은 없다. 오늘 내가 밭에 씨를 뿌리지 않으면 내일은 찾아오지 않는다.

그러므로 복이라는 것도 행복의 씨앗과 같은 것이다. 가령 내 부모가 나에게 이 씨앗을 떨어뜨려 줬다고 해도 내가 이 씨앗을 잘 가꿀 수 없다면 이 씨앗은 그냥 썩어 버린다.

행복은 이와 같아서 내가 가꾸는 것이다. 그 행복을 가꾸는 데는 행복이 싹틀 수 있는 거름이 있어야 한다. 그 거름이 바로 공덕(功德)이다. 이 공덕이 없고서야 어찌 행복이라는 결실을 얻을 수 있겠는가.

공덕은 그냥 주고받는 성질의 것이 아니다. 내가 만들어 가야 한다. 생각하기에 나는 없으니까, 나는 가난하니까, 나는 원래 부모로부터 받은 것이 없으니까 하는 생각과 말로서 순간순간 넘어간다.

그러나 공덕은 돈만 가지고 되는 것은 아니다. 그것은 돈 많은 재벌이 금과 은으로 또 보석으로 치장한 집에 살면서 그 집을 소중하게 여긴다면, 가난한 사람의 집이 천막이나 움집, 흙집이라고 한들 소중하기는 마찬가지로 조금도 치이기 없다.

만약에 돈 많은 사람이 하는 행위가 그 돈의 가치에 따라 공덕이 주어진다면, 재벌들은 아무리 인색한 재벌일지라도 서민들이 상상하기 어려운 거금을 이웃이나 사회를 위해 기부를 한다.

만약 이 같은 공덕의 가치가 미친다면 그들은 죽음도 면해야 할 것이나 그렇지가 않다. 공덕이란 내가 가능한 만큼 짓는 것이고, 가능한 만큼 거두는 것이다.

그것은 마치 내가 결실을 거둘 수 있는 만큼의 농사를 짓는 것과 같다. 그런데도 노력은 적게 하고 결실은 큰 것을 바란다면 이것은 욕심이다.

공덕을 지어 나와 내 가족이 즐거움을 가져도 시원찮을 판인데, 욕심이 가득한다면 그것은 마치 한 입에 고깃덩어리를 향해 짓다가 다리 밑으로 고깃덩어리를 떨어뜨리는 것과 같은 것이다.

그러하기에 일찍이 공자(孔子)는 "내가 자진 지혜로서 복을 구한다면 제후(諸侯)가 되었을 것이다"라고 말씀하였다.

이렇게 재주나 지식은 그것으로 유용(有用)하고 가치가 족한 것이다. 그러하기에 지식으로 부를 구하려는 생각은 하지 않는 것이 좋다.

세상에는 제각기 그릇이 있어서 재주가 있는 사람이 있고, 지식이 있는 사람이 있고, 덕을 갖추어 덕을 베푸는 사람이 있고, 재물이 많아서 재물을 베푸는 사람도 있다.

이것을 크게 4단계로 줄인다면 '재지덕복(才知德福)'이라고 말할 수 있다. 그러나 나는 복이 제일이라 생각한다. 복인은 전생에 복업(福業)을 많이 지어 금생에 받는 것도 되지만, 금생에 많이 지어 차후에 그것을 돌려받는 수도 있는 것이다.

사람이 홀로 존재할 수 없듯이 사람 사회는 사람으로 부가 나오고, 사람으로부터 낭패를 본다. 그런데 사람들 중에는 공덕을 쌓기는커녕 스스로 지닐 수 있는 공덕도 스스로가 없애 버린다.

이것이 불가에서 말하는 구업(口業)이다. 이 구업이란 옛사람들이 "입은 재앙의 문이다"(口是禍門)라고 말했듯이 입으로 재앙을 초래하는 경우도 얼마든지 있다.

노자(老子)도 "스스로 자랑을 하면 그 공덕이 없어진다(自誇者無功)"라고 했다. 스스로를 내세워야 할 때는 내세워야겠지만 참는 겸(謙)의 미덕이 필요하다.

옛 말씀에 "공든 탑이 무너지랴"는 말이 있다. 이것은 바로 현실이다. 우리가 사찰에서 불사(佛事)를 하는데 얼마만큼의 시주를 하는 것은 내가 세상에 나왔다는 흔적을 남기는 것과도 같다. '내가 사람이다!', '세상에서 이렇게 산다'는 등의 생각을 하지 않는다면, 그는 절대로 시주를 하지는 않을 것이다. 내가 세상에 나와서 여기 천 년을 버티고, 그 자리에서 있을 탑에 내가 기꺼이 동참하리라는 생각이 바로 공덕심(功德心)이 된다. 이 공덕심이 인(因, 씨앗)이 되어 그는 공덕의 결과를 얻는 것이다.

선과 악

   세상은 예나 지금이나 인간의 탐욕(貪慾)과 인간의 무지(無知)가 인간을 파(破)하고, 인생을 무너뜨리고, 그것이 인간을 경쟁하게 하고, 그것이 선(善)과 악(惡)을 만들어 낸다.
   선이란 한없이 좋은 것만은 아니요, 악 또한 한없이 나쁜 것만도 아니다. 한없는 선이 때론 악함을 유도하게 되고, 한없는 악이 때론 선을 일깨우기도 하기 때문이다.
   무엇이 선이고 무엇이 악인가? 선이란 슬기로움, 악의가 없는 것, 한결같은 것, 측은지심(惻隱之心)을 내는 것 등 선의 세계는 한없이 많다.
   악 또한 마찬가지다. 나를 위하여 상대를 불편하게 하는 것, 나만의 이익을 위하여 상대를 비참하게 하는 것 등 그 외에도 얼마든지 있다.
   앞서 언급한 것처럼 무한의 선이 좋다고만 할 수 없다. 그것은 선 그 자체가 나쁘다는 것이 아니다. 인간은 이성을 가지고 있기 때문이다. 때로는 이성을 잃을 때도 있고 자기의 탐욕 때문에 이웃이나 남에게 엄청난 피해를 줄 수도 있다.

여기서 적당히 제재(制裁)를 가하는 것이 악이라 할 수 있는데, 이것은 악을 위한 악이 아니다. 바른 선으로 인도하기 위해서 편의상 악을 이용한다는 것이다.

한 예로 내 집에 찾아온 어떤 이웃이 있다고 가정하자. 그는 모든 사람과 다른 것이 없다. 그러나 그가 다녀간 뒤가 문제다. 그가 간 후는 반듯이 사소하게 여길 수 있는 작은 물건이 없어지는 것이다. 그 뒤에도 이런 일이 계속되었다. 그러나 너무도 사소한 일이라 어찌해야 할까 생각을 했다.

그러던 어느 날, 그가 다시 집으로 왔다. 그리고 그가 가고 나면 역시 사소한 물건이 없어졌다. 그를 이해하려고 해도 또다시 생각하면 기분이 무척 나쁘다.

이럴 때 과연 어떻게 해야 할까?

만약에 좋은 것이 좋다는 생각으로 내게는 사소한 것들인데 그가 필요해서 가져갔을 것이라고 생각한다면 그것은 선의 마음은 될지 모른다. 그러나 그를 위해서는 도움이 되지 않는다.

정말로 그 사람을 위하는 마음이었다면 단호하고 냉정하게 그의 잘못을 지적하고, 그런 행동이 옳지 못하다는 것을 말해 주어야 한다.

만약 인정에 이끌려 선의 마음을 가지는 마음만 가지고는 그를 도와주는 것이 아니다. 그는 그 사소한 일들이 어느 날 큰 범죄를 저지르게 되는 것이다.

이럴 때는 필요악(必要惡)이란 말이 있듯이 적당한 악함이 그를 위해서 도움이 된다 때문에 선은 영원한 선은 아니고, 악함이라 해서 무조건 악한 것만은 아니다.

물론 악은 분명 악이다. 악도 악 나름이지만, 여기서 말하는 악은 선을 유지하기 위한 악이다. 그러므로 석가세존(釋迦世尊) 역시 선과 악의 현실을 보면서 선의 경계와 악의 경계를 생각하면서 계율(戒律)을 만들게 된다.

석존 당시에 육군(六群) 바라문(婆羅門) 출신 비구(比丘, 比丘尼, 출가한 성인 남녀 스님)가 있었다. 그런데 하라는 수행은 하지 않고 막행막식(莫行莫食)을 거듭하는 것을 보고는 계율을 만들게 되었다.

그 대표적인 것이 '파를 먹지 마라'고 한 것이다. 그것은 육군 비구나 비구니가 몰려다니면서 온갖 나쁜 짓을 저지르다 어떤 농부가 농사를 지은 파밭에 들어가서 파를 훔치게 된 것을 알고는 율을 정하였다는 내용이다.

사실 이것은 합당한 내용인지 아닌지는 정확하게 말하긴 어렵다. 분명한 사실은 인도 불교사에서나 원시 불교에서 이 육군 비구나 비구니에 대한 내용이 많이 기록되었다는 것이다.

세상에는 많은 생명체가 있는데, 그 생명체는 다 같은 공통점이 있다. 그것은 선과 악이다. 사람은 동물과 달리 무서운 이빨을 가지지도 않았고, 무서운 이빨을 보이면서 상대를 위협하지도 않는다. 이빨이라 한들 그냥 음식을 씹을 수 있게 되어 있을 뿐 상대를 물고 뜯고 늘어지는 그런 구조가 아니다.

그러나 사람이 선하다고 만은 할 수 없다. 사람은 영리하기 때문에 자기를 방어하려고 한다. 그것은 손이 있고, 그 손에 무기를 만들어 상대를 헤치거나 위협할 수 있다는 것이다.

그러나 동물은 무기를 잡을 수 있는 손도 변변치 못하고 또한 무기를 만드는 것은 더욱 어렵다. 대신 그들은 날카로운 이빨과 칼 같은 손톱과 발톱이 있어 좋은 무기가 된다.

그렇지만 이 무기는 함부로 쓰지는 않는다. 자기를 방어하기 위해서만 사용한다. 이에 사람이나 동물이나 자기 방어 본능은 같을 것이다.

다만 사람은 동물과 같은 날카로운 송곳니나 앞을 향한 돌출된 이빨은 필요치 않다. 그것은 무기를 쓸 줄 알기 때문이다. 무기란 잘 쓰면 사람을 이롭게 하지만, 잘못 쓰면 사람에게 해를 가져다 준다.

기신론(起信論)에 보면, 인간의 마음이 선이냐 악이냐 하는 내용을 잘 말하고 있다. 원효(元曉) 스님의 회통(會通) 사상도 여기에 기인한다고 봐도 된다.

사물을 식별하고 판단하는 것이 육근(六根, 눈, 귀, 코, 혀, 몸, 의식)이다. 이것의 대상은 육경(六境, 빛깔, 소리, 향기, 맛, 촉감, 법을 분별하고 판단할 수 있는 대상)인데, 이 육근이 육경을 대하여 받아들이는 것이 제 마나야식(末那識)이다.

이 마나야식은 그냥 운반하는 역할을 한다면 제 8식은 아뢰야식(阿賴耶識)이라 하는데 6식과 7식을 저장하고 감춘다 하여 장식(藏識)이라고도 한다.

이 장식이 마음인데, 이 마음은 그냥 있는 것이 아니라 끊임없이 분별하기에 이 장식이 진정 마음이다 할 수 있다. 분별한다고 마음이 아니라고 할 수는 없다. 그렇다면 이 팔식이 번뇌(煩惱)의 마음이냐 아니냐 하는 문제가 된다.

사람의 뿌리라 할 수 있는 오관과 의식을 통한 그 대상의 경계까지 다 받아들여서 사량분별(思量分別)하여 저장한다. 이것이

'마음이 아니다'라고 말할 수는 없다.

그럼, 이것은 어떤 마음이냐고 물어 온다면, 여기에서 많은 논쟁이 나온다. 이보다, 팔식보다 한 단계를 더 지나서 구식(九識)에서 논하는 경우도 있다.

이러한 가운데 원효 스님의 회통(會通), 즉 화쟁(和爭) 사상이 출현하게 되는 것이다. 아무튼 원효가 바라보는 팔식(八識)은 장식(藏識)으로서 선악을 다 함께 공유한 것으로 본다.

이를테면 한 마음에 두 가지(一心二門) 있으니 "하나는 청정한 마음이요(眞如門), 하나는 악함을 들어내는 마음이다(生滅門)."

평상심이 도다

　선문(禪門)에서 널리 선구로 인용되는 말로서 "평상심이 도(道)다"라는 말을 사용한다.
　이는 조주(趙州) 스님이 남전(南泉)에게 묻기를 "무엇이 도입니까?"하니, 남전 스님이 "평상심이 도다(平常心 是道)"라고 대답한 것에서 비롯되었다.
　평상심이란 우리가 사는 하루 일상 모두가 평상심이다. 잠자고 밥 먹고 일하고, 이 생각 저 생각하는 모든 것이 바로 평상심이다. 남전 스님이 평상심이 도라고 말한 것은, 도란 일정한 틀이나 규범에만 있지 않음을 말하고 있는 것이다.
　이것은 도가 우리의 일상을 떠나 별도로 있을 수 없음을 말하고, 결국 도라는 것은 그 일상 속에서 찾아야 한다는 것을 말하고 있다.
　이것이 너무도 평범한 말이 될지는 몰라도 참으로 적절한 말이 아닐 수 없다. 다만 이것을 받아들이는데 있어서 어떤 사람이 말하기를, "나는 농사꾼인데 나도 도인(道人)이 될 수 있지 않느냐" 하고 말한다면 안 된다고 말할 수는 없다.

하지만 조주 스님이 그렇게 물었을 때 남전(南泉, 조주의 스승)의 답은 "일여(一如)한 수행자의 일여한 생활이 곧 도이다"라고 말했다.

그렇다면 그 일여하게 수행을 해 가면 그 속에 도가 있고 진리가 있고 또 그것을 얻을 수 있다는 것으로 봐야 하지 않을까?

옛 고승들의 명쾌한 언어는 이와 비슷한 말들이 많이 있다.

야부(冶父) 선사의 송(頌) 중에는 "밥이 오면 밥 먹고 잠 오면 잠잔다(飯來開口 睡來合眼)"라는 말이 있다. 이것 또한 '평상심이 도다'라는 것과 다를 게 없다.

다만 평상심이란 밥이나 먹고 똥이나 싸고 하면서 도 공부를 한다면 우스운 것이 된다. 고승들이 말씀하시는 도는 우리의 일상 속에 있고, 그 일상 속에서 찾아야 한다는 것이다. 다시 말해 일상을 벗어나서 찾을 수 없는 것이 도이다.

그렇다면 농부의 도는 농사에 열중하는데 도가 있을 것이고, 장사를 하는 사람은 장사 속에 도가 있다. 이것은 그가 어디에 속해 있건 무엇을 하건 그 속에서 그것을 찾는 것이다.

가령 도도 말만 외우고 있다 해서 도가 생기는 것은 아니다. 도란 움직여 실행하는 속에서 도가 있는 것이지, 죽어 있는 정물(定物)과 같은 것에는 도가 있을 수 없다.

우리는 스님들이 도를 구한다고 앉아서 참선(參禪)을 많이 하는 것을 볼 수 있다. 그런데 그들은 아무 생각 없이 그저 고정된 상태에서 앉아 있는 것은 아니다.

도가 눈에 보이는 것이 아니듯 수행의 공부도 눈에 보일 수는 없다. 하지만 끊임없는 역동성(力動性)이 일어나고 이어지는 것이다. 그것이 참선하는 사람에겐 화두(話頭)가 성성(惺惺)한 것과 같은 것이다.

원효 스님의 전기를 보면 참으로 놀라운 말들이 있다. 그것은 수행자에게는 큰 충격적이며, 한편으로는 인간적이며 새로운 각도에서 수행자의 모습을 바라보게 하는 내용이다.

이것은 '수행을 하다 졸음이 오면 푹 잠을 자고, 배가 고프면 먹어야 하는데 이때 산에서 먹을 것이 없다면 산토끼라도 먹어라'는 내용이다.

이는 계율을 중시하는 수행 종단에서 보면 큰일 날 소리이다. 특히 남방 불교(태국, 미얀마, 스리랑카 등)에서는 더욱 그렇다.

원효 스님은 대승기신론(大乘起信論)에 자기의 견해(疎와 別記)를 달 정도로 대승을 행하는 고승으로, 그의 행적은 감히 상상할 수 없을 정도로 파격적이다.

불문에서 금하는 계율을 파하고 스스로 나는 '복성(卜性) 거사(居士)다, 소성(小性) 거사다 하면서 거리를 쏘다녔다. 그러면서 때로는 도적떼 무리들과 어울려 다니고, 땅꾼들과 어울리기도 하며, 그들을 한 군데 묶듯 줄을 세워 다니면서 나무아미타불을 부르기도 했다.

그의 이러한 행위들이 어찌 보면 평상심의 도가 아닐까 생각을 해 본다. 도란 본시 인간의 방향과 다르게 가는 것은 아닐 테니까.

조계종 중흥조라 일컬어지는 태고(太古) 스님 역시 평상심을 즐기신 분이다. 스님은 어느 때는 법상에 올라 사자후(獅子吼)를 토하는가 하면, 어느 때는 스스로 노래(太古庵歌)를 지어 부르기도 했고, 어느 때는 시(詩)를 읊기도 한 것으로 유명하다.

스님이 후학에게 말하기를 "졸리면 두 다리를 쭉 뻗고 잠을 자고 주리면 배를 채워라"고 말씀하셨다. 이것은 배가 고픔을 느끼면 제대로 공부가 되지 못하고, 졸음이 찾아오는데 억지로 그것을 참는 것도 좋지 않다는 것이다.

그러니 도를 구하는 사람이건 재가(在家)에 머무는 사람이건 일여한 평상심이 바로 도이자 진리인 것이다.

도와 진리는 같은 것이다. 도가 진리고 진리가 도다. 그렇다면 굶주린 자에겐 설법(說法)이나 설교(說敎)가 아니라 밥 한 그릇이 바로 진리를 베푸는 것이다. 이것 또한 크게는 평상심의 도와 멀리 있는 것이 아니다.

인과는 있다

　인과(因果)는 역역하다. 불교는 인과를 중요시 여기고 인과를 믿는 종교이다. 인과란 하나의 원인으로 해서 그 결과를 받는 것을 말한다. 즉 인과응보(因果應報)인 것이다.
　인과응보란 현재 하는 모든 일들이 인이 된다. 그 인은 하나의 결과를 이룬다. 그것이 과이고 그 과에 따라 받는 것이 응보다.
　그러므로 응보는 금방 업(業)을 지었다 해서 금방 받는 것이 아니다. 이것은 봄에 뿌린 씨앗이 아무리 재촉한다 해서 결실을 바로 거둘 수 없다. 때가 되어 가을에 결실을 거두는 것이지 여름에 거둘 수 없는 것이다. 이처럼 인연(因緣)이 도래(到來)해야 하는 것이다.
　현재 인으로 해서 바로 받는 것을 순현업(順現業)이라 하고, 차후 일정한 시간이 지나서 받는 것을 순차업(順此業)이라 하며, 아예 다음 생에 받는 것을 순후업(順後業)이라 한다.
　지금으로부터 100여 년 전의 이야기이다.

경북 영일군 오천(烏川)에서 있었던 일이다. 오천이라 하면 지금의 해병대 기지사령부가 있는 곳이다. 그러나 100여 년 전만 해도 산과 바다가 어우러진 태백산맥의 지산이 뻗어져 있어 산과 산이 겹겹이 이어지고, 산에는 숲이 울창하며 산새가 험한 곳이 많은 지형으로 마을까지도 큰 짐승이 내려 왔었다.

바로 그 무렵 오천에는 유명한 포수가 있었다. 그는 슬하에 자식이라곤 아들 하나였다. 그는 언제나 그러했듯이 산에서 큰짐승을 발견하면 물러서지 않고 총으로 잡고야 마는 성미였다. 또한 잡은 짐승은 그 자리에서 먹는 일도 종종 있었다.

그러던 어느 날 산에 올라 호랑이를 발견했다. 그는 호랑이도 두려워하지 않을 정도로 총을 잘 쏘았다. 그는 호랑이를 추적하기 위해 그날 밤 산에서 밤을 보내던 중 호랑이를 발견하고 총을 쏘았다. 순간 총에 맞은 호랑이가 쓰러졌다. 노루나 토끼 멧돼지를 잡은 일은 있어도, 그 무섭고 신령스러운 호랑이는 처음 잡은 것이다.

산에서 밤을 보내다 보니 시장기도 돌고 해서 총에 맞은 호랑이를 즉석에서 구워 먹었다. 물론 큰 호랑이니만큼 다 먹을 수는 없었다. 그는 먹다 남은 호랑이를 바위틈에 나뭇가지를 덮어 숨겨 놓고는 내려왔다.

마을에 내려오자 새 며느리가 반갑게 맞아 주었다. 그는 어젯밤 호랑이를 잡게 된 이야기와 호랑이 고기가 참 맛있었다는 이야기를 며느리에게 해 주었다.

그러자 며느리도 군침이 당기는 듯했다. 포수 시아버지는 며느리에게 호랑이 고기가 맛이 있으니 좀 먹지 않겠느냐 하고 권했지만 며느리는 사양을 했다. 호랑이 고기를 먹는다는 것이 왠지

꺼림직 하기도 했지만, 그의 몸 속에 아가가 들어선 것 같은 느낌마저 들었기 때문이다.

때문에 시아버지의 청을 멀리할 수밖에 없었다. 그러던 중에 시아버지가 전날 먹다 남은 호랑이 고기를 가져왔다.

시아버지 포수는 호랑이를 구워 먹으면서 며느리에게도 권했다. 처음은 사양했지만 시아버지 권유에 못 이겨 고기를 맛보게 되었는데, 그 맛이 참으로 좋았다. 순식간에 시아버지와 며느리는 호랑이 고기를 해치웠다.

이 일이 있은 후 얼마 지나 며느리의 배는 점점 불러 오고, 이어 만삭이 되어 몸을 풀게 되었다. 그런데 아기의 울음이 우렁차기는 한데 사람의 울음소리가 아닌 것 같았다.

아기의 행동을 주의 깊게 지켜보니, 아기의 울음소리는 그 신령스러운 호랑이의 소리를 닮고 행동도 이상했다. 엎드려 기는 모습이 호랑이 새끼를 닮았던 것이다.

며느리와 시아버지는 더욱 주의를 기울이며 계속 아기를 지켜보았다. 아기가 점점 커 가면서 더욱 이상해졌다. 호랑이를 닮아가고 있었던 것이다.

그제야 며느리는 지난 날 한 번 잘못 생각하여 호랑이 고기를 먹게 된 것을 후회했다. 포수도 마음이 위축되면서 큰 죄를 지었다는 생각에 가족회의를 열었다.

결론은 아이의 성장을 더는 기다릴 수 없다는 판단을 하고, 처음 호랑이를 쏜 장소에다 아이를 갖다 놓기로 했다. 그리고 이듬해 며느리가 다시 자식을 갖게 되었다.

시아버지와 시어머니 할 것 없이 모두가 기뻐하면서도 한편으로는 두려운 마음으로 아이의 출신을 기다렸다. 아이가 세상에 나왔다. 그 아이 또한 울음소리가 우렁찼다.

그런데 그 아이도 앞에 난 자식과 비슷한 증세를 보이는 것이었다. 일단은 좀더 지켜보면서 아이의 성장을 감시했다. 아이가 크면 클수록 엎드려 기기만 하고 일어서지는 않는 것이었다. 아이가 커 갈수록 호랑이 모습을 닮아 간다는 것과 쿵쿵거리는 소리도 호랑이의 소리를 닮아 갔다.

또다시 가족들이 모여 의논을 한 결과 지난번 아이를 두고 왔던 자리에다 갖다 놓기로 한 것이다.

그리고 다시 세월이 흘러 며느리가 세 번째 아이를 임신했다. 그리고 아이가 태어났는데 완전한 사람이었다. 그간 온 가족이 걱정했던 것들이 다 해소된 것이다.

그리하여 포수인 시아버지는 크게 뉘우치고, 호랑이 사냥뿐 아니라 일체의 살생을 하지 않기로 결심했다. 그렇지만 아이는 성장을 해서 의젓했지만, 조금 다른 점이 있다면 호랑이 피가 아직 남아서인지 소리가 우렁차고 기개가 있어 보인다는 것이다.

그런 일로 해서 그 집안은 온 가족이 살생을 멀리하며 항상 선근(善根)의 공덕을 심는 그런 가정으로 살아가게 되었다. 그런데 그 집의 내막을 알게 된 것은 세 번째 자식의 며느리가 절에 와서 이야기를 하게 되어 알게 된 것이다.

미신이란

인간은 세상에 태어날 때부터 이미 불완전한 데서 온 것이다. 불교에서 보면 인간은 불완전하다. 그것은 시간과 공간의 한계에서 유전한다. 업력(業力)에 의해서 사람으로 왔기 때문이다.

다만 일반적 미물하고는 달라 크게는 하나의 업력이라는 수레바퀴 속에 맴돌다 이 세상에 나온 것이다. 그러하기에 남자나 여자나 잘 생겼다 못 생겼다 부유하다 가난하다 또 많이 배웠다 그렇지 않다 할 것 없이 누구나 다 업으로부터 사람의 몸을 받았고 그로 인한 위태로운 삶을 영위하는 것이다.

돈이 많다고 앞날을 알 수 있거나 앞날을 보장받을 수 없다는 것은 우리 모두가 다 알 수 있는 일이다.

설사 돈이 많고 좋은 집안에 태어났다고 해도 그것은 잠시일 뿐이지 영원성이 없는 것이다. 그러하기에 늘 불안하고 미래도 알 수 없고 답답한 마음을 가지지 않을 수 없다. 많이 가지고 있으면 이것을 얼마나 유지할 수 있을까 하는 걱정, 없는 사람은 언제 많이 가질 수 있을까 하는 기다림과 막연한 바람이다.

이러하기에 무언가를 의지하고픈 마음에 산을 찾고 절간을 찾는다. 심지어는 의숙한 곳까지도 찾게 되는 것이다.

여기서 의숙한 곳에 대해 설명을 하고 넘어가자.

어떤 한 사람이 가정에 어려운 상황이 있었다. 그 사람은 경기 북부 지방에 사는 사람으로, 그 지역 도시의 어느 철학관(물론 겉으로는 절 만(卍) 자가 붙어 있었다)에 가서 사정을 이야기했다.

그 사람이 말하기를 "당신은 몸에 살이 있으니 그 살을 풀어야 한다. 그 살을 풀기 위해서는 이 부적을 공동묘지 앞에 묻어라"는 것이었다.

그러면 당신이 원하는 것이 해결된다는 말을 듣고 그렇게 했다. 참으로 어처구니없는 이야기다. 옳지 않게 인도하는 자도 잘못이 있지만, 아무리 어리석다고 해도 그런 행동을 쉽게 따라 한다는 것이 도저히 이해가 가지 않는다.

일반적으로 미신(迷信)이라 하면 그 무엇엔가 정신이 홀리듯 하여 바른 믿음이나 바른 이성을 잠시 망각하는 것이다. 그러면서 정신이 혼란스러워 산이나 계곡 물가에서 무조건 비는 것이다.

때로는 어떤 좋지 않은 결과도 생각하지 않은 채 그저 현재로부터 탈피하겠다는 생각만으로 또한 소망을 성취할 수 있으리라는 막연한 생각에 빠져 부적을 공동묘지에 가서 파묻는 그런 행동까지는 이해가 되지 않는다. 인간의 어리석음이 어디까지 인가 하는 생각마저 든다.

미신은 잘못된 믿음이니 만큼 그 잘못된 믿음은 나를 병들게 하고 이웃을 병들게 한다. 맑은 물이 있는데 맑은 물을 흐린다면 그 물을 이용하는 모든 사람들이 피해를 입게 되는 것과 같은 것이다.

그렇다면 미신은 어디에서 나오는가? 불가에서 말하기를 "향산 종이에 향기 나고 고기를 싼 종이에 비린내 난다"는 말이 있다. 다시 말해 내가 좋지 않은 곳으로 가면 위험하기 마련이다. 그래서 불가에서는 홀로 어두운 곳을 가지 말라고 한다. 그것은 위험하기 때문이다.

사람은 각기 근기(根機)가 있는데 상근기, 중근기, 하근기가 있다. 스스로 근기를 알고 행동할 수 있는 사람이라면 걱정할 필요가 없다. 하지만 대개는 스스로의 근기를 가름하지 못하고 산다. 그러하기에 취하고 버림(取捨)에 있어 신중할 필요가 있다. 그것은 근기가 약하기 때문에 그것에 휩쓸리기 쉽다는 것이다.

통감(通鑑)에 "새가 쉬고자 함에 그 자리를 가리고, 사람이 배움을 구함에 스승을 선택한다(鳥之將息必擇其林 人之求學當選於師)"라고 하였다.

이 말은 어린 사람에게 교훈이 되는 말이라 할 수 있다. 그렇지만 사람은 성인이 되었다 해서 다 완전하고 성숙하다고 말할 수는 없다.

어려서는 경험이 부족한 것이 문제이고, 나이가 들면 너무 현실에 좇아가는 것이 문제일 수 있다. 그러기에 나이가 들었다 해서 모든 일을 잘 판단한다고 여기면 안 된다.

특히 여성이 남성에 비하여 무속이 되거나 무속을 찾아서 돈을 탕진했느니 마느니 하는 말을 많이 한다. 그것은 원인이 스스로에게 있는 것이다. 스스로 좋아서 무속을 찾고 의지하고 함께 굿판에 나가길 좋아하니 자연스럽게 그가 가는 길은 무속의 길이 아니겠는가?

무속이라고 다 나쁘다, 잘못 되었다 말을 할 수는 없다. 그들도 자기에게 주어진 운명대로 사는 것이고, 그 운명에 주어진 환경에 순응할 뿐이다.

그러한 관계로 그가 모신 신의 뜻대로 무엇을 점지하고 예시했는데, 그것을 받아들인 사람이 그로 인하여 큰 손해를 보고 실망을 가지게 되었다면 그 또한 그렇게 만들어진 운명이다. 결코 무속이 된 사람이 책임을 받고, 또 그 책임을 무속에게 지시한 신에게 따져 돌려받거나 따질 수 있는 성질의 것은 아니다.

그러니 세상은 내 실수를 용서해 주는 것이 아니다. 다시 말해서 세상을 아는 것, 세상을 승리로 이끄는 것 또한 누가 막을 수 없다. 모든 것은 오직 나 스스로 판단할 뿐이다. 바로 판단할 수 있는 지혜가 필요하다.

그 지혜가 수승해지면 그는 바른 믿음을 가질 수 있으며, 어리석음으로부터 탈피한 진정한 참 모습으로 살 수 있으리라 믿는다.

기의 이해

언제부터인가 정확히는 알 수 없으나 사람들이 생활하면서 '기(氣)'라는 말은 오래 전부터 써 왔다는 사실을 부정할 수 없다.

도가(道家)에서도 자연의 원리와 사유(思惟)의 개념으로도 써 왔고, 명리(命理)의 음양오행이나 한의학의 인체의 운행을 논함에도 썼다.

흔한 말로 "기똥(氣動)차게"라는 말은 기가 움직여 가득 찬다는 말이다. 반대로 기진맥진(氣盡脈盡)이라는 말은 기가 다하고 맥이 끊어졌다는 말이다.

그렇다면 기란 무엇인가? 기란 우주에 충만하여 가득한 에너지(energy)가 바로 기다. 이러한 기는 몸을 통해서 느낄 수 있기 때문에 몸 안에도 있고, 몸 밖에서도 구할 수 있다.

우리가 잘 쓰는 용어로 기운(氣運)이라는 것이 바로 그것이다. 그렇지만 기운과 기를 좀 달리 보기 때문에 기라는 말은 흔하게 쓰면서도 유별난 단어다.

한의사들의 경우에는 몸 속에 신경조직과 기를 연계하는 경우도 있다. 그 이유는 우리 몸 속에 고속도로와 같은 동맥이 있고, 그 사이사이로 작은 간선도로가 있는데 이것이 정맥이기 때문이다. 기가 있다는 것은 동맥과 정맥으로 피가 원활하게 흐르면 그것이 기고 기운이라는 것이다.

그러나 어찌 그것만 가지고 기 운운 할 수 있겠는가? 결국 기란 자연적인 것이면서도 우리가 개발해 가는 것이다. 물 좋고 산새 좋고 공기 좋은 곳에서 고요히 정좌(靜坐)하여 기를 얻는 경우가 있다. 이것이 바로 순수하게 정신을 집중하여 얻어지는 기라고 할 수 있다.

스님들이 좌선을 시작하면서 복식(服食) 호흡을 함께 할 때 몸에 기를 돌린다는 말을 한다. 긴 호흡을 해서 잠시 멈추었다가 서서히 내뱉는 그런 호흡이다.

그렇게 하면 아랫배 배꼽 밑 단전(丹田)에 기를 모으기도 하고, 기가 항상 모여 있는 곳이기도 하다. 이곳에서 기가 등을 돌아서 목 뒤를 타고 올라 머리를 돌아서 몸 전체를 순환해 다시 그곳 단전으로 모이는 것이다. 그렇게 정좌선(定坐禪)을 통해 느낄 수 있는 것이 기다.

그러나 이러한 경우도 아직 확실하지 않다. 아직 검증된 바가 없다. 다만 선 수행자들이 그렇게 말할 뿐이다.

기란 보는 각도에 따라 추상적인 면도 없지 않다. 흔히 쓰고 받아들이면서도 딱 이런 것이라는 공식 같은 것은 없기 때문이다.

며칠 전 내가 사는 탄현동 파출소에 근무하는 경찰 두 분이 찾아왔다. 나는 그들에게 내 시집 한 권을 주면서 내 홈페이지를 소개했다. 그리고 홈페이지에 있는 달마 선화를 보게 되었다.

그 순간 한 경관이 말하기를, 기가 도는 것을 느낄 수 있다고 말했다. 이런 경우 어떻게 무엇으로 설명해야 할까?

요즘 "기를 받는다"라는 말을 많이 쓴다. 중년 부인들이 젊은 동자나 청년들을 대하면 기가 느껴진다고 하는 것은 나 자신도 수긍이 간다.

젊고 힘찬 사람을 대하면 순간 힘을 느낄 수 있지만, 기진맥진 한 사람을 대하면 기가 빠져나가는 그런 느낌이 들 때도 있기 때문이다.

그렇다면 이런 모든 것이 생각과 기분에 따라 달라지느냐 묻는 다면 '그렇지 않다'라고 말할 수 없다.

인간은 영장류 중에서도 아주 뛰어난 감각기능과 지능을 갖추었다. 그러기에 모든 사물을 대하는 것도 예사롭지 않고 그것을 받아들인 것 또한 유별나다.

뚜렷한 기억은 없으나 한 2년 전 쯤으로 기억된다. TV에서 '기란 무엇인가?'라는 제목 하에 기를 실험하는 프로가 있었다.

과연 기라는 것이 과학적으로 판단이 될 수 있을까? 의사가 환자의 맥을 짚는 것은 과학적이다. 그러나 그림 한 장 앞에 두고 그곳에 기가 흐른다, 기가 있다고 하는 것은 재미있는 장면인 것만은 사실이다.

그러나 과학적으로 접근하기에는 무리가 있다. 기란 의사가 맥을 짚는 그런 과정이 아닌 상태의 기를 추론하는 것은 재미있는 광경은 될 수 있으나 그것을 정의하기에는 무리가 있다.

이렇게 말하면 달마 그림을 그리는 사람이 기를 한껏 부풀려도 시원찮을 판에 기를 부정하지 않나 하는 생각을 할 수 있을 것이다. 그렇지만 결코 그런 것은 아니다. 분명한 것은 기를 말하는 사람에게는 분명 기가 있다. 또 그렇게 본다.

그러나 나는 평소에 기에 대해서는 마음의 작용이 중요하다고 생각한다. 만약 어떤 그림 한 장을 걸었는데, 그 그림이 나를 짜증나게 한다면 기가 죽을 것이다.

나 역시 지난 날 중국의 유명 화가가 그린 산수화를 내 방에 걸어 두었다. 그림 가운데 산이 있고, 바위가 있고, 물 흐르는 그 중앙에 빈 집이 한 채 그려져 있었다. 처음엔 잘 몰랐으나 시간이 지나면서 당시의 생활환경이 너무 고즈녁해서 그런지는 몰라도 왠지 마음에 걸려 그냥 버린 일이 있다.

또 한 번은 49재를 지냈는데, 재주되는 분이 그분에게 드리는 여비라 하며 그 집에 오랫동안 잘 간수한 엽전 꾸러미를 나에게 건네주었다. 재 마지막 날 가신 분의 유품을 태우기는 하지만 돈을 태울 수는 없어 잠시 보관을 했다.

그러던 어느 날 오래된 물건이 다름 아닌 돈이기 때문에 그것에 무엇이 붙어 있기라도 한 듯 버리고 싶은 생각에 다 버린 일이 있다.

지금 생각하면 상평통보를 비롯하여 고려 시대에서 조선시대 말까지 우리 나라 사람들이 썼던 돈이라 종류도 참 많았으며, 한 200여 개 정도는 되었다.

그러나 '저기 달마 그림에 기가 있다. 그래서 나를 지켜 준다'라는 생각을 하면, 마음이 편안하고 즐거워진다. 이것이 내가 보는 기의 세계다.

남과 여

지구의 역사는 인간의 역사다. 인간의 역사는 곧 남자와 여자의 역사다. 남자가 먼저인지 여자가 먼저인지는 알 수 없다. 그것은 닭이 먼저냐 알이 먼저냐 하는 논리와 같다.

다만 비유한다면 남자는 씨앗이요 여자는 밭이다. 허공에 씨를 뿌리면 싹을 틔울 수 없다. 그렇다고 씨 없는 밭 역시 무용지물인 것은 사실이다.

그러므로 남자도 중요하고 여자도 중요하다. 문제는 서로가 서로의 중요성을 인식하지 않는데서 더 큰 문제가 생기다는 것이다. 분명한 것은 이미 만들어진 형태의 남자가 여자가 될 수 없고, 존재하는 여자 역시 성별이 바뀔 수 없다는 것이다.

물론 요즘은 남자가 여자 되고 여자가 남자 되는 경우도 있긴 있다. 하지만 그것은 생리학적으로 잘못된 성별로 태어나서 그것을 바로 잡는데 불과한 것이다. 근본적으로는 남자가 여자 되고 여자가 남자 될 수 없다는 것이다.

만약 그렇게 될 수 있다면 잉태를 해서 세상에 태어나기 전에 성별을 고치면 간단하겠지만 그것은 불가능하다. 그 불가능한 것을 억지로 가능하게 한다면 그것은 역시 억지일 뿐이다.

중요한 것은 남자든 여자이든 서로의 성적 특징을 알고 이해해야 한다. 우선 남자는 태어날 때부터 그 소리가 요란하고, 그로 인한 풍이 많다고 할 수 있다. 그것은 과장된 모습을 보이고자 애를 쓴다는 것이다.

그렇다고 그것을 부정적으로만 볼 수는 없다. 그 과장된 트릭이 때론 자기를 크게 부상시키기도 하기 때문이다.

가령 100개의 지식을 남과 여가 똑같이 받아들였다고 하자, 남자는 그것을 다 소화하고 나아가 100개 이상의 지식을 창출해 냈다. 반면 여자는 100개의 지식을 다 받았지만 그것을 소화해서 다시 들어 낼 때는 80~90정도 밖에 들어 내지 못하는 것이다.

여기서 남자는 동(動)적이면서 양(陽)이다. 여자는 정(靜)적이면서 음(陰)이다.

남자의 매력은 큰 동작과 굵은 선이다. 우선 몸집에서도 굵은 선으로 형성되어 있다. 그러기에 행동의 반경도 크다. 따라서 행동적으로 싸움도 하고, 그것으로 몸을 망치고, 이웃에게 피해를 주기도 한다.

여기에 여자는 행동 반경이 적으면서 다소 움츠려드는 면이 있다. 무엇보다 남여가 따로 따로 살 수는 없다는 것이다.

그렇다면 서로가 서로를 이해해야 하는데 그렇지 못하다. 처음에 남과 여가 만나서 서로 약속하게 된다. 그러나 시간이 지나면서 점차 약속은 무뎌진다. 그것을 가지고 서로가 약속을 지키지 않았다고 싸우게 된다.

이것은 인간의 생리가 시간에 따라 변화하는 것과 같은 것이다. 생리란 주어진 생명임과 동시에 생체의 리듬과도 같다. 이 리듬이 나이가 들면서 점차 깨어지는 것이 당연하다.

그런데도 그것을 모르고 왜 당신은 처음에는 매일 나를 안아주겠다고 약속을 해 놓고 그렇지 못하느냐 한다면, 그것은 그 당시의 약속을 깼다 하기 전에 생체의 리듬처럼 자연스럽게 퇴행을 한 것이다.

처음 서로가 만날 때 느끼는 욕정이 점차 식어 간 것이다. 이것은 자연의 현상도 있을 수 있고 그렇지 않을 수도 있다. 그렇지 않을 수 있다는 것은 싫증을 느꼈다는 것으로도 이해할 수 있다. 이것 역시 자연적인 현상이다.

한 예로 어린아이는 순진무구하고 정직하다고 우리는 말한다. 하지만 그 순진무구하고 착한 어린이도 처음에 가지려고 할 때는 무척 호기심을 느낀다. 그렇지만 한 번 가지게 되면 점점 호기심이 멀어지는 것이다. 바로 이와 같은 것이 남과 여인 것이다.

그러니 과거를 이야기하면서 너무 과거에 집착하면 옳지 않다. 세상은 변하지 않는 것이 없고, 물이 흐르는 것을 보면 옛날과 다름없이 보일 수도 있다.

하지만 물은 한 번 흐르는 것으로, 이미 현재의 물은 아닌 것이다. 이와 같이 자연의 법칙이 그러하듯 모든 것은 변하고 있고 또 그 변함 속에 맞추어 살아가는 것이다.

한 사람은 늙고 한 사람은 젊어질 수 없다. 인생은 마치 한 배를 탄 것과 같아서 그것이 행복의 배가 되었든 불행의 배가 되었든 이미 배는 끝없는 항해를 계속할 뿐이다.

분명한 것은 이성의 특질이 있다는 사실이다. '남자는 처음 여자를 대할 때 욕정을 먼저 느낀다.' 남자는 지극히 충동적으로 여자를 본다는 것이다. 달리 말하면 여자의 몸을 먼저 탐하는 생각으로 꽉 차는 것이 남자라면 여자는 좀 다르다. 그 남자와의 앞날을 생각하는 것으로 이해될 수 있다.

여기에 좋은 예로 "남자는 첫사랑을 느끼지 못하고, 여자는 최후의 연애를 잊지 못한다"는 서양의 어느 작가 말대로, 남과 여는 분명한 차이가 있다.

이것을 또다른 차원으로 보면 여자는 매우 감각적이면서 감성적인 몸을 가졌다. 그러기에 믿음이 가거나 사랑을 하는 사람에게 몸을 맡긴다. 그렇다고 깊은 것을 요구하는 것이 아니다. 그러나 남자는 여자를 가슴에 안는 것으로 만족하지 못한다. 그것이 남자이다.

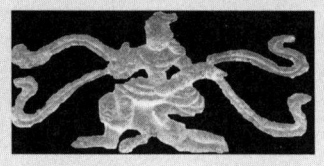

눈으로 보는 바가 없으면 분별이 없고
귀로 듣는 소리 없으면 시비 또한 없네
분별 시비 모두 놓아 버려라
다만 마음 부처 보고 스스로에 귀의하라.

제4부

선가의 향기

달마 대사

　달마(達摩, Dharma)는 인도인으로 불법을 전하기 위해 바다를 건너 남중국으로 오게 되었다. 그 때 그의 나이가 이미 115세나 되었다는 설이 있다.
　부처님의 법이 달마에게 전해지기까지는 28번째이며, 중국에 와서는 해동의 초조(初祖)가 된다. 달마는 스승 반야다라존자의 가르침에 따라 중국에 왔다.
　그 당시 중국은 경서나 논장(論章) 등이 종횡(縱橫)하고 있을 때다. 따라서 불교도 경전을 중심으로 불교가 성행하면서 경구(經句)나 논 등이 불교의 본질인 것처럼 받아들이고 있을 때였다.
　달마는 이러한 사회에서 '어떻게 불법(佛法)의 참뜻을 전할 수 있을까?' 하는 생각을 하게 되었다. 이것이 바로 그 유명한 소림사(小林寺) 9년 면벽(面壁)이다.
　달마를 이해하는 데는 크게 4단계의 시기로 나눌 수 있다.
　첫 번째는 인도에서 남중국을 통해 양(梁)나라 무제(武帝) 임금을 만나는 시기이고, 두 번째는 굴에 들어 9년간 면벽관심(面壁觀心)을 한 시기, 세 번째는 혜가(慧可)에게 법을 전수한 시점, 마지막은 귀서(歸西)로서 고국으로 가는데 살아서는 가지 못하고 죽어 다시 환생하여 돌아간 시기라고 말할 수 있다.

달마, 양나라의 무제를 만나다

달마 대사는 남천축국(南天竺國) 향지왕의 셋째 태자로 태어났다. 반야다라의 법을 받았으며, 스승의 가르침에 따라 바다를 건너 동쪽인 남중국 광주에 이르러 다시 양나라에 도착해 무제 임금을 만났다.

양 무제가 달마에게 물었다.

"짐이 즉위한 이래 불사와 불상 역경 조탑을 많이 하였으니 얼마나 공덕이 됩니까?"

"공덕이 없습니다(無功德)."

그러자 양 무제가 다시 물었다.

"어떤 것이 석존의 수승한 진리입니까?"

"환연히 거룩한 진리가 없습니다(廓然無聖)."

"짐을 대하는 이가 누굽니까?"

"모릅니다(不識)."

달마가 무제 임금의 물음에 답했다. 그런데 무제 임금이 이 말을 알아듣지 못하자 강을 건너 위(魏)나라로 떠나 버렸다.

그 뒤 무제 임금이 지공(誌公) 스님에게 말하기를,

"그 분은 관음 대사라 부처님의 심인(心印)을 전합니다."

무제 임금이 후회하고 다시 그를 찾으려고 했다. 하지만 지공 스님은 다시 돌아오지 않을 것이니 다시는 찾지 말라고 하였다.

면벽관심을 하다

달마가 소림사에서 9년간 벽을 향해 앉아서 말을 하지 않자 사람들은 그를 가리켜 벽관(壁觀) 바라문이라 하였다.

그러던 어느 날 재지(才智)가 뛰어난 신광(神光)이라는 학승이 달마 대사를 찾아왔다. 그 당시 널리 소문이 나 있는 달마 대사를 친견하여 불법을 깨닫고자 했던 것이다.

그는 달마 대사를 향해 예배하고 정중하게 법을 물었다. 하지만 달마는 대꾸도 미동도 하지 않았다. 이에 신광은 그 자리에서 선 채 묵묵히 합장하고 오직 달마 스님의 가르침을 기다렸다.

때마침 눈이 많이 와서 밤새 신광의 허리까지 쌓였다. 신광은 구도 일념으로 그렇게 꼬박 밤을 새운 것이다. 이 때 달마가 머리를 돌려 신광을 향해 그 무거운 입을 열었다.

"너는 무엇 때문에 추운 이 밤을 서서 보냈느냐?"

"법을 들어 깨닫고자 합니다."

신광이 대답하자 달마가 다시 물었다.

"과거에 부처님께서 설산동자로 계실 때 법을 얻고자 나찰(殺鬼)에게 투신도 하고 몸이 찢어지는 아픔도 견뎌 냈다. 그런데 너는 하룻밤 눈밭에서 도를 구한다고 그리 힘이 들어 하느냐?"

이 말에 신광이 차고 있던 칼(戒刀)로 자기의 왼팔을 절단하여 신(信)을 표하였다.

달마가 혜가(신광)에게 법을 내리다

신광이 달마에게 물었다.

"부처님의 법인(法印)을 들려주십시오."

그러자 달마가 대답했다.

"부처님의 법인을 남에게 들려줄 수 있는 것이 아니니라."
"저의 마음이 편치 않으니 스님께서 편케 하여 주십시오"
신광이 다시 묻자 대사께서 답하되,
"너의 마음을 가지고 오라. 편안케 해 주리라."
이에 신광이 대답했다.
"마음을 찾지 못했습니다."
"네 마음을 벌써 편케 해 주었느니라."

이 말에 신광이 크게 깨달았다(言下大悟)고 한다. 그리고 그가 깨달음의 희열에 도취되어 있을 때 달마 스님이 게송을 하기를,
"밖으로 모든 연을 쉬고, 안으로 헐떡이는 마음이 없어서 장벽처럼 되었을 때 가히 도에 들 수 있느니라(外息諸緣 內心無喘 心如長壁 可以入道)."

그러자 신광이 다시 말했다.
"저는 이미 모든 인연(諸緣)을 쉬었습니다."
"그러면 단멸(斷滅)에 떨어지지 않았느냐?"
"그렇지는 않습니다(不成斷滅)."
"어찌 그런 줄 아느냐?"
"바로 알아서 무엇으로 미치지 못합니다."
"이것이 모든 부처의 증득한 마음체요 너의 불성이니 다시 의심하지 말거라."

달마는 이렇게 말씀하고는 신광이라는 이름을 고쳐 혜가(慧可)라는 호를 주었다.

달마, 다시 환생하여 고국으로 가다

그로부터 승속이 배나 더 믿고 귀의하였다. 그런데 9년이 지나

면서 서쪽의 천축으로 돌아갈 생각으로 문인들에게 말하였다.
"때가 되었다. 너희들 얻은 바를 말해 보라!"
이 때 문인 도부가 말했다.
"제가 보기에는 문자에 집착하지 않고 문자를 여의지도 않음으로써 도를 삼는 것입니다."
이 말에 달마 대사가 말했다.
"너는 나의 가죽을 얻었다."
그러자 총지 비구니가 말했다.
"제가 알기에는 아난이 아촉불국을 보았을 때 한번 보고는 다시 보지 않을 것 같습니다."
"너는 나의 살을 얻었다."
그러자 이번에는 도육이 말했다.
"사대(四大, 地水火風)가 본래 공하고 오온(五蘊)이 있지 않으니, 제가 보기에는 한 법도 얻을 것이 없사옵니다."
"너는 나의 뼈를 얻었다."
혜가(신광)가 절을 하고 제자리에 서자 달마 대사가 말했다.
"너는 나의 골수를 얻었다."
그리고는 다시 혜가를 보면서 말했다.
"옛날에 여래께서 정법안장을 가섭 대사에게 전했는데, 차츰 전해져서 나에게까지 이르렀다. 내가 이제 그대에게 전하노니, 그대는 잘 지키라. 그리고 가사를 겸해 주어 법의 신표를 삼노니 제각기 표시하는 바가 있음을 알라."
이 말에 혜가가 물었다.
"자세히 설명해 주십시오."
"안으로 법을 전해서 마음을 깨쳤음을 증명하고, 겉으로 가사를 전해서 종지를 확정하니 후세 사람들이 얄팍하게 갖가지 의심을 가지고 '나는 인도 사람이요, 그대는 이곳 사람인데 무엇으로 법을 증득했다는 것을 증명하리요' 할 것이니, 그대가 지금 이 옷을 받아 두었다가 뒤에 환란이 생기거든 이 옷과 나의 게송만을 내 놓아서 증명을 삼으면 교화하는 일에 지장이 없으리라. 내가 열반에든 지 200년 뒤에 옷은 그치고 전하지 않아도 법이 항하사 세계에 두루 하여 도를 밝힌 이가 많고 도를 행하는 이가 적으며, 진리를 말하는 이가 많고 진리를 통하는 이는 적어서 가만히 진리에 부합하고 비밀리에 증득하는 이가 천만이 넘으니, 그 때는 잘 드날려 깨닫지 못하는 이를 가벼이 여기지 말라. 한 생각 돌이키면 본래 깨달은 것과 같으리라. 나의 게송을 들으라. 내가 본래 이 땅에 온 것은 법을 전해 어리석은 이를 제도하려는 것인데, '한 송이 꽃에 다섯 꽃잎이 열매는 자연히 이루어지리라.'"

게송을 마치고 잠시 후 다시 말하기를,

"나에게 능가경(楞伽經) 네 권이 있는데 그대에게 전한다."

그는 그곳으로부터 서역 천축을 향해 발걸음을 옮겼다.

그가 서역 천축을 향해 가는 도중 수많은 사람 그리고 고을의 태수 등이 그에게 가르침을 간절히 구하니, 그들을 뿌리치지 않고 일일이 다 가르침을 내렸다.

달마 대사는 그렇게 고국을 향하고 있었지만 그는 결국 서축(인도)에 도달하지 못하고 세상과 이별한다. 그것은 마치 석가가 임종을 앞두고 고향이자 고국인 사위성을 가는 도중 사라쌍수에서 그의 시자 아란이 지켜보는 가운데 조용히 열반에 드는 모습과도 같았다. 그 해가 효명제 태화 19년 병진 10월 5일이었다. 그 해 12월 28일 웅이산에 장사 지내고 정림사에 탑을 세웠다.

그 뒤 3년 만에 위나라의 송운(宋雲)이 서역에 사신으로 갔다가 오는 길에 총령(파미르 고원)에서 대사를 만났다. 그런데 손에 짚신 한 짝을 들고 혼자 가고 있어 송운이 물었다.

"스님! 어디를 가십니까?"

"나는 서역으로 돌아가오. 그리고 그대의 군수가 이미 세상을 떠났습니다."

송운의 말을 듣고 아찔하여 대사를 작별하고 동쪽으로 전진하여 복명하려 하니, 과연 명제(明帝)는 이미 승하하고 효장제(孝莊帝)가 즉위하였다.

송운이 이 사실을 보고하자 황제가 광(壙)을 열어보게 하였다. 빈 관 속에는 짚신 한 짝만이 남아 있어 조정이 깜짝 놀랐다.

결국 황제의 명에 따라 남은 짚신을 갖다가 소림사에 공양하였다. 그리고 당나라 개원 15년 정묘에 도를 믿는 이를 위하여 오대산 화음사에 모셨다고 하는데, 지금은 어느 곳에 있는지 모른다.

이렇듯 달마 대사에 대한 자세한 전기가 기록되어 있다. 그래서 달마는 실제 존재했던 인물이고, 이미 중국 땅에 들어섰을 때 나이가 115세나 되었다는 설과 전해지는 말에는 그가 귀인상을 가지고 구렁이의 업보를 받은 사람을 제도하고는 그 구렁이의 추한 모습을 대신 자기가 받았다는 이야기가 있다.

그래서 달마의 모습이 귀하기도 하고 찌그러지기도 하는 것이 아닐까?

태고 스님

　태고(太古) 스님에 대한 글을 쓰는 것은 무엇보다도 스님이 남기신 어록(語錄)과 게송(偈頌), 시문(詩文) 등을 접하면서 새롭게 눈 떴기 때문이다. 아니 600여 년이라는 시간을 거슬러 올라 가 고승의 생생한 모습과 호흡을 느끼는 바도 큰 작용을 하였다.
　그렇지만 무엇보다도 중요한 사실은 스님이 우리 나라 불교에 끼친 영향이 너무도 크다는 사실이다.
　한국 불교가 이 땅에 탄생한 지 1600년이라고 말한다. 그렇지만 그 맥락이 뚜렷한 스님은 많지 않다.
　2500여 년 전 석가 이후 가섭(伽葉)과 아란(阿蘭)을 거쳐 28대 조사 달마에 이르러, 인도의 불교가 동점(東漸)을 해서 육조 혜능(六祖慧能, 638~713)과 임제 의현(臨濟義玄, ?~867)을 지나 석옥 청공(石屋淸珙, 1272~1352) 화상(和尙)의 법을 받은 사법(嗣法) 제자인 것이다.
　그리하여 우리 나라 불교의 중흥조가 된다. 그의 법력(法力)은 가히 짐작하기 어려울 정도로 뛰어났다. 하지만 그보다도 더욱 친밀감을 느끼는 것은 지금으로부터 9년 전에 태고 스님이 마지막으로 수행 보림(保任)하시다 열반(涅槃)한 소설암(小雪庵), 지금의 가평군 설악면 설곡리 소설산(小雪山)에 머물게 된 계기가 태고라는 고승을 흠모하게 되었던 것이다.

내가 그곳에서 머물며 큰스님이 계셨던 곳을 처음 답사했을 때 흔적은 남아 있었다. 그렇지만 소설암 암자의 기둥 하나도 그 흔적이 남아 있지 않음이 몹시도 안타까웠다. 그러나 그 뒤에 석종(石鐘)이 발견되면서 큰스님의 자취가 더욱 뚜렷이 나에게 다가왔다.

그곳에 처음 발을 디딘 후 느낌은 참으로 감탄할 만한 것이었다. 바로 천하에 둘도 없는 명당자리로 느껴졌다. 높지 않은 야산의 둔치 위에 위치하고 있었다.

지금은 밭으로 변해 옛 기왓장만 밭고랑 사이로 얼굴을 내밀고 있지만, 그 밭 가운데 촉촉이 흘러나오는 샘물이 큰스님의 생명 젖줄 같은 것을 느끼게 해 준다. 또한 양 옆으로 수백 년 됨직한 느티나무가 좌향(坐向)을 정겹게 하고 있다는 사실이다.

그 보다는 대웅전이 있었던 자리에서 앞을 바라보면 겹겹으로 펼쳐지는 산등성이는 보는 이로 하여금 감탄사를 연발하게 한다. '좌청용(左靑龍) 우백호(右白虎) 배산임수(背山臨水)가 바로 이것이구나' 하는 생각을 갖게 만들기 때문이다.

단순히 앞에 물결처럼 산등성이 주름만 보이는 것이 아니다. 높지도 낮지도 않은 수평적이면서 약간 둔치에서 바라보는 확 트인 시원함이 있었다.

그 당시를 생각하면 지금의 시점에서 보아도 그저 사방을 둘러

양평 사나사의 태고원증국사비

싼 첩첩산중일 뿐이다. 그런데 그곳에 서면 시야가 남쪽으로 확 트여 있는지 감탄이 절로 나오지 않을 수 없었다.

나는 그곳에서 오래 살지는 않았다. 그 소설암 사지(寺址)에는 민가가 한 채 있는데, 그 민가가 바로 산주인의 초라한 집이다. 내가 거처했던 곳은 그 소설암 뒤편으로, 산이 바로 소설산이다. 그 뒤로 조금 올라가면 수구암(睡口庵)이라는 푯말이 붙어 있는데, 바로 내가 붙인 이름이다.

공부를 하다 '잠이 오면 잠을 자고, 배고프면 밥 먹는다'라는 뜻으로서, 태고 스님 어록에도 이와 비슷한 말이 있다.

그러한 관계로 태고 스님이 그러했듯이 이곳을 수행 보림(保任)처로 생각한 바 지금의 수구암이다. 내가 그곳을 나온 후 몇몇 스님들이 그곳을 거쳐 갔지만, 수구암이라는 이름은 지금도 그대로 사용되고 있다.

그럼, 태고 스님은 어떤 분인가?

태고는 당호(堂號)로 여겨지며, 보우(普愚)는 법명(法名)이다. 스님의 열반 후 시호는 원증(圓證)이고, 탑호(塔號)는 보월승공(寶月昇空)이다.

스님은 홍주(洪州) 양근군(楊根郡, 지금의 남양주군에 속한다)에서 1301년에 태어났다. 그리고 13살에 회암사(檜岩寺)에 광지선사를 스승으로 출가를 하였고, 26살에 화엄선(華嚴選)에 합격하였다.

이후 29살 되던 해 1330년 봄날에 용문산 상원암(上院庵)에 들어가 관음보살께 예배한 후 열 가지 큰 서원을 세우고 기도와 공부에 전념하였다. 32살 되던 해에는 성서(城西)의 감로사에서 크게 분심을 발휘해 "성질이 나약하고 게을러 불법을 성취하지 못할 바에야 차라리 고행하다가 죽느니만 못하다" 하시고, 단정히 정좌하여 공부를 하던 중 어렴풋한 잠 속에 푸른 옷을 입은 동자 두 명이 나타나 물을 조금 따라서 권하기에 마셨다. 그것은 감로수였으며, 그것을 마신 후 깨치게 되었다.

하나도 얻을 것 없는 곳에서(一亦不得處)
집안의 돌을 모두 밟았네(踏破家中石)
돌아보면 밟은 자취도 없고(回看沒破跡)
보는 자는 이미 고요하여라(看者亦已寂).

분명하고 둥글둥글하며(了了圓陀陀)
그윽하여 빛이 찬란한데(去玄光爍爍)

부처와 조사 산하까지도(佛祖與山河)
입이 없이 모두 삼켜 버렸네(無口悉呑却).

이렇게 깨친 후에 게송을 읊고는 다시 6년의 세월이 지났다. 그의 나이 38세가 되던 해(1338)에 『원각경(圓覺經)』을 보다가 "일체가 다 멸하면 이를 부동이라 한다"는 대목에 이르러 활연히 깨친 것이다.

그 게송에 "뇌관을 타파한 뒤에 청풍이 태고를 부네(打破牢關 後 淸風吹太古)"라는 게송을 남겼다.

그가 출가할 쯤에는 고려의 국운이 쇠퇴할 때로 쇠퇴하고 백성은 굶주림으로 허덕여야 했으며 민심은 흉흉하기 이를 데 없었다. 그것은 오랜 동안 몽골 침략의 영향 아래 무신정권이 득세하면서 나라의 정치가 어지러워 백성들의 생활이 궁핍할 때였다.

이 시기에 나라의 왕사(王師)에다 국사(國師)로서 중국까지 이름을 떨치고, 중국의 황제가 그의 법력에 감탄했던 인물이 바로 태고 스님이었다.

스님은 도를 깨친 뒤 고향땅에 잠시 머물면서 부모를 모시고 지낸 적도 있었다. 그의 나이 19세가 되어 처음으로 '만법귀일 일귀하처(萬法歸一 一歸何處)'라는 화두(話頭)를 들고 공부하다가 깨칠 무렵에는 '무(無)' 자 화두를 들어 참구하다 활연히 깨친 것이다.

그리고 스님의 나이 46세(忠穆王 2년)에 자신의 공부를 점검받고 인가(印可)를 위해 중국으로 건너가 2년 동안 머문 일이 있었다. 이 때 원나라 황제가 스님의 법력이 높음을 알고 그를 청하여 개당설법(開堂說法)을 하게 하고는 황제 자신을 비롯해 여러 황실인과 대신들을 대동하여 설법을 듣게 되었다.

이 때 연경(燕京)에 와 있던 고려의 세자(공민왕)가 스님의 설법에 큰 감명을 받게 된다.

이처럼 스님이 중국에서까지 큰 고승으로 평가를 받던 어느 날, 중국 최고의 선종인 임제종(臨濟宗)의 사법제자(嗣法弟子)인 석옥 청공(石屋淸珙) 선사를 만나게 된다.

태고 스님은 석옥 청공으로부터 인가를 받아 임제로 내려오는 법을 이어 받아 고려의 사문(沙門)이 된다. 다시 말해 한국 불교의 중흥조가 된 것이다.

태고 스님은 출가한 회암사를 비롯하여 태고사, 상원암, 중흥사, 사나사, 소설암 등 많은 사찰에 거주하면서 개당설법을 했다. 그런가 하면 게송과 시문을 많이 남겼다.

그가 쓴 「태고암가(太古庵歌)」는 그의 문집에서도 가히 압권(壓卷)이라 할 수 있다. 「태고암가」는 단순한 문장이 아니라 그가 수행자로서 그의 깨달음의 한 경지를 유감없이 발휘한 것이다.

그것을 그의 행장에 의하면 「태고암가」를 그의 스승인 석옥 청공 화상께 보이니, 화상께서 발문(跋文)을 내릴 정도로 그의 글은 뛰어났다고 볼 수밖에 없다.

태고암가

내가 사는 이 암자 나도 몰라라
깊고 은밀하나 옹색하지 않구나
천지를 모두 가두어 앞뒤가 없이
동서남북 어디에도 머물지 않네.

구슬 누각 옥전각도 비길 바 아니고
소실(小室, 소림사)의 풍모도 본받지 않았는데
8만4천의 문을 부수니
저쪽 구름 밖에 청산이 푸르네.

산 위의 흰 구름은 희고 또 희며
산 속의 흐르는 샘은 흐르고 또 흐르네
흰 구름 형용을 누가 볼 줄 아는가
개이고 비 오며 때로 번개 치듯 하는구나
이 샘물 소리 누가 들을 줄 아는가
천 굽이 만 굽이 돌고 돌아 쉬지 않고 흐르네.

생각이 일기 전이라 해도 이미 그르쳤거늘
게다가 입까지 연다면 어지러우니
봄비 가을 서리에 몇 해를 지냈던고
부질없는 일이 있음을 오늘에야 알겠네.

맛이 있거나 없거나 음식은 음식이라
누구나 마음대로 먹도록 놓아두네
운문(雲門)의 호떡*, 조주(趙州)의 차**라 해도
이 암자의 아무 맛없는 음식만 하랴.

본래부터 이러한 옛 가풍을
누가 감히 그대에게 대단하다 말할 건가
한 털끝 위의 태고암은

넓다 하려니 넓지 않고, 좁다 하려니 좁지 않네.

겹겹 세계들이 그 안에 들어 있고
뛰어난 기틀의 길이 하늘까지 뚫렸는데
삼세의 부처님도 전혀 알지 못하고
역대의 조사들도 뛰쳐나오지 못하네.

어리석고 말더듬는 주인공은
법도 없이 거꾸로 행하니
청주(淸州)의 헤진 베 장삼 입고
등 넝쿨 그늘 속에서 절벽에 기대 있네.

눈앞에는 법도 없고 사람도 없는데
아침저녁 부질없이 푸른 산색을 마주하며
우뚝 앉아 일없이 이 노래 부르나니
서쪽에서 온 그 가락 더욱 분명하여라.

온 세계에 그 누가 이 노래에 화답하리
영산(靈山)과 소실(小林寺)에서 부질없이 손뼉만 치네
누가 태곳적의 줄 없는 거문고를 가져와서
지금의 구멍 없는 피리에 화답하리.

태고암 속 태곳적 일을 그대는 보지 못하는가
지금 이렇게 밝고도 분명한데
백천의 삼매가 그 가운데 있어

만물을 이롭게 하고 인연에 응하면서 항상 고요하네.

이 암자는 이 노승만 사는 곳이 아니라
티끌 모래 수 불조들이 풍모와 격식을 같이 하네
결단코 말하노니 그대는 의심치 말라
지혜로도 알기 어렵고 지식으로도 헤아릴 수 없다네.

빛을 돌이켜 비추어 보아도 더더욱 아득하고
당장 그대로 알았다 해도 자취를 남기며
그 까닭을 물어도 더 크게 어긋나니
움직이지 않아 어엿함은 굳은돌과 같으리.

모든 것 놓아 버리고 망상 피우지 않으면
그것이 여래의 크고 원만한 깨달음일세
오랜 겁(劫) 중에 그 어느 때 이 문을 나왔던고
잠시 지금의 이 길에 떨어져 머물고 있네.

이 암자는 본래 태고라는 이름은 아닌데
오늘이 있으므로 태고라 하네
하나 속의 일체며 많음(多) 속에 하나이다
하나라 해도 맞지 않고 항상 분명 하여라.

모나기도 하고 둥글기도 하여
흐름 따라 변하는 곳 모두가 그윽하니
그대 만일 나에게 산중 경계 물으면

솔바람 시원하고 달은 시냇물에 가득 찼다 하리라.

도도 닦지 않고 참선도 하지 않고
침수향(沈水香)은 다 타서 향도에 연기 없네
그저 자유롭게 이렇게 지나거니
무엇하러 구차스레 그러하기를 구하랴.

뼛속에 사무치고 사무친 청빈함이여
살아갈 계책은 원래 위음왕불 전에 있었네
한가하면 태고가를 소리 높이 부르며
무쇠소(鐵牛)를 타고서 인간과 천상을 노리네.

아이들 눈에는 모두가 광대놀이라
끌고 가지 못하고 부질없이 눈여겨보네
이 암자의 누추함은 그저 이리하여
거듭 말할 필요가 없는 줄도 알겠거니
춤을 그치고 삼대(三臺)로 돌아간 뒤에는
푸른 산은 여전히 샘과 수풀 마주하네.

* 운문의 호떡 : 한 스님이 운문 스님에게 "무엇이 부처와 조사를 초월합니까?"하고 물으니, 운문 스님이 "호떡이니라"하였다.
** 조주의 차(茶) : 조주 스님이 한 스님에게 물었다. "이곳에 와 보았는가?" 그 스님이 "와 본 적이 없습니다"하니, "차나 마셔라!" 하였다. 또 어떤 스님이 "와 보았습니다"하니, "차나 마셔라!" 하였다. 그 절 원주(院主) 스님이 "어찌 스님은 왔다 해도 그렇지 않다 해도 차나 마셔라 합니까?"하니, 다시 조주 스님이 "원주야?" 하고 부르니 원주가 대답하였다. "차나 마셔라!"하는 데서 유래 되었다.

고려, 남경 중흥 만수 선사(南京 中興 萬壽禪寺) 장도의 휘(諱)는 보우(普愚)며 호는 태고(太古)다. 그는 일찍이 이 큰일에 뜻을 세우고 고생하여 공부하는 안목이 뛰어났다.

마음의 움직임이 끊어지고 생각을 벗어난 그 경계는 말로 표현힐 수 없었다. 그리고 숨어 살기 위해 삼각산(三角山)에 암자를 짓고, 자기의 호를 따서 '태고'라고 붙였다. 그리하여 스스로 도를 즐기고 산수의 경치에 마음을 놓아 「태고가」 한 편을 지었다.

병술년 봄에 고국을 떠나 대도에 이르자 먼 길의 고생도 마다하지 않고 자취를 찾아오다가 정해년 7월에 나의 돌 많은 산 암자에 이르러서는 고요히 서로를 잊은 듯 반 달 동안 도를 이야기했다. 그의 행동을 보면 침착하고 조용하며 말을 들으면 분명하고 진실하였다.

이별할 때가 되어서 전에 지었던 「태고가」를 내보였는데, 나는 그것을 밝은 창 앞에서 펴 보고는 늙은 눈이 한층 밝아졌다. 그 노래를 읊어 보면 순박하고 무거우며 그 글귀를 음미해 보면 한가하고 맑았다.

이는 참으로 공겁(空劫) 이전의 소식을 얻은 것으로서 날카롭기만 하고 의미 없는 미사어구만 늘어놓는 요즘의 글에 비할 것이 아니었으며 태고라는 이름이 틀리지 않았다.

나는 오랫동안 화답하는 일을 끊고 지내 왔는데 붓이 갑자기 날뛰어 모르는 결에 종이 끝에 쓰고 아울러 노래를 짓는다.

먼저 이 암자가 있은 뒤에
비로소 세계가 있었으니
세계가 무너질 때도

이 암자는 무너지지 않으리.

암자의 주인이야
있고 없고 관계없어라
달은 먼 허공을 비추어
바람은 온갖 소리를 내네.

지정(至正) 7년(1347) 정해 8월 1일 호주(湖州) 하무산(霞霧山)에 사는 석옥노납(石屋老衲)은 76세에 이 글을 쓴다.

이와 같이 그의 스승인 석옥 노승이 화답하는 형태를 발문(跋文) 형식으로 쓰면서 너무도 기쁘다는 뜻을 '붓이 갑자기 날뛰어'라는 표현까지 쓰면서 그의 제자 태고를 칭찬해 마지않는다.

이렇게 칭찬을 아끼지 않는 스님이 한 평범한 노승이 아니라 당당히 중국의 임제라는 법통을 엄연히 넘겨받은 고승이었다. 그러한 고승이 같은 나라며 사람도 아닌 이국의 승려에게 이토록 큰마음을 쓴다는 것은 참으로 뜻 깊은 일이며, 또한 태고 스님의 문장이 어느 정도인지 그의 도력 내지 법력(法力)이 어느 정도인지 짐작하고도 남겠다.

그는 단순한 「태고가」처럼 게송(偈頌)이나 잘 읊는 정도의 스님이 아니라 시대의 정세를 보는 안목이 뚜렷했고, 곧장 개당설법(開堂說法)하기를 아끼지 않았다.

무엇보다도 석옥 노사가 '늙은이의 눈이 확 뜨이고, 그의 노래는 공겁이전(空劫以前)의 소식을 얻은 것이다' 한 것은 그가 크게 깨달음을 바로 말하고 있는 것이라 보아야 할 것이다.

나는 이 대목에서 중국의 영가(永嘉) 대사의 「증도가(證道歌)」를 능가하는 명문으로 여긴다. 그는 임제의 법손(法孫)답게 주로 할(喝, 고함)을 많이 쓴 것으로 그의 어록을 통해서 알 수 있다.

그것이 지금의 후 법손으로서 새로운 맛이라 할까 꽤 멋스러운 장면이 연상되곤 한다. 특히 그 시절은 그러했는지 몰라도 향을 하나 사루어 들고서 국가와 민족 내지 황제나 임금을 위하여 축원하는 장면들은 요즘은 잘 사용하지 않는다.

현랑 선사와 영가 대사

중국 당나라 때 현랑 선사(玄朗禪師, 673~754)와 영가 대사(永嘉大師, ?~712)가 있었다. 두 스님 모두 천태종에 속하였으며 지관법(止觀法)으로 수행을 하였다.

그런 관계로 해서 친분이 있었고, 영가 대사가 선참(先參)으로 이미 한 소식을 얻어 시중에 머물며 포교를 하며 지냈다.

이 때 현랑 선사는 무주(婺州) 좌계산(左溪山)에서 수행을 하고 있었다. 출가는 동진으로 하였지만 기골이 뛰어나서 잠시 성(城)에 머물며 무관 벼슬을 하다 다시 좌계산에 들어 수행을 했다.

그런데 그 시절 함께 천태지관을 하다 헤어진 영가 스님이 생각났다. 스님이 도심에서 머문다는 소식을 수소문해서 알게 된 현랑 선사는 수행자가 제대로 사는 것이 아니라는 판단을 해서 영가 스님에게 편지를 썼다.

편지 내용은 번잡하고 시끄러운 곳에서 무슨 수행이 되겠느냐,

그러니 이곳에 와서 함께 지내면 어떻겠느냐 하는 내용이었다.

영계(靈溪)에 이른 뒤부터 마음이 태연하여 높고 낮은 봉우리에 주장자 짚으며 노니는데, 움푹움푹 파인 바위에 먼지를 쓸고 편히 정좌하노라면 푸른 소나무 파란 연못에 밝은 달이 들어 나오고, 바람이 구름을 쓸 때면 천리 밖이 눈 안에 들어오고, 이름난 꽃과 향기로운 과일을 벌과 새가 물어 오고, 원숭이의 긴 휘파람 멀리 가까이도 다 들을 수 있으며, 호미자루로 베개를 삼고 가는 풀로 만든 요를 깔고 생활하는데, 세상은 험악하여 서로 다투니 마음을 통달치 못함이 바야흐로 이와 같으니 시간이 있으면 한 번 방문해 주길 바랍니다.

이 편지를 받은 영가 스님은 곧장 현랑 스님에게 답서를 써 보냈다. 그렇지 않아도 현랑 스님을 보지 못한 지 수년이 흘러 어떻게 지내는지 궁금하게 여기던 차였다.

그래서 영가 스님은 현랑 스님에게 우리가 작별한 지도 수년이 지났는데, 그간 어떻게 지냈는지 무척 궁금했다. 그런데 이제 근심을 덜 수 있어서 좋다고 하면서, "현랑 스님, 도체(道體)는 어떠하십니까?" 하면서 법미(法味)가 정신을 도와 응당히 맑고 즐겁게 지낼 줄 알며, 또 그렇게 사는 것이 절개와 지조를 갖추었으며, 마땅히 수행자라면 그렇게 사는 것이 옳은 일이 아니겠느냐 하면서 칭찬을 했다.

그런 뒤 안다는 것이 현종(玄宗, 불교)에 서로 맞고 행함이 진실하지 못하면 그윽한 곳에 머문다 해도 그것이 수행자의 본분이라 하지는 못할 것이다. 그러기에 먼저 선지식(善知識)에게 물어서 공부를 해야 하고, 신구의(身口意)를 청정히 해야 하는 것 아니겠는가? 또 산을 알고 산에서 수행을 해야지 산을 모르고 산에서 도를 구함은 오히려 산에 사는 새들의 지저귀는 소리, 물이 흐르는 소리 등 모든 것이 시끄럽게 들릴 뿐이라는 내용과 공부인으로 도를 구함에 대한 내용을 자세하면서도 엄청난 마치 벼락이 내리치듯 가르침을 주고 있다.

특히 도심이 동(動)이라면 산골짜기는 정(靜)이라는 표현으로 동과 정이 다르지 않음을 많이 강조하였다.

처음은 그렇게 사는 것이 옳고 좋다고 지조 운운하면서까지 하다가 뒤로 갈수록 세속적인 말을 쓰자면 엄청나게 까는 글이라 하지 않을 수 없다.

작별한 후 여러 해가 지났습니다. 멀리서 마음 속으로 돌아보고 생각할 때 걱정이 되더니 문득 보내 준 편지를 받으니 적연히 근심이 없어집니다.

편지한 후 도체(道體)는 어떠한지요? 법미(法味)가 정신을 도우니 응당 맑고 유쾌하겠지요? 잠깐 시간을 내어 덕음(德音)을 음미하고 상영(賞詠)하니 말로 진술할 수 없습니다. 받아 보니 절개와 지조가 감추어 있고 홀로 처하며 그윽한 곳에 머물러 자취를 인간에게 없애고 형상을 산골짜기에 숨겨 가까운 벗들과 왕래를 끊고, 새 짐승과 때때로 놀며 밤이 깊고 아침이 되어도 끊어지지 않고 그저 고요하여 보고 듣는 것이 모두 쉬며 마음이 고요하겠지요? 홀로 고봉(孤峰)에서 기숙하며 나무 아래에 단정히 앉아 번거로움을 접어 두고 도에 맛에 취할 것이나 진실로 그렇게 해야 할 것이다. 그러하되 바른 도는 고요하여 비록 닦아도 알기는 어렵고 삿된 무리들은 시끄럽게 떠들어 대는지라 곧 익힘이 없어도 가까이 하기 쉬우니 만약 해(解)가 현종(玄宗)에 계합하고 행이 진취(眞趣)에 부합(符合)한 사람이 아니라면 가히 그윽한 곳에 거하여 졸(拙)을 지키며 스스로 일생이라 이르지 못할 것이다. 응당 선지(先知)에게 널리 물어 가슴에 품고 정성껏 합장하고 무릎을 굽혀 뜻을 가다듬고 용모를 단정히 하여 아침저녁으로 피로함을 잊은 채 끝까지 공경하고 우러러보며 신구의를 가지런히 해서 태만함을 물리치고 조심하여 몸을 돌보지 않고 지극한 도를 전정(專精)하는 자라야 가히 마음을 맑힌다고 이를 것이다.

대저 묘리(妙理)를 체득하고 현지(玄旨)를 탐색하는 것은 진실로 쉬운 것이 아니니 결택(決擇)하는 차서(次序)는 마치 살얼음을 밟는 것 같이 하여 반드시 귀와 눈을 기울여 현묘(玄妙)한 법음을 받들고 마음의 티끌을 숙청(肅淸)하여 유현(幽玄)한 이치를 완상(玩賞)하여 말은 잊고 본지에 편안하여 번루(煩累)를 씻고 미묘한 것에 맛들이며 저녁때까지 삼가고 아침부터 물어서 털끝만큼도 함부로 해서는 안 된다.

이 같이 하면 형상을 산골짜기에 숨겨 진루(塵累)를 고요히 하여 무리에서 뛰어날 것이다. 혹은 마음을 통하지 못하여 물을 대하여 막히고 시끄러운 곳을 피하고 고요한 것을 구하고자 하는 자는 세상이 다한다 해도 그 방법이 있지 아니할 것이다. 하물며 빽빽이 길게 뻗친 숲과 우뚝 솟은 낭떠러지에 새와 짐승이 목메도록 울고, 소나무나 대나무가 빽빽하게 들어 서 있는 물과 돌이 쟁영(崢嶸)하며 바람에 흔들리는 나뭇가지는 쓸쓸하고, 등나무의 넝쿨이 얼기설기 감겨 있으며, 구름과 안개가 서로 어리어 있고, 계절 따라 나오는 물건은 쇠하였다 번성하고, 아침은 밝고 저녁은 어둔 것이니 이러한 종류가 어찌 시끄럽고 번잡한 것이 아니겠는가? 짐짓 알건대 견혹(見惑)이 오히려 얽히면 부딪치는 곳마다 막히게 될 것이다.

이러하므로 먼저 도를 알고 산에 거할 것이니, 만약 도를 알지 못하고 먼저 산에 거하는 자는 그 산만 볼 것이니 반드시 그 도를 잊을 것이요, 만약 산에 머물지 않더라도 그 도를 아는 자는 그 도만을 먼저 볼 것이요 그 산을 잊을 것이다.

산은 잊으면 도의 성체(性體)가 신심(神心)을 부드럽게 하고, 도를 잊으면 산의 형상이 눈을 어지럽게 할 것이다. 이러기에 도를 보고 산을 잊는 자는 인세(人世)라도 고요하고, 산을 보고 도를 잊는 자는 산중이라도 곧 시끄러울 것이다. 반드시 능히 오음(五陰, 色·受·想·行·識)이 내가 없는 줄을 요득(了得)할 것이니 내가 없다면 무엇이 인간에 머물며, 만약 오음과 육입(六入, 오음과 같음)이 공(空)과 같은 줄 알면 공이 모인 것이니 어찌 산골짜기와 다르겠는가?

만약 그 삼독을 제거하지 못하면 육진(六塵, 육입과 같음)이 오히려 어지러워 몸과 마음이 스스로 모순되리니, 어찌 사람과 산이 시끄럽고 고요함에 관계되겠는가?

대저 도의 성체가 충허(沖虛)하여 만물은 본래 그 누가 없으며 진실한 자비는 평등하리라. 소리와 빛이 어찌 도가 있겠는가? 특히 견(見)이 전도되고 혹이 일어남을 따라서 마침내 윤회하게 되는 것이다.

만약 능히 경계가 있는 것이 아닌 줄을 요달(了達)한다면 눈에 와 닿는 것이 도량(道場) 아님이 없을 것이요, 요달할 것이 본래 없는 줄 알 것이다. 때문에 반연하지 않고 비추는 것이니 원융(圓融)한 법계(法界)에 해(解)와 혹(惑)이 어찌 다르겠는가?

함령(含靈)으로서 비(悲)를 분변(分辨)하고 상념이 곧 지(智)를 밝히는 것이니 지혜가 나면 법이 응당 두루 비출 것이다. 그런데 경계를 떠나서 어떻게 관할 것이며, 비가 일어나면 기(機)는 응당 모두 거두어들일 것이다. 생(生)을 어기면 어떻게 제도하겠는가? 중생을 모두 제도하면 비가 크고 경계를 궁극까지 비추면 지가 두루 한 것이니, 지가 두루 하면 시끄럽고 고요함은 한 가지로 관하고, 비가 크면 원수와 가까운 이를 널리 구제할 것이다.

이와 같이 한다면 어찌 산골짜기의 길이 거함을 가적(假籍)하겠는가? 처소를 따라 연(緣)에 맡길 것이다. 하물며 법과 법이 비고 고요하며 또한 원융해서 마음과 마음이 적멸하여 본디 스스로 유가 아니거늘 누가 굳이 무라고 말하랴. 어찌 훤요(喧擾)한 것을 시끄럽다 할 것이며, 어찌 적정(寂靜)한 것을 고요하다 할 것인가? 만약 물아(物我)가 명합(冥合)하여 하나인 줄 알면 피차가 도량 아님이 없는 것이니, 또 어찌 시끄럽고 번잡한 것을 따르는 것이 인간 세상이고 고요해 흩어진 것이 산골짜기이겠는가?

이러하므로 동을 버리고 정을 구하는 것은 목에 씌운 칼은 미워하면서 쇠고랑차기를 좋아하는 것이요, 원수를 여의고 친한 이를 구하는 것은 감옥을 싫어하면서 새장을 즐기는 것이다. 만약 능히 시끄러운데서 고요함을 사모한다면 장거리의 가게가 연좌(宴坐) 아님이 없으며, 위언(違言) 징계하고 순리를 받아들이면 원수와 빚진 이도 본시 착한 벗일 것이다.

이와 같이 하면 폭력으로 빼앗고 헐뜯고 욕하는 것이 어찌 일찍이 나의 스승이 아니겠으며, 울부짖는 지옥의 시끄러움과 번잡함도 적멸(寂滅) 아님이 없다. 짐짓 묘한 도는 형상이 없는지라 만상이 그 위치에 어기지 않고, 진여는 적멸한지라 모든 음향이 그 근원과 다름이 없다. 하지만 혼미하면 견해가 전도되어 미혹이 일어나고 깨달으면 어기고 따르는 곳이 없을 것이다

고요함이 유(有)가 아니나 연(緣)이 모이면 능히 생(生)할 것이요, 높은 것이 무(無)가 아니나 연이 흩어지면 능히 멸할 것이라. 멸이 이미 멸이 아닌데 무엇으로써 멸을 멸하며, 생이 이미 생이 아닌데 무엇으로써 생을 생하겠는가? 생과 멸이 이미 비어서 여실한 상이 항상 주하는 것이다.

이러하므로 정심의 물이 도도(滔滔)하면 무슨 염진(念塵)을 씻지 못할 것이며, 지혜의 등불이 요요하면 무슨 혹무(惑霧)를 제거하지 못하겠는가? 어기면 육취(六趣, 지옥·아귀·축생·인간·아수라·천상) 세계에 순환할 것이요, 알면 삼도(三途, 지옥·아귀·축생)를 멀리 벗어날 것이니라.

이와 같으면 어찌 지혜의 배를 타고 법의 바다에서 노닐지 않고 부서진 수레를 산 속에 몰고자 하는가? 짐짓 알건대 만물의 류가 분분하여도 그 성은 본시 하나이며, 영원(靈源)은 적적(寂寂)해서 비추지 않아도 아는 것이니 여실한 상은 천진한 것이요, 영묘한 지혜는 만들어 내는 것이 아니다.

사람이 미혹하여 그것을 일러 실(失)이라 하고, 사람이 깨달으면 그것을 일러 득(得)이라 하는 것이니, 얻고 잃는 것은 사람에게 있을지언정 어찌 동과 정에 관계되겠는가?

비유하면, 배를 잘 타지 못하면서 그 물이 굽이쳐 흐르는 것만을 원망하는 것과 같다. 만약 능히 묘하게 현묘한 종지를 알아서 마음을 비워 가만히 계합하면 동과 정이 항상 법답고, 말하거나 묵묵히 있거나 늘 법다운지라 적연히 돌아감이 있고, 활연히 간단(間斷)이 없을 것이니 모든 것이 이와 같으면 바로 산골짜기에

서 소요하고, 교외(郊外)와 시전에서 방광(放曠)하여 형의(形儀)가 유일(遊逸)하고, 심부가 고요하여 탐내는 마음이 없고, 안으로는 쉬고 고요히 밖으로 드날려 그 몸은 얽매인 듯하나 그 마음은 태연하여 형용을 천하에 드러내고, 그윽한 영체를 법계에 숨길 것이니 이와 같으면 기(機)에 응하여 느낌에 있어서 적연히 준칙이 없을 것이다.

편지에 따라 이를 간략히 썼으나 더 할 말은 많지만 다시 어떻게 더 하리오. 뜻이 있는 벗이 아니면 어찌 감히 사귀겠는가? 연적(宴寂)한 여가에 때론 잠시 생각해 보시오. 내 반드시 거짓된 말이 타당치 않을 것이니, 보고 난 뒤 종이를 불살라 주시오. 다 펴지 못하고 동우(同友) 현각(玄覺, 영가의 호)은 화남(和南)하다.

부설 거사

부설 거사(浮雪居士)는 신라 후기 선덕여왕(632~647) 때의 사람이다. 스님은 인도의 유마, 중국의 방 거사와 함께 뛰어난 '3거사(居士)'의 한 분으로 성(聖)의 경지에 이르렀다는 평가를 받고 있다.

부설은 정확한 기록 연대가 부족한 편이다. 하지만 그가 왕도(王都) 사람인 것으로 볼 때 신라의 수도 경주가 그의 태생이 아닌가 추측할 수 있다.

그는 본시 거사로서가 아니라 사문(沙門)의 길을 가기 위해서 불국사로 출가를 했다. 그의 속성은 진씨(陳)요, 이름은 광세(光世)다.

어느 날 스님이 출가하여 승려가 된 후 그의 도반 영희(靈熙)·영조(靈照)와 함께 오대산 문수도량을 참배하러 가던 중 두릉(杜陵, 전북 만경)의 구무원(仇無寃)이라는 신도 집에 묵게 되었다.

그 신도 구무원의 딸 묘화는 날 때부터 벙어리였다. 그런데 부설의 법문(法門)을 듣고 말문이 열리자, 그 때부터 부설을 사모하여 놓아주지 않았다. 부설은 어쩔 수없이 그와 동행한 영희와 영조를 먼저 보냈다.

그날 이후 함께 살게 된 부설과 묘화 사이에서 아들 등운(登雲)과 딸 월명(月明)을 낳았다. 그렇지만 부설은 별채를 지어 스스로 수행하기를 게을리 하지 않았다.

어느덧 15년이라는 세월을 그곳에서 보내게 되었다. 하루는 옛 도반인 영희와 영조가 찾아왔다.

그리고는 그 동안 서로의 공부에 대한 수행담을 나누다 공부를 점검해 보자고 합의하여, 질그릇 병 세 개에 물을 채워 공중에 달아 놓고 돌로 쳐서 물이 세는지를 시험했다.

영희와 영조가 돌로 치자 병이 깨지면서 물이 쏟아졌다. 이번에는 부설이 병을 향해 돌로 날렸다. 그런데 이상하게도 병은 깨져 땅에 떨어졌는데 물은 허공에 매달린 채 떨어지지 않았다.

이에 영희와 영조가 놀라워 어쩔 줄 모르자 부설은 두 도반을 향해 말했다.

"사람의 몸이라고 죽음을 따라 변하는 것은 저 병과 같고, 자성(自性)의 영광(靈光)이 홀로 진상불변(眞相不變)한 것은 저 공중에 매달린 물과 같도다."

부설은 이 법문을 마친 후 열반(涅槃)에 들었다. 두 도반이 다비(茶毗)를 하여 사리를 수습하여 변산 묘적암 남쪽에 부도를 세웠다. 그런 일이 있은 후 그의 아들과 딸도 출가를 하여 도를 깨우쳤고, 부인 묘화는 110세까지 살다 그 집을 보시하여 절을 지었다 한다.

부설은 그가 스스로 세속에서 머물 때 지은 호다. 그는 많은 게송(偈頌)과 시문을 남겼으리라는 추측을 해 보지만, 아직은 그의 뚜렷한 어록(語錄)은 찾지 못했다. 스님의 몇 문의 게송과 시를 싣고자 한다.

처자권속삼여죽妻子眷屬森如竹 금은옥백적사구金銀玉帛積似邱
임종독자고혼서臨終獨自孤魂逝 사량야시허부부思量也是虛浮浮
처자와 권속들이 삼대와 같고
금과 은 옥과 비단이 언덕을 이루어도
임종엔 외로운 고혼 되어 홀로 가나니
생각하니 허허로운 뜬세상인 것을.

조조역역홍진로朝朝役役紅塵路 작위재고이백두爵位纔高已白頭
염왕불박패금어閻王不怕佩金魚 사량야시허부부思量也是虛浮浮
티끌 같은 세상 나날이 힘써
직위 조금 높아 가자 머리는 희었네
염라왕이 금인 관대를 두려워하랴
생각하면 허허롭고 뜬세상인 것을.

금심수구풍뇌설錦心繡口風雷舌 천수시경만호후千首詩經萬戶侯
증장다생인아본增長多生人我本 사량야시허부부思量也是虛浮浮
비단 마음, 수놓은 입, 바람, 우뢰의 혀로
천 편의 시, 문장으로 만방에 드날려도
평생에 너다 나다는 아집만 더할 뿐
생각하면 허허롭고 뜬세상인 것을.

가사설법여운우假使說法如雲雨　감득천화석점두感得天花石點頭
건혜미능면생사乾慧未能免生死　사량야시허부부思量也是虛浮浮
가사 설법이 구름이 비 오듯 해도
하늘에서 떨어지는 꽃이 돌 머리에 점찍듯 해도
마른 지혜는 능히 생사를 면하지 못하거늘
생각하면 허허롭고 뜬세상인 것을.

위의 시는 세속 인연이 뜬구름 같고 물거품 같다는 뜻으로, '부(浮)'자는 후렴으로 사절구(四絶句)를 지은 것이다.

부설 거사 오도송(悟道頌)

공파적공쌍거법共把寂空雙去法　동서운학일간암同棲雲鶴日間庵)
이화불이귀무이已和不二歸無二　수문전삼여후삼誰問前三與後三
한간정중화염염閑看靜中花艷艷　임영창외조남남任聆窓外鳥喃喃
능령직입여래지陵令直入如來地　하용구구구력참何用區區久歷參
공적의 오묘한 법(法) 함께 잡나
암자엔 구름과 학이 함께 산다네
이미 둘 아님으로 들어 하나인 것을
누가 전후 삼삼을 말하나
정중의 꽃은 한가로이 졸고
창 밖은 새소리만 요란한데
능히 여래지에 들면
오래 닦을 일 있으랴

부설 거사 팔죽시(八竹詩)

차죽피죽화거죽此竹彼竹化去竹　풍타지죽랑타죽風打之竹浪打竹
죽죽반반생차죽粥粥飯飯生此竹　시시비비간피죽是是非非看彼竹
빈객접대가세죽貧客接待家勢竹　시정매매세월죽市政買賣歲月竹
만사불여오심죽萬事不如吾心竹　연연연세과연죽然然然世過然竹

이러면 이런대로 저러면 저런대로 되어 가는대로
바람 불면 부는 대로 물결 치면 치는 대로
죽이면 죽 밥이면 밥 사는 형편대로
옳으면 옳은 대로 그르면 그른 대로 보이는 그대로
손님 접대는 집안 형편대로
세상 물건 사는 대로 파는 대로 그 때 시세대로
세상만사 내 맘대로 안 되면 안 되는대로
그러면 그런대로 그렇다면 그런대로 세상 따라 살자.

부설 거사 임종게(臨終偈)

목무소견무분별目無所見無分別　이청무성절시비耳聽無聲絶是非
분별시비도방하分別是非都放下　단간심불자귀의但看心佛自歸依

눈으로 보는 바가 없으면 분별이 없고
귀로 듣는 소리 없으면 시비 또한 없네
분별 시비 모두 놓아 버려라
다만 마음 부처 보고 스스로에 귀의하라.

신찬 선사
―제자가 스승을 제도하다

중국 복주(福州) 고령사(古靈寺)에 신찬(神贊) 선사가 있었다. 그 스님은 고향땅 대중사(大中寺)에 머물고 있었다.

스님은 운수행각(雲水行脚)을 하던 중에 백장 선사(百丈禪師)의 회상에서 공부를 한 뒤 깨달음을 얻어 스승이 계신 고령사를 찾게 되었다.

그런데 하루는 스승인 계현 화상(戒賢和尙)이 목욕을 하기 위해 신찬에게 목욕물을 데우라고 명을 하였다.

스승 계현은 목욕물이 데워지자, 신찬 상좌에게 등을 좀 밀어 줄 것을 말하자 신찬이 등을 밀면서 말했다.

"법당은 너무 좋은데 부처가 영험하지 못하구나(好好法堂 佛無靈驗)."

그러자 계현 스승이 뒤를 획 돌아보자 신찬이 다시 말했다.

"부처가 비록 영험이 없다고 하나 능히 방광을 하네(佛無靈驗

也能放光."

스승인 계현 스님이 상좌 신찬의 깊은 말뜻을 알아듣지 못한 것 같았다.

그러던 어느 날이었다. 스승이 창문을 앞에 두고 경서(經書)를 보고 있는데 상좌 신찬이 다가왔다. 그 때 벌 한 마리가 날아와 밖을 나가지 못하고 창문에 부딪혀 윙윙거리는 것을 보면서 신찬이 말했다.

"열린 문으로 나가지 못하고 창에만 부딪히니 크게 어리석구나. 백 년을 옛 종이에 파고든 들 어느 날 생사를 벗어나리오(空門不肯出 投窓也大痴 百年鑽古紙 何日出頭期)."

스승은 이 말뜻을 곧바로 알아차렸다.

곰곰이 생각해보니 며칠 전 목욕을 할 때 상좌에게 들은 소리도 그냥 넘길 말이 아니었던 것이다. 그런데 이번에 또 이런 소리를 듣게 되자, 이놈이 진정 무얼 알고 말하는 것인지 한번 물어봐야겠다는 생각이 들었다.

그래서 그간 고령사를 떠나 10여 년 동안의 행적을 물었다. 그랬더니 상좌인 신천이 이렇게 대답했다.

"백장(百丈) 선사 문하에 들어가 불법의 요지를 깨달아 돌아와 보니, 스승께서는 참 공부에는 뜻이 없고 문자에만 집착을 하고 계십니다. 하여 감히 상좌로서 스승에 대한 도리는 아니지만 스승을 위한답시고 등을 밀 때나 경책을 볼 때 빗대어 말씀을 드리게 되었습니다."

그리고는 용서해 달라고 하면서 말을 맺었다.

"오, 기특하구나. 네가 비록 나의 제자이나 공부로는 네가 나의 스승이다. 나에게 백장 선사를 대신하여 법을 설히라."

이 말을 마친 스승 계현은 그의 상좌들에게 법상을 준비하게 하여 법상에 앉아 있는 상좌 신찬에게 모두 예를 갖춰 삼배(三拜)를 올리게 하였다.

　신찬이 설법(說法)하기를,

"신령스러운 빛이 홀로 들어나　　靈光獨靈

육근(六根, 眼·耳·鼻·舌·身·意) 육진(六塵, 色·聲·香·味·觸·法)을 벗어났도다　　迥脫根塵

본체에 진상이 들어 나고　　體露眞常

문자에 걸리지 않으니　　不拘文字

심성에 물듦이 없고　　心性無染

본래 스스로 원만하게 이루어졌다　本自圓成

다만 망연만 여읜다면　　但離妄緣

곧 어엿한 부처인 것을."　　卽如如佛

　스승인 계현 화상이 이 법문을 듣고 말하기를,

"알 수 없는 일이다. 내가 본래 듣기에 부처님은 오직 한 분이다 했다. 그런데 깨닫고 보니 마음을 가진 이는 모두가 부처로다."

　이 말을 마치고는 상좌인 신찬 선사에게 큰 절을 올렸다. 이에 상좌인 신찬이 내려와 이렇게 말했다.

"이는 세상의 예의에도 어긋납니다. 안 됩니다. 스님께서 정히 그러신다면 서쪽에 있는 백장산을 향해 멀리 절을 하셔서 백장을 스승으로 모신다면 같은 문하로서 다름이 있겠습니까?"

　그러자 스승 계현은 그 말에 따라 멀리 백장을 향해 절하였다.

　그럭저럭 세월이 흘러 학자들을 거느리기 10여년 만에 열반이 임박해지자 신찬 선사는 머리를 깎고 목욕을 하고 향을 피우고 종을 울리게 하고는 대중들에게 설법을 했다.

"그대들은 '소리 없는 삼매'(無聲三昧)를 아느냐?"
"모릅니다. 스님께서 가르쳐 주십시오."
"그대를 조용히 생각하고 고요히 생각하며 또 자세히 듣고 자세히 들으라."
신찬 선사는 이 설법을 논하고 단정히 앉아 열반에 들었다.

동산 양개 화상과 어머니

　동산(洞山) 양개(良介, 807~869) 화상은 중국 회계(會稽) 사람으로 성은 유(兪)씨다. 청원(靑原) 문하의 4세 운암(雲巖) 담성(曇晟)의 법 제자이다.

　동산은 호이고 양개는 이름이다. 어려서 출가하여 오설산(五洩山)의 영묵(靈默)에게 중이 되어 20세에 숭산(崇山)에 가서 구족계(具足戒, 만 20세가 되면 250가지의 계로서 반드시 받아야 하는 계)를 받았다.

　그 뒤 강서(江西) 호남(湖南) 등 여러 지방에서 수행하다 남전(南泉) 보원(普願)과 위산(潙山) 영우(靈祐) 스님 등을 참알(參謁)했다.

　그리고 위산의 지시로 운암을 찾아가서 "무정이 설법한다"는 소리를 듣고 선지를 깨달아 운암의 법을 이었으며, 서기 869년 당나라 함통 10년 3월 8일에 세수 63세, 승납 42세로 좌탈입망(坐脫入亡)하였다.

그 문하에서 운거(雲居) 조산(曹山) 등 24명의 걸출한 제자가 나왔으며, 동산의 가풍이 크게 떨쳐 마침내 조동종(曹洞宗)이라는 한 종파가 탄생했다.

저서로는『동산록』한 권이 있는데, 초발심부터 일생 동안 설한 어록과 오위(五位, 보경삼매寶鏡三昧·현중로玄中路·신풍음新豊吟·삼종강요三種綱要) 등이 수록 되어 있다.

동산은 중국 선종에서 뺄 수 없는 큰 거목이다. 오늘날 우리 나라 선가에서 많이 쓰는 '마 서 근(麻三斤)' 공안(公案)은 너무도 유명하다. 또한 그가 창종한 조동종은 멀리 일본에서 현재까지 내려오고 있다.

어느 날 한 스님이 동산 화상을 찾아와서 물었다.

"부처란 어떤 것입니까?"하고 묻자 동산 화상이 "마 서 근이니라"하였다는 이야기이다.

또 어느 날 동산이 운문 선사(雲門禪師)를 뵙게 되었다. 이 때 운문이 말하기를,

"근일에 어디서 있다가 왔느냐?"

"사도(査渡)에서 왔습니다."

동산이 대답하자 다시 운문이 물었다.

"여름에는 어디에 있었느냐?"

"호남의 보은사에 있었습니다."

"언제 그곳을 떠났느냐?"

"8월 25일입니다."

"내가 너에게 세 대의 매를 때리겠노라."

이튿날 동산 화상이 운문 선사를 찾아뵙고는 이렇게 말했다.

"어제는 스님에게 세 대의 매를 맞았으나 그 허물이 어디 있는

지 알지를 못하겠습니다."

그러자 운문 선사가 말했다.

"이 밥통아! 강서와 호남을 뭣 하러 다니느냐?"

동산 화상이 이 말에 크게 깨달았다고 한다.

무엇보다도 동산 양개 화상하면 가장 먼저 떠오르는 것이 유독 어머니를 사모하는 마음이 간절하다는 것이다.

일찍이 어머니 곁을 떠나 출가를 한 것인지는 모르지만 어머니께 두 번의 편지 글을 쓰게 된다.

사리문 밖에서 아들을 애타게 기다릴 것을 염려해 자신이 왜 출가를 했으며, 또 출가의 본뜻과 나아가 대도를 성취하여 구족생천(九族生天, 한 자식이 출가를 하면 구족이 다 천상에 난다)이라는 말까지 하면서 어머니를 달래고 위로하는 내용이었다. 그러니 앞으로는 사리문 박에서 더는 기다리지 말고 마음을 놓고 지내라는 일화는 유명하다.

또한 그의 어머니를 향해 남긴 이 말을 너무도 잘 알려진 내용이다.

명리도 구하지 않습니다. 영화도 구하지 않습니다. 다만 이 생을 인연 따라 살아갈 뿐 세 마디 기운이 소멸될 때 누가 주인이라 하겠습니까? 인생 백 년 후 이름마저도 부질없는 것입니다.

엎드려 듣자옵건대 모든 부처님이 세상에 나오심에 부모를 의탁하여 몸을 받으셨고, 만류가 일어나 생성하는 것도 모두 하늘이 덮고 싫음을 가장한 것입니다.

그러한 까닭에 부모가 아니면 날 수 없음이요, 천지가 아니면 어찌 자라날 수 있었으리요. 다 양육해 주시는 은혜요 하늘이 덮고 실어준 덕이 아닐까 생각합니다.

  슬프게도 일체의 함령(含靈)과 만상(萬像)의 형의가 다 무상하여 생멸을 멀리하지 못합니다. 어려서는 젖을 먹여 기른 정이 중하고, 길러 준 은혜가 깊으니 만약 재물을 가지고 공양을 하더라도 마침내 보답하기 어렵고, 피로서 밥을 지어 봉양하더라도 어찌 오래 가겠습니까?

  그러므로 효경(孝經)에 이르기를 '날마다 세 가지의 짐승으로 봉양하여도 오히려 불효가 된다'고 하였으니, 서로 끌어당겨 침몰(沈沒)하면 영원히 윤회(輪回)에 빠지게 됩니다. 망극한 은혜를 갚고자 할진대 출가하는 공덕만 같지 못할 것이니, 생사의 애하(愛河)를 끊고 번뇌의 고해를 뛰어나면 천생의 부모와 만겁의 자친에 보답하여 삼유(三有)와 사은(四恩)을 갚지 않음이 없으리라.

  그러므로 이르기를 '한 자식이 출가를 하면 구족(九族)이 천상에 태어난다' 하였으니, 양개는 금생에 신명을 버리더라도 맹세코 집에 돌아가지 않고 영겁(永劫)의 근진(根塵)을 단번에 반야(般若, 지혜)를 밝히려 하옵니다.

  그러니 엎드려 바라건대 부모님께서는 마음으로 들으시고 기꺼이 버리셔서 뜻으로 반연(攀緣)하지 마시고, 정반국왕(淨飯國王)을 배우시고, 마야성후(摩耶聖后)를 본받으소서. 다른 때 후일 부처님의 회상에서 서로 만날 것이오니 지금은 잠시 헤어지겠습니다. 양개가 오역(五逆)을 달게 어기는 것이 아니옵고, 대개 세월이 사람을 기다리지 않는다는 것입니다. 그러므로 이르대 '이 몸을 금생에 제도하지 않으면 다시 어느 생을 기다려 이 몸을 제도 하리오' 하였으니, 엎드려 바라건대 마음에 기억하지 마소서!

  송(頌)하여 가로되,

심원을 알지 못하고 몇 해를 보냈던가
도리어 부세(浮世)에 부질없이 머뭇거린 것을 슬퍼합니다
여러 사람이 공문(空門) 가운데서 도를 체득했거늘
유독 나만이 세상 티끌 속에 오래 머물렀네
삼가 척서(尺書)를 갖추어 돌보아 사랑해줌을 하직하고
대법을 밝혀 자친에게 보답하고자 하노니
모름지기 눈물을 뿌리면서 자주 생각하지 마시고
애초에 이 몸이 없는 것 같이 여기소서.

숲 속에 흰 구름 항상 벗하고
문 앞에 푸른 산을 이웃으로 삼아
세상의 명예와 이익을 벗어나고
길이 인간의 사랑과 친애를 떠나렵니다
조사(祖師)의 뜻은 바로 언하에 깨닫게 함이요
유현하고 미묘함을 글귀 가운데서 참을 투득(透得)하리
온 집안의 친척이 서로 보고자 하면
곧 미래의 정과(正果) 정인(正因)을 기다리소서.

― 후서(後書)

양개는 감지에서 벗어남으로부터 지팡이를 짚고 남방을 유역(遊歷)하며, 세월이 이미 십 년이 바뀌고 기로가 문득 만 리(萬里)나 막혔습니다. 엎드려 바라건대 어머니께서는 마음을 거두어들여 도를 사모하시고 뜻을 가다듬어 공으로 돌아가서 헤어진 정을 생각하지 마시고 문에 의지하여 돌아오기를 바라지 마소서!

한 집안의 일은 다만 연을 따르는 것이라 일을 만들면 만들수

록 더욱 더 많아서 날마다 번뇌만 더할 것입니다. 형은 부지런히 효순을 행하여 모름지기 얼음 속에서 잉어를 구할 것이요. 아우는 힘을 다하여 뜻을 받들어 서리가 내린 가운데서도 죽순이 나오라고 울부짖을 것입니다.

대저 사람들이 세상에 거함에 몸을 닦고 효를 행해야 천심에 합할 것이요. 중은 공문(空門)에 처하여 도를 사모하고 선(禪)을 참구해야 자애로운 덕에 보답할 것이나 지금은 천산만수에 묘연(杳然)이 두 길이 막혀서 종이 한 장에 여덟 줄의 글로 애오라지 짧게 심회를 씁니다.

송(頌)하여 이르되,
명리도 바라지 않고 유자(儒者)도 바라지 않으며
원컨대 공문을 좋아하며 속진(俗塵)을 버리고자 하나이다
번뇌가 다할 때에 수하(愁火)가 꺼질 것이요
온정이 끊어진 곳에 애하(愛河)가 마를 것입니다
육근(六根)의 공혜(空慧)는 향풍을 끌어들이고
한 생각이 겨우 남에 혜력이 붙들어 주도다
어머니에게 아뢰오니 슬퍼하지 마시고
죽은 자식 같이 없는 듯 여기소서.

― 낭(娘, 어머니) 회답

나와 너는 속세에 인연이 있어서 비로소 모자 간의 정을 맺어 애정을 쏟아 왔다. 내가 너를 밴 후 불신(佛神)과 하늘에 기도하여 아들을 낳게 해 달라고 원하였더니, 포태하여 달이 차감에 목숨이 마치 매단 실 날 같았으나 바라던 마음이 이루어져서는 보배처럼 아끼어 똥오줌 냄새가 나도 꺼리지 않았고, 젖먹이기가

괴로워도 게으르지 않았으며, 점점 스스로 성인이 되어서는 익히고 배우게 하되 혹 잠깐이라도 때가 지나 돌아오지 아니하면 문득 문을 의지하여 기다렸다.

그랬더니 네가 보낸 편지에 굳이 출가를 요하니 아버지는 돌아가고 어미는 늙었으며 형은 박정하고 동생은 가난한지라 내가 누구를 의지하겠는가? 너는 어미를 버릴 뜻이 있으나 어미는 너를 버릴 마음이 없다. 한 번 네가 타지로 떠난 뒤로부터 밤낮으로 항상 슬퍼 눈물을 뿌리면서 괴로워하고 괴로워했다.

이미 고향에는 돌아오지 않겠다고 맹세하였으니 곧 네 뜻을 따르려니와 나는 네가 왕상(王詳)이 얼음 위에 눕고 정난(丁蘭)이 나무에 새기는 것을 바라지 않고 다만 네가 목련존자(目連尊者)와 같이 나를 제도하여 침륜(沈淪)에서 해탈시켜 불과(佛果)에 오르게 하여 주길 바랄 뿐이다. 만일 그렇지 못할진대 깊은 허물이 있을 것이니 절실하게 모름지기 체달(體達)해 알아야 한다.

홍인과 혜능 이야기

홍인(弘忍, 602~607) 대사는 중국 선종의 5대 조사(祖師)다. 그리고 혜능(慧能, 638~7132)이 오조의 법을 받으므로 6조가 되는 것이다.

홍인과 혜능의 만남은 이렇다.

당시 홍인은 도신(道信)의 법을 받아 빙모산(憑母山)에서 머물고 있었고, 혜능은 편모와 외롭고 구차하게 지내면서 나무를 팔아서 삶을 유지했다.

그러던 어느 날 혜능이 나무를 팔고 있는데 안도성(安道誠)이라는 사람이 우연히 찾아와서 나무를 사겠다고 해서 그에게 나무를 팔았다. 그는 장터에서 가게를 하는지라 그곳까지 배달을 해주고 막 나오려는 순간 안도성이 금강경을 읽었다.

그 소리를 들은 혜능이 물었다.

"나리, 지금 이것은 무슨 경입니까?"

"이는 금강경(金剛經)입니다."

"어디서 그 경전을 구하였기에 여기에서 읽으시오."

"나는 기주의 황매현 동쪽에 있는 빙모산에서 홍인 대사에게 예배하고 왔는데 문인(門人)이 천 명이 넘으며, 그곳에서는 승속(僧俗)을 막론하고 금강경 읽기를 권합니다. '이 경을 받아 지니면 곧장 성불한다' 하였습니다."

그러면서 안도성이 혜능에게 어서 큰스님을 예배하라 했다. 혜능이 망설이면서 늙으신 어머니 봉양이 문제가 된다고 하자, 도성이 은전 1백 냥을 주면서 어머니의 의식에 쓰게 하면서 빨리 홍인 대사를 찾으라 했다.

혜능이 홍인에게 예배하니 홍인 대사가 물었다.

"그대는 어디서 무엇을 구하러 왔는가?"

"저는 신주에서 왔는데 부처가 되려고 합니다."

"너는 영남 사람이니 불성이 없다."

"사람에게 남북은 있지만 불성에 있지 않습니다."

"신주에는 사냥하는 오랑캐 땅인데 어찌 불성이 있겠는가?"

"여래장(如來藏)의 성품은 개미에게까지 두루 있다고 했거늘 어찌 오랑캐에게만 없겠습니까?"

"너에게도 불성이 있다면 어찌 나에게 뜻을 구하느냐?"

그리고는 그의 말을 기특하게 여겨 더는 묻지 않았다.

그로부터 심인(心印)을 얻어 의발(衣鉢)과 법을 받고는 스승의 곁을 떠나 사(泗)·회(會)·회(懷)·집(集)의 사이에 숨어 살기 4년여가 지났다. 의봉 원년 정월 8일에 이르러 남해현의 제지사(制止寺)에서 인종(印宗)을 만났는데, 인종이 나와 영접해 절로 데리고 가서 자리에 앉혔다.

인종은 원래 강사였다. 그러던 어느 날 경을 강론하는데 거센

풍우가 일어 번(幡)이 펄럭이니 법사가 대중에게 물었다.

"바람이 움직이는가? 번이 움직이는가?"

이 때 어떤 이는 '바람이 움직인다' 하고, 어떤 이는 '번이 움직인다' 하여 제각기 다투다가 강주(講主)에게 와서 증명해 주길 바랐다. 그런데 강주가 판단하지 못하여 도리어 혜능에게 미루자 혜능이 말했다.

"바람이 움직이는 것도 아니요, 번이 움직이는 것도 아닙니다."

강주가 다시 물었다.

"그럼 무엇이 움직이는가?"

"그대들 마음이 스스로 움직이는 것입니다."

이로부터 인종이 스스로 자리를 바꾸어 앉았다. 정월 15일에 머리를 깎고, 2월 8일에 법성사에서 지광 율사(智光律師)를 청해 계를 받았다.

그 계단은 원래 구나발마 삼장이 세운 것으로, 그가 일찍이 말하기를 "후일 육신보살이 여기서 계를 받을 것이니라" 한 곳이며, 양의 말기에 진제삼장(眞諦三藏)이 계단 옆에다 보리수 한 그루를 심고 말하기를 "120년 후에 육신보살이 이 나무 밑에서 설법을 하시니라" 한 곳이다. 과연 이 말대로 스님이 이 나무 밑에서 무상승(無上乘)의 법을 연설하게 되었다.

이듬해 2월 3일, 제지사를 떠나 조계의 보림사로 가 설법하고 도를 펴서 한량없는 대중을 제도하였다. 그로 인하여 신룡 원년 정월 15일에 측천효화(則天孝和) 황제께서 혜능을 소명하였다. 그리고는 그에게 설법을 듣고 서울에 와서 머물기를 간청하였지만 그는 사양하였다.

그런 일이 있은 후 얼마 동안의 세월이 흘렀다. 다시 황제는 중사(中使)인 설간(薛簡)을 보내 서울에 올라오기를 다시 청했지만 거절하고 대신 표(表)를 올렸다.

표에 있는 글은 자신이 변방에 태어나 과분하게도 홍인 대사에게 여래(如來)의 심인(心印)과 서국(西國)의 의발(衣鉢)을 전해 받았으나 현재 풍질(風疾)을 앓게 되어 갈 수 없다는 내용이었다.

이 때 사절로 왔던 중사 설간이 조사께 이렇게 여쭈었다.

"서울에 계신 여러 댁들은 사람들에게 좌선(坐禪)하기를 권합니다. 그래야만 도를 얻는다 합니다."

조사가 대답하기를,

"마음에 의해서 도를 깨닫는 것이거늘 어찌 앉는데 고집하랴. 그러므로 경에 말씀하시길 '누군가 말하되 여래가 온다거나 간다거나 앉는다거나 눕는다 하면 이 사람은 삿된 도를 행하는 것이다' 하셨고, 또 말씀하기를 '여래라 함은 오는 것도 없고 가는 것도 없기 때문에 여래라 하니라' 하셨고, 또 말씀하시기를 '모든 법이 공하므로 여래라 하니 끝내 얻을 수도 없고 증득할 수도 없다'고 하셨거늘 어찌 꼭 앉는 것이겠는가?"

"제자가 대궐에 가면 성상께서 반드시 하문하실 것이니, 바라옵건대 화상께서는 마음의 요체를 지시해 주셔서 성산과 서울의 여러 도를 배우는 이들에게 전갈하게 하여 주십시오. 마치 한 등불이 수많은 등을 비추면 어둡던 곳이 모두 밝아서 밝음과 밝음이 다함이 없는 것과 같게 하소서."

"도는 밝음과 어둠이 없다. 밝음과 어둠은 바뀐다는 뜻이다. 밝음과 밝음이 다함이 없다는 것 역시 다함이 있나니, 상대해서 이루는 이름이기 때문이다. 그러므로 경에 말씀하시길 '법은 견줄 것이 없나니 상대가 없기 때문이다' 하시니라."

설간이 다시 말하기를,

"밝음은 지혜에 견주고 어둠은 번뇌에 견줄 수 있으니, 도를 배우는 사람이 지혜로서 생사의 번뇌를 비추지 않으면 어찌 벗어날 수 있으리까?"

조사께서 답하시기를,

"번뇌는 곧 보리이니 둘도 없고 다름도 없기 때문이다. 지혜로서 번뇌를 비춘다는 것은 이승(二乘)들의 견해다. 지혜가 있는 사람은 곧 그렇지 않으니라"

"어떤 것이 대승의 견해입니까?"

"열반경에 이르기를 '밝음과 어둠을 범부는 둘이라 보지만 지혜로운 이는 그 성품이 다르지 않음을 깨닫는다. 다르지 않는 성품이 곧 진실한 성품이니 범부에게 있어서도 줄지 않고, 성인에게 있어서도 늘지 않고, 번뇌에 있어서도 어지럽지 않고, 선정에 있어서도 고요하지 않다. 아주 없음도 아니요, 아주 있음도 아니요, 감도 옴도 아니요, 중간과 안팎에 있지 않아서 나지도 않고 멸하지도 않은 채 성품과 현상이 항상 머물고 영원히 변치 않으므로 도라 한다' 하였느니라."

"스님께서 말씀하신 '나지도 멸하지도 않는다'고 하는 그 불생불멸은 외도가 말하는 불생불멸과 어떻게 다릅니까?"

"외도가 말하는 불생불멸은 생으로서 멸을 멈추게 하니, 멸해도 멸함이 아니거니와 내가 말하는 불생불멸은 본래부터 나지 않고 지금 멸하는 것도 아니니 그러기에 외도와 같이 않느니라. 중사께서 마음자리를 깨치고자 하면 온갖 선과 악을 다 생각지 않으면, 자연히 마음 바탕이 조용해지고 항상 고요하며 묘한 작용이 핫하사(恒河沙)와 같으리라."

이 때 설간이 조사의 설법을 듣고는 활짝 깨달았다. 몇 번 거듭 조사에게 절을 한 뒤에 말하기를,

"제자가 오늘에서야 비로소 불성이 본래 있는 것임을 알았습니다. 지난날에는 퍽이나 멀다고 여겼는데 오늘에야 비로소 열반(涅槃)은 멀리 있지 않아서 눈에 띄는 것 모두가 보리(菩提, 깨달음)임을 알았습니다. 오늘에야 비로소 불성은 선과 악을 생각하지 않으며, 생각도 없고 분별도 없고 소작도 없고 머무름도 없는 것임을 알았습니다."

중사가 조사께 절을 하고서 조사가 준 표를 가지고 가니, 그 해가 신룡 원년 5월 8일이었다.

그 뒤 9월 3일에 회답(回答) 조서가 내려왔다.

"대사께서 늙음과 병을 핑계로 짐을 위해 도를 닦는다 하니 나라의 복밭이외다."

황제께서는 답서와 함께 마납(磨衲) 가사 한 벌과 금 발우 한 벌로서 조사께 공양을 했다.

조사께서는 매양 여러 선지식에게 말씀하시기를,

"여러분의 자심(自心)이 부처이니 다시는 의심하지 말라. 밖에는 한 물건도 따로 건립된 것이 없다. 근본 마음에서 만 가지 법이 생겨났다. 그러므로 경에 말씀하시기를 '마음이 생기므로 갖가지 법이 생기고, 마음이 멸하므로 갖가지 법이 멸한다' 하였다. 그대들은 모름지기 일상삼매(一相三昧)와 일행삼매(一行三昧)를 알아야 한다. 일상삼매라는 것은 온갖 것에서 형상에 머무르지 않고, 그 형상에 대하여 미움도 사랑도 없으며 갖지도 버리지도 않으며, 이롭다고도 생각지 않고 흩트려 무너뜨리겠다고도 생각

지 않고 저절로 안락하기 때문에 일상삼매라 한다. 일행삼매라 함은 온갖 곳에 다니고 멈추고 앉고 눕는 것 모두가 하나의 곧은 마음이 되어 그대로가 도량이며 그대로가 정토인 것이다. 이것을 일행삼매라 한다. 마치 땅에 종자가 있는 것 같이 모든 것을 머금어 갈무리 했나니 마음의 삼매도 그러하다. 내가 설법하는 것은 비와 같고 그대들에게 불성이 있는 것은 땅 속에 씨앗이 있는 것 같으니, 만일 법비를 만나면 제각기 불어서 자랄 것이다. 나의 말을 믿는 이는 끝내 보리를 이룰 것이요, 나를 의지해서 수행하는 이는 끝내 거룩한 과위를 얻을 것이다. 내가 이제 의발을 전하려 하지 않음은 대중이 믿어서 마음의 의혹이 없어졌기 때문이다. 마음의 요법을 두루 전하노니 제각기 힘에 따라 교화를 펴라. 옛날에 나의 스승께서 말씀하시기를 '나의 뒤로부터는 이 옷을 받는 이는 생명이 위태로우리라' 하셨으니, 나는 도덕적으로 교화할지언정 그대들을 헤치지 않겠다. 그대들은 나의 게송을 들어라."

마음 땅에 모든 종자 머금었다가
단비에 모든 싹이 돋는다
꽃의 실을 몰록 깨달으면
보리의 열매가 자연히 맺으리.

야부 송

　야부(冶父) 스님의 속성은 추(秋)씨요 이름은 삼(三)이다. 생몰 연대가 뚜렷하지 않다. 다만 송나라(1127~1130) 사람으로 군의 집방직(執方職)에 있다가 재동(齊東)의 도겸(道謙) 선사에게 도천(道川)이라는 호를 받았고, 정인계성(淨因繼成)의 인가를 얻어 임제(臨濟)의 6세손이 된다.

　다만 야부(야보)라는 호에 대해선 정확한 기록을 발견할 수 없다. 필자가 야부 스님의 게송에 관심을 가지게 된 것은, 스님의 게송(偈頌)이 한 경지를 뛰어넘기 때문이다. 스님은 진정 중국 선의 극치를 선적으로 표현하고 있는데, 그 중에서도「금강경 오가해(金剛經五家解)」의 "밥이 오면 밥 먹고 잠 오면 잠잔다(飯來開口 睡來合眼)"는 말은 내 머리에 충격에 가까운 청량미를 주었다.

　그것은 한 경지를 뛰어넘어 다시 순 경지의 일상으로 돌아오는 것이 마치 공부를 하여 과거에 합격하고 벼슬을 한 후 마지막에 금의환향하는 본능적 삶의 귀결점을 찾은 것과 같았다.

스님은 특히 『금강경』을 통해 자기의 견해를 후학들에게 송(頌)으로 많이 알렸다. 간결하면서도 한 번에 내리치는 듯한 스님의 활구(活句)는 후학들에게 큰 안락과 행복이 아닐 수 없다.
　그러한 까닭에 나는 야부(冶父) 도천(道川) 스님의 송을 다시 음미해보고자 여기 발췌하여 싣는다.

　　마하대법왕摩訶大法王　무단역무장無短亦無長
　　본래비조백本來非皁白　수처현청황隨處現靑黃
　　크고 크신 대법왕이시여
　　짧지도 않고 길지도 않음이로다
　　본래 검지도 않고 희지도 않지만
　　곳에 따라 청황으로 나타나도다.

　　화발간조염花發看朝艶　임조축만상林凋逐晚霜
　　질뇌하태격疾雷何太擊　신전역비광迅電亦非光
　　꽃피어 아침의 고운 모습 보이고
　　나무들 낙엽 지니 늦서리 내리도다
　　천둥은 어찌 그리 크게 치는가
　　빠른 번개도 역시 빛이 아니로다.

　　범성원난측凡聖元難測　용천기도량龍天豈度量
　　고금인불식古今人不識　권립호금강權立號金剛
　　범부, 성인 원래 측량키 어려워
　　천용팔부인들 어찌 헤아리리오
　　예나 지금이나 아는 사람 없어서

방편으로 금강이라 이름하네.

원제영상猿蹄嶺上   학려임간鶴唳林間
단운풍권斷雲風捲   수격장단水激長湍
최호만추상오야最好晚秋霜午夜   일성신안각천한一聲新雁覺天寒
원숭이는 고개 위에서 울고
학은 숲 속에서 우는데
조각구름은 바람에 걷히고
물은 긴 여울져 흐르도다
가장 좋은 늦가을의 서리 내린 한밤에
새끼 기러기 한 소리가 찬 하늘을 알리네.

격장견각편지시우隔墻見角便知是牛
격산견연편지시화隔山見煙便知是火
독좌외외천상천하獨坐巍巍天上天下
남북동서찬구타와南北東西鑽龜打瓦
담 넘어 뿔을 보면 문득 소인 줄 알고
산 넘어 연기를 보면 문득 불인 줄 알도다
홀로 앉아 높고 높음이여 천상천하이거늘
동서남북에서 거북과 기와로 점을 치도다.
쯧.
이희아불희爾喜我不喜   군비아불비君悲我不悲
안사비새북鴈思飛塞北   연억구소귀燕憶舊巢歸
너는 기뻐도 나는 기쁘지 않네
그대 슬퍼도 나는 슬프지 않으니

기러기는 북쪽 집으로 날아갈 것을 생각하고
제비는 옛집에 돌아갈 것을 생각하도다.

허공경계기사량虛空境界豈思量 대도청유이갱장大道淸幽理更長
단득오호풍월재但得五湖風月在 춘래의구백화향春來依舊白花香
허공 경계를 어찌 사랑하겠는가
대도가 맑고 깊어 그 이치 더욱 길도다
다만 오호(五湖)에 풍월이 있음을 안다면
봄이 옴에 여전히 백화가 향기로우리.

신재해중휴멱수身在海中休覓水 일행영상막심산日行嶺上莫尋山
앵음연어개상사鶯吟燕語皆相似 막문전삼여후삼莫問前三與後三
몸이 바다 가운데 있으면 물을 찾지 말고
매일 산 위를 행하면서 산을 찾지 말지어다
꾀꼬리 울음과 제비 지저귐이 서로 비슷하니
전삼(前三)과 더불어 후삼(後三)을 묻지 말지어다.

산시산수시수불재심마처山是山水是水佛在甚麼處
산은 산이요 물은 물이로다. 부처님은 어느 곳에 계시느냐?

유상유구개시망有相有求皆是妄 무형무견타편고無形無見墮偏枯
당당밀밀하증간堂堂密密何曾間 일도한광삭태허一道寒光爍太虛
상이 있고 구함이 있음은 이 모두 망(妄)이요
무형(無形) 무견(無見)은 치우친 소견에 떨어짐이로다
당당하고 밀밀하여 어찌 간격이 있으리오

한 길 찬 빛이 큰 허공을 빛내도다.

금불부도로金佛不度爐
목불부도화木佛不度火
니불불도수泥佛不度水
금불은 화로를 지나지 못하고
목불은 불은 건너지 못하며
니불은 물을 건너지 못하도다.

종일망망終日忙忙 나사무방那事無妨
불구해탈不求解脫 불락천당不樂天堂
단능일념귀무념但能一念歸無念 고보비로정상행高步毘盧頂上行
종일 바빴다
어떤 일에도 방해되지 않아
해탈을 구하는 것도 아니고
천당을 즐기려 하지 않는다
다만 능히 한 생각 무념으로 돌아가면
높이 비로정상을 걸으리라.

운기남산우북산雲起南山雨北山 나명마자기다반驢名馬字幾多般
청간호묘무정수請看浩渺無情水 기처수방기처원幾處隨方幾處圓
구름은 남산에 일고 비는 북산에 내리며
나귀 이름에 마자(馬字)가 얼마나 많던고
청하건대 넓고 아득한 무정수(無情水)를 보라
어느 곳이 모가 나고 어느 곳이 둥글더냐?

정인설사법正人說邪法　사법실귀정邪法悉歸正
사인설정법邪人說正法　정법실기사正法悉기邪
강북성지강남귤江北成枳江南橘　춘래도방일반화春來都放一般花
바른 사람이 삿된 법을 설하면
사법(邪法)이 다 정법(正法)으로 돌아오고
삿된 사람이 바른 법을 설하면
정법(正法)이 다 사에 돌아가리라
강북에선 탱자가 되고 강남에서 귤이 된다
봄이 오면 모두 같이 꽃이 필 걸세.

파정칙운횡곡구把定則雲橫谷口　방하야월락한담放下也月落寒潭
파정하면 구름이 골짜기에 걸리고
방하하면 달이 찬 못에 떨어진다.

방복은명주蚌腹隱明珠　석중장벽옥石中藏碧玉
유사자연향有麝自然香　하용당풍립何用當風立
활계간래흡사무活計看來恰似無　응용두두개구족應用頭頭皆具足
조개 속엔 밝은 구슬 숨어 있고
돌 속엔 푸른 옥 감추었네
사향이 있어 자연히 향기 나고
어찌하여 바람 앞에 서 있으리오
살림살이 보면 흡사 없는 듯하여
응용하면 낱낱이 구족하리다.

산당정야좌무언山堂靜夜坐無言　적적요요본사연寂寂寥寥本自然

하사서풍동림야何事西風動林野 일성한안려장천一聲寒鴈唳長天
고요한 밤 산당에 말없이 앉아
적적하고 고요함이 본래 자연 그대로인데
무슨 일로 서풍이 불어 임야를 흔드나
한 소리 지르며 겨울 기러기 장천을 울리는 것을

입해산사도비력入海算沙徒費力 구구미면주홍진區區未免走紅塵
쟁여운출가진보爭如運出家珍宝 고목생화별시춘枯木生花別是春
바다에 들어 모래를 세는 것은 힘만 소비하는 것
구구히 홍진에 허덕임을 면치 못하리
내 집에 보배를 꺼내어 본들
고목에 꽃이 피는 특별한 봄만 하리.

자소래래관원방自小來來慣遠方 기회형악도소상幾廻衡岳渡瀟湘
일조답착가향로一朝踏着家鄉路 시각도중일월장始覺途中日月長
소시절부터 돌아다녀 먼 길은 익숙하다
형악산을 돌아 소상 강 건너기 몇 번이던가
하룻날 아침에 고향 길 밟으니
도중에서 보낸 세월이 긴 것을 알았네.

원관산유색遠觀山有色 근청수무성近聽水無聲
춘거화유재春去花猶在 인래조불경人來鳥不驚
멀리 바라보는 산은 빛깔이 있는데
가까이 물소리 들으려 해도 들리지 않네
봄은 가버렸지만 꽃은 아직도 피어 있고

사람이 와도 새가 놀라지 않더라.

구죽생신순舊竹生新筍 신화장구지新花長舊枝
우최행객로雨催行客路 풍송편범귀風送片帆歸
죽밀불방유수과竹密不妨流水過 산고기애백운비山高豈礙白雲飛
묵은 대에서 새순이 나고
새 꽃은 옛 가지에서 피어
비는 나그네 길 재촉하고
바람은 조각배의 길을 돌리네
대나무 빽빽해도 물 흐름 방해하지 않고
산이 높다한들 흰구름 흘러감을 막으리오.

모탄거해수毛吞巨海水 개자납수미芥子納須彌
벽한일륜만碧漢一輪滿 청광육합휘淸光六合輝
답득고향전지온踏得故鄕田地穩 갱무남북여동서更無南北與東西
한 터럭이 큰 바다를 삼키고
겨자 속에 수미산을 드리운다
푸른 하늘에 달 둥그니
맑은 빛이 육합에 빛나도다
고향땅 전지를 둘러보니
다시 남북동서랄 것이 무언가

여도단수如刀斷水 사화취광似火吹光
명래암거明來暗去 나사무방那事無妨
기리왕歌利王 가리왕歌利王

수지원연랑誰知遠煙浪　별유호상량別有好商量
칼로 물을 베는 것과 같고
불로써 빛을 부는 것과 같도다
밝음이 오면 어둠이 가시니
무슨 일이라도 방해되지 않도다
가리왕 가리왕이여!
누가 원연랑(遠煙浪)에 달리 좋은 사량 있음을 알리오.

사대원무아四大元無我　오온실개공五蘊悉皆空
확락허무리廓落虛無理　건곤만고동乾坤萬古同
묘봉억억상여고妙峯嶷嶷常如故　수관전호괄지풍誰管顚號括地風
사대가 원래 아가 없음이요
오온이 다 공하도다
텅 비어 허무한 이치
하늘땅은 만고에 같도다
묘봉은 높고 높아 옛날과 같으니
땅을 휩쓸고 가는 회오리바람 누가 막으리오.

조유남악朝遊南嶽　모왕천태暮往天台
추이불급追而不及　홀연자래忽然自來
독행독좌무구계獨行獨坐無拘繫　득관회처차관회得寬懷處且慣懷
아침에는 남악산에서 놀고
저물면 천태산에 가도다
쫓으려 해도 미치지 못하더니
홀연히 저절로 오네

홀로 행하고 홀로 앉아 걸림이 없으니
너그러운 생각이 있음에 또한 너그러워 짐이로다.

일권타도화성관一券打倒化城關 일각적번현묘채一脚趯翻玄妙寨
남북동서신보행南北東西信步行 휴멱대비관자재休覓大悲觀自在
대승설최상설大乘說最上說
일봉일숙흔一棒一倏痕 일장일악혈一掌一握血
한 주먹으로 화성의 관문을 타파하고
한 발로 현묘의 울타리를 차서 뒤엎도다
남북동서를 마음대로 행하니
대비 관자재를 찾지 말지어다
대승설 최상승 설이여,
한 방망이 한 가닥 흔적이요
한 손바닥 한 줌의 피로다.

여군동보우동행與君同步又同行 기좌상장세월장起坐相將歲月長
갈음기손상대면渴飮飢飡常對面 불수회수갱사량不須回首更思量
그대와 함께 걷고 함께 행했네
앉고 일어서기 함께 한 오랜 세월
목마르면 마시고 주리면 먹으며 서로 대한 것들
바라건대 머리 돌려 다시 생각하지 말지어다.

억천공불복무변億千供佛福無邊 쟁사상장고교간爭似常將古教看
백지상변서흑자白紙上邊書黑字 청군개안목전관請君開眼目前觀
풍적적수연연風寂寂水漣漣 사가인지제어선謝家人砥仕魚船

억척 부처님 공양은 복이 끝이 없으나
옛 가르침을 항상 보고 지니는 것만 하겠는가?
백지 위에 검은 글자를 써서
청하건대 그대가 눈을 열어 목전을 바로 볼지어다
바람은 고요하고 물결은 잔잔한데
집 떠난 사람 마침 저 어선 위에 있네.

양약고구良藥苦口　충언역이忠言逆耳
난자지冷暖自知　여어음수如魚飮水
하수타일대용화何須他日大龍華　금조선수보리기今朝先授菩提記
좋은 약은 입에 쓰고 충성스러운 말은 귀에 거슬린다
차고 더운 것은 스스로 아는 것은 고기가 물을 먹는 것과 같다
어찌 모름지기 다른 날에 용화 세계를 기다리리오.
오늘 아침에 먼저 수기를 받았음이로다.

타고롱비파打鼓弄琵琶　상봉양회가相逢兩會家
군행양유안君行楊柳岸　아숙도두사我宿渡頭沙
강상만래소우과江上晩來疎雨過　수봉창취접천하數峯蒼翠接天霞
북치는 이와 비파 타는 이가 한 집에서 서로 만났다
그대는 버들 언덕을 거닐고 나는 나루터에서 잠을 잔다
강 위엔 때 늦은 성근비 지나가고
봉우리마다 푸른빛이 노을 하늘에 닿아 있네.

상시천혜하시지上是天兮下是地　남시남혜여시여男是男兮女是女
목동당착목우아牧童撞着牧牛兒　대가제창나나리大家齊唱囉囉哩

시하곡조만년환是何曲調萬年歡
위는 하늘이고 밑은 땅이다
남자는 남자고 여자는 여자다
목동이 목동을 만나고
큰집에서 나나리 함께 노래하네
이 무슨 곡조인가 만 년의 기쁨이로다.

시법비법불시법是法非法不是法   사수장용활발발死水藏龍活鱍鱍
시심비심불시심是心非心不是心   핍새허공고도금逼塞虛空古到今
지자시절추심祇者是絕追尋   무한야운풍권진無限野雲風捲盡
일륜고월조천심一輪孤月照天心
옳은 법이다 그른 법이다 하면 이는 법이 아니다
죽은 물에 숨은 용이 활발하도다
옳은 마음 그릇 마음이라 하면 이것은 마음이 아니다
허공은 예로부터 지금에 이르렀다
다만 이것이니라 쫓아도 찾지 못함이로다
한 없이 펼쳐져 있는 구름 바람이 다 거두어들이고
둥근 달이 고고히 천심을 비추네.

차파삼자배파문借婆衫子拜婆門   예수주여이십분禮數周旅已十分
죽영소계진부동竹影掃階塵不動   월천담저수무흔月穿潭底水無痕
노파에 적삼을 빌려 입고 노파에 문전에서 절을 하니
예의는 충분한 것 같아
대 그림자를 쓸어도 움직임은 하나도 없어
달이 언못을 뚫었지만 흔적소자 없구나.